新编21世纪政治学系列教材

• 国际政治系列 •

外事礼仪概论

第二版

An Introduction to Foreign Etiquette

金正昆 著

中国人民大学出版社
· 北京 ·

作 者 简 介

金正昆 浙江东阳人，1959 年出生。知名礼仪与公共关系专家，中国人民大学教授，外交学博士生导师。现为中国人民公安大学、中国民航大学、中国石油大学、中国青年政治学院、西北大学、西南大学等多所高等院校兼职教授。目前主要从事外交学、礼仪学、传播学与公共关系学的研究工作，已在相关领域出版专著与教材 20 余部，发表论文百余篇。在国内高校中率先开设应用礼仪课程，多年来一直积极致力于向全社会推广、普及礼仪规范。

内 容 简 介

本书具体介绍了我国外事工作者在其涉外交往中所应掌握的基本礼仪规范，以期使之更好地“发出中国好声音，讲好中国好故事”。它包括礼仪要则、接待礼仪、访问礼仪、个人礼仪，具体明确了外事人员应当如何“有所为”、“有所不为”，兼具权威性、规范性、时效性与可操作性。既可供外事工作者用以借鉴、自修与培训之用，亦可用作大专院校涉外专业的礼仪教材。

目　录

绪　论

目前，中国正在进一步地实行全方位的改革与开放。在此背景下，中国正在走向世界，世界正在了解中国，越来越多的中国人正在积极而主动地与外国人进行各种形式的正式或非正式的交往。学习并运用外事礼仪，已经成为国家、社会对每一名中国公民的基本要求，并已经成为广大中国公民的自觉行动。

学习并运用外事礼仪，与学习并运用其他任何一门学问一样，必须掌握以下三个主要之点：

首先，必须明确“是什么”，简言之，就是要了解其基本概念、主要命题、重要法则、常用技巧，做到“知其然”。

其次，必须了解“为什么”，也就是说，在“知其然”的基础上，应当力求“知其所以然”，了解、探究其“何以如此”。

最后，必须决定“怎样做”，即应当确认“有所为”与“有所不为”。一位伟人曾言：读书是学习，使用也是学习，而且是更重要的学习。必须予以明确的是：学习并运用外事礼仪，绝非为学习而学习，而是为了学以致用，为了充实自我、完善自我，并在今后更好地服务于国家，服务于社会。

为了便于学习并运用外事礼仪，非常有必要对下述与本课程相关的一种解释与一个范围、两项要点与两个内容、三大特征与三个功能等具体问题予以阐述。

一、一种解释与一个范围

学习并运用外事礼仪，首先必须了解其相关解释与适用范围。

在学习外事礼仪课程之前，必须对“礼仪”、“外事礼仪”等最基本的概念予以明确。

首先，什么是“礼仪”呢？自古至今，无数中外学者曾先后就此给出过许多自己的解释。究其要者，有关“礼仪”的经典性解释主要有下述四种：

其一，“礼仪”是一种道德规范。按照此种解释，“礼仪”乃做人之道。

其二，“礼仪”是一种国家体制。此种解释认为：“礼仪”乃立国之本。

其三，“礼仪”是一种行为准则。换言之，它被视为待人接物的标准化做法。

其四，“礼仪”是一种沟通技巧。持此观点者认为：“礼仪”是交际之门的沟通之桥。运用礼仪倘若得法，则必然有助于人与人之间的交流与合作。

在本教材中，主要采用第四种解释来诠释“礼仪”，即认为：现代礼仪乃是一种沟通技巧。在此基础上，所谓外事礼仪，即适用于涉外交往的沟通技巧。

其次，界定了“礼仪”与“外事礼仪”之后，必须解决的一个随之而来的问题是：外事礼仪的适用范围有哪些？

在回答这一问题时，有必要首先明确“外事”与“外事人员”的内涵。所谓“外事”，通常是指一个国家、一个地区或一个单位所须正式处理的相关涉外事务。“外事人员”，则是指代表其所在国家、所在地区、所在单位从事涉外工作的具体人员。因其如此，外事礼仪的适用范围显然只有一个，即涉外交往。也就是说，外事礼仪并不具有普适性，并不能够普遍地适用于一切活动、一切场合。平日所谓“内外有别”一说，在具体运用外事礼仪时同样有效。

二、两项要点与两个内容

学习并运用外事礼仪，必须对其基本要点与主要内容有所认识。唯其如此，才能更好地掌握外事礼仪。

马克思主义哲学认为：凡事要抓主要矛盾；凡主要矛盾则要掌握其主要的矛盾方面。那么在学习并运用外事礼仪时，应如何认识其要点呢？

探讨这一问题时，可从“礼仪”一词的具体释义着手。具体而言，“礼仪”一词显然由“礼”与“仪”两个词组成。这两个词，其实分别强调了“礼仪”的两项要点。

一方面，所谓“礼”，实质上是一种处世哲学，亦即所谓“道”。换言之，它可被视为一种对待自己、对待他人、对待社会的基本态度。

孔子曰：礼者，敬人也。他在此所要求的，就是所谓“修己以敬”，就是要以恭敬之心对待自己、对待他人、对待社会。

首先，必须尊重自己。任何一个人，倘若不尊重自己，就不可能赢得他人的尊重。具体而言，尊重自己的要求有三：一是要尊重自身；二是要尊重自己的所作所为；三是要尊重自己所从事的职业。

其次，必须尊重他人。任何一个人，倘若不尊重他人，其实就是不尊重自己。尊重他人的具体要求有六：其一，尊重上级是一种天职。其二，尊重下级是一种美德。其三，尊重同事是一种本分。其四，尊重公众是一种常识。其五，尊重对手是一种风度。其六，尊重所有人是一种教养。

最后，必须尊重社会。每个人都生活在社会中，尊重社会，是人人所应具备的一种高贵品德。具体而言，尊重社会的基本要求有四：其一，必须尊重自己所供职的单位。其二，必须尊重自己所属的民族。其三，必须尊重自己的祖国。其四，必须尊重自己所置身的国际社会。

另一方面，所谓“仪”，实质上则是一种操作方式，亦即所谓“术”。也就是说，“礼”

所倡导的恭敬之意，必须借助于约定俗成的可操作方式才能够被传达出来。在此意义上，“礼仪”可被解释为用以表达尊重之意的、约定俗成的可操作形式。

综上所述，二者之间的关系是：“道”以导“术”；“术”以载“道”。学习并运用外事礼仪时所须关注的要点有二：其一，必须知“礼”，即始终坚持尊重为本。其二，必须行“仪”，即力求做到善于表达。

学习并运用外事礼仪，还应对其主要内容有所认识。从总体上来分析，外事礼仪主要内容有二：

内容之一，外事要则。所谓外事要则，在此指的是有关外事礼仪的基本法则，亦即有关学习并运用外事礼仪的总体要求。就其本质而言，它属于“礼”的范畴，属于“道”，属于宏观的交际哲学。

内容之二，外事技巧。所谓外事技巧，此处是指有关外事礼仪具体的可操作方式。就其本质而言，它属于“仪”的范畴，属于“术”，属于微观的沟通技巧。

需要予以强调的是，在具体学习并运用外事礼仪时，对外事要则与外事技巧两个内容均不可偏废。离开了外事要则，外事技巧的具体运用就有可能出现偏差，即没有“礼”，便难合“仪”。而离开了外事技巧，外事要则将成为空谈，即没有“仪”，就难言“礼”。

三、三大特征与三个功能

学习并运用外事礼仪，理当首先对其基本特征有所了解。

概而言之，外事礼仪的基本特征有三：

其一，规范性。所谓规范，亦即标准。外事礼仪的规范性特征，意味着它的具体运用要求标准化操作，而绝对不可肆意而为、自行其是。

其二，对象性。所谓“十里不同风，百里不同俗”。在具体运用外事礼仪时，必须坚持“入国问禁、入乡随俗、入门问讳”，必须坚持看对象、讲规矩，力求具体问题具体分析，力戒以不变应万变，此即所谓外事礼仪的对象性特征。

其三，时效性。所谓“礼出于俗，俗化为礼”。《礼记》有道：“礼，以时为大。”因此，外事礼仪自身既相对保持着稳定，又必然会不断地与时俱进，而绝非一成不变，此即所谓外事礼仪的时效性特征。

学习并运用外事礼仪，还须对其基本功能有所了解。

从总体上讲，“礼者，养也”。学习并运用外事礼仪，有助于外事人员提升其个人教养。具体而言，学习并运用外事礼仪可以发挥下述三个作用：

其一，提高个人素质。学习并运用外事礼仪，有助于外事人员开阔视野、调整心态、提升能力，使其能够更好地从事本职工作。

其二，完善自身形象。在国际交往中，外事人员的个人形象，往往被视为其所在国家、所在地区、所在行业、所在单位乃至所在部门的代表。学习并运用外事礼仪，有助于外事人员被交往对象认可和接受，进而有助于其塑造较为完美的自身形象。

其三，促进人际交往。作为沟通技巧，外事礼仪的具体运用，必将促进外事人员多交朋友、广结善缘，更好地与外方人士进行友好合作，更好地扩大其交际圈，进而优化或改变其具体的人际关系。

孔子曰："不学礼，无以立。"习近平同志明言："国有四维，礼义廉耻。'四维不张，国乃灭亡。'"① 诚哉斯言。

① 《习近平谈治国理政》，168页，北京，外文出版社，2014。

外事礼仪要则

重点问题

- 外事礼仪要则的内容
- 外事礼仪要则的功效
- 外事礼仪的有效操作
- 外事人员的基本素养
- 国际惯例的重要价值

在学习与运用外事礼仪时，外事人员务必要对外事礼仪的可操作性技巧细致观察、悉心体会、认真把握，并力求精益求精。除此之外，外事人员还必须认真地学习、掌握并遵守外事礼仪要则。这一点，在实际的国际交往过程中往往显得更为重要。

所谓要则，就是人们平时常说的基本规律与基本规则。所谓外事礼仪要则，则通常是指人们运用外事礼仪时所必须遵守的共同规则，即对人们运用外事礼仪时所提出的最基本、最重要的要求。有时，它亦称外事礼仪的基本法则。它是对外事礼仪一般规律的高度概括，并对人们运用外事礼仪具有普遍的指导意义。

如果将外事礼仪的可操作性技巧称为具体做法的话，那么则可将外事礼仪的基本法则称为宏观的指导方针。不论在任何情况下，了解并遵守外事礼仪的基本法则，都会既有助于外事人员深刻地理解外事礼仪，又有助于其更好地运用外事礼仪。

第一节　忠于祖国

对于外事人员而言，不论在任何时候、任何地点、任何情况下，绝对地忠于自己的伟大祖国始终都是第一位的、最基本的要求。

古人尝言：大孝卫国。在国际交往中，不忠于自己祖国的人，绝对算不上是称职的外事工作者。不仅如此，那样的人往往还会为外方人士所蔑视。只有始终如一地忠于自己祖国的人，才会真正赢得其交往对象的尊重。

作为一项外事礼仪要则，忠于祖国的具体要求是：外事人员在国际交往中，尤其是在运用外事礼仪的具体过程中，必须无怨无悔地对自己的祖国忠诚以待，不讲任何条件，毫无保留地为之尽心尽力。

在国际交往的具体实践中，遵守此项要则的行为通常体现在维护祖国的利益、服从本国政府两个基本方面。

一、维护祖国的利益

忠于祖国，首先必须维护祖国的利益，这主要表现为以下几个要点：

1. 坚持爱国主义

列宁曾经指出："爱国主义是由于千百年来各自的祖国彼此隔离而形成的一种极其深厚的感情。"① 胡锦涛同志则具体要求中国人民"以热爱祖国为荣、以危害祖国为耻"②。外事人员坚持爱国主义的具体表现，就是应当在国际交往中做到：富贵不能淫，贫贱不能移，威武不能屈；要时时刻刻胸怀自己的祖国，时时刻刻为自己的祖国而感到骄傲与自豪；要奋不顾身地维护祖国的利益，为祖国的独立、统一、完整、繁荣、富强、民主而努力奋斗，为了自己的祖国不惜奉献出自己的一切。

在坚持爱国主义的同时，外事人员还必须放眼世界，坚持国际主义。坚持爱国主义，并非推崇狭隘的民族主义。任何一国的爱国主义，都不应对其他国家的主权、其他民族的独立构成任何形式的妨碍。世界各国人民的正义事业，从来都是相互支持的。中国人民一向主张：在办好自己事情的同时，中国应当对人类作出更大的贡献。目前，中国要成为国际社会中负责任的一员，中国有责任促进世界的和平、发展与合作，中国有义务帮助世界上一切亟待帮助的国家。为此，中国将始终不遗余力。

坚持爱国主义，还必须坚持反对霸权主义。霸权主义的主旨，就是要争夺、维持世界性或区域性霸权。为此目的，霸权主义者不惜对别国事务横加干涉。中国一贯主张：国家不分大小、强弱、贫富，理当一律平等，并互相尊重。各国人民都有选择本国发展道路的权利，其他国家对此只能予以尊重，而不允许横加干预。

2. 捍卫祖国尊严

外事人员在日常工作中维护祖国利益的一个重要表现，就是时刻不忘捍卫祖国的尊严。一般而言，在跨国交往中，国与国之间都十分介意本国的国家尊严。国家尊严，在此主要是指一个国家在国际社会上和国际交往中所理应表现出来的自身的庄严与尊贵。捍卫祖国尊严，实际上就是要求外事人员自觉地以自己的一言一行，去维护自己国家的声誉与形象。

在涉外场合，外事人员首先必须确保自己的所作所为无损于祖国的尊严。在国际交往中，特别是在使用国旗、国徽、国歌等国家象征性标志时，尤须慎之又慎。

在涉外场合，外事人员还必须确保自己的所作所为不损害别国的国家尊严，同时也绝对不容许外方人士的所作所为损害自己伟大祖国的国家尊严。

---

① 《列宁选集》，3 版，第 3 卷，579～580 页，北京，人民出版社，1995。

② 胡锦涛：《牢固树立社会主义荣辱观》，载《求是》，2006（9）。

总而言之，在国际交往中，外事人员在捍卫祖国尊严的前提下，对哪些话该讲、哪些话不该讲，哪些事该做、哪些事不该做，统统都应当做到心中有数，并且在实际工作中谨言慎行、一丝不苟。

3. 维护国家利益

"祖国的利益永远高于一切"这句话，是每一名外事人员在任何情况下都必须铭记在心，并付诸行动的。维护国家利益，是每一名外事人员的神圣天职。

维护国家利益，首先必须防止个人主义。当个人利益与国家利益发生冲突时，切莫为个人利益而牺牲国家利益。正如周恩来同志所言："外交工作是代表国家的，一切必须从集体出发，倘若从个人出发，就一定很危险。"① 从事外事工作，不允许有个人打算。

维护国家利益，其次还必须防止国家利益被自己或别人所伤害。外事人员不仅不能因为自己的行为而损害国家利益，还必须勇于同一切有损于国家利益的行为进行坚决的斗争。

二、服从本国政府

作为一名外事人员，不论其具体职务高低，也不论其任职于政府部门还是企事业单位，都必须无条件地遵守涉外纪律，无条件地拥护本国政府、忠于本国政府。服从本国政府，向来都是每一名外事人员的天职。

服从本国政府的具体含义是：外事人员必须无条件地听命于本国的合法政府，并以自己的实际行动拥护本国的合法政府。从原则上来讲，这是因为在各种正式的跨国交往中唯有本国的合法政府才具有代表自己国家的资格。假若外事人员在外事活动中公然与本国合法政府唱对台戏，不仅不会为本国合法政府所接受，而且其身份也难以为外方所认可。

组织纪律方面来讲，外事工作历来强调高度集中：下级必须服从上级，全国必须拥护中央。作为国家、政府、地方、行业、单位的代表，外事人员必须服从上级、服从政府。如果与上级、与政府离心离德，就不具备从事外事工作的资格，就不能为政府、为社会所接受，做好自己的本职工作也就更是无从谈起。

一般而言，在实际工作中，外事人员对本国政府的拥护应具体体现在下列三个方面：

1. 依靠本国政府

做好外事工作，既有赖于全体外事人员上下一心、齐心协力，更有赖于外事人员自觉地依靠本国政府。

依靠本国政府，必须谨记以下四条具体要求，一是外事工作必须处于本国政府的领导之下；二是开展外事工作必须遵守有关的政纪、政令与规定；三是临时遇到重大事件或问题必须及时向本国政府报告、请示或寻求帮助；四是平时必须自觉而积极地与本国政府保持联系。

在参与重要的国际交往活动时，外事人员必须认真服从本国政府安排、听从本国政府指挥，绝对不允许独断专行、另搞一套。维护国家与政府的权威，对外事人员而言是极端重要的。国家的指导思想、奋斗目标、大政方针和法律制度以及重要工作部署等必须统

---

① 《周恩来外交文选》，55 页，北京，中央文献出版社，1990。

一，各个地方、单位、部门与个人绝不能各行其是。

2. 执行国家政策

国家政策，是外事人员进行一切工作的基本准则。外事人员拥护本国政府的具体表现之一，就是要在国际交往中自觉地执行国家的各项政策，尤其是要坚决执行国家的外交、外事政策。

所谓外交、外事政策，也就是指各国中央政府所制定的有关本国外交、外事活动的大政方针。因其是实现本国外交、外事工作基本目标的有力工具，外事人员必须坚决地、义无反顾地执行。中国政府目前奉行独立自主的外交政策。根据温家宝同志的阐述，新中国“独立自主的和平外交政策主要是：维护国家的独立、主权、统一和领土完整；根据事情本身的是非曲直自主地、独立地判断国际问题，决定自己的立场和政策；不以意识形态和社会制度划线，不将自己的价值观强加于人，不同任何国家和国家集团结盟；不干涉别国内部事务，也不允许任何国家干涉我国内政；反对搞霸权主义和强权政治，自己也永远不称霸”①。

要执行国家的外交、外事政策，一方面应认真学习国家的外交、外事政策。外事工作不仅事关国家与政府的声誉，而且政策性极强。所以每一名外事人员均应全面、深入、系统地学习本国的外交、外事政策。在学习过程中，外事人员一要有的放矢；二要抓住实质；三要细致入微。

要执行国家的外交、外事政策，另一方面则应全面、深入、准确地掌握好、执行好国家的外交、外事政策。一国的外交、外事政策，应该在本国各单位、各部门的外事工作中都能得到全方位的贯彻落实。因此，外事人员在一切外事活动中都必须严格地“照章办事”，不允许牵强附会，不允许主观、片面地理解和运用外交、外事政策，更不允许厚此薄彼、有所偏废。

3. 保守国家机密

世界各国的外事工作者，都无一例外地被要求保守国家机密。保守国家机密，是外事人员的一项基本的职业操守。外事人员只有在保守国家机密方面做到万无一失，才能够真正地履行好自身的重要职责。

所谓国家机密，通常是指与国家利益、国家安全直接相关的重要情报，其具体内容一般都由各国政府详尽地加以规定。为此，各国都制定了一系列的保密法规，并且大都设立了专司其职的保密机构。

在国际交往中，外事人员要做到严守国家机密，关键是要防泄密、不泄密、反泄密。为此，如下三点要求必须予以重视：

第一，具有保密意识。外事人员必须在思想上高度重视保密工作，在任何时候都不能有丝毫懈怠。

第二，养成保密习惯。外事人员必须养成良好的保密习惯，并且将这一习惯具体贯彻到各项外事活动之中。

第三，坚持内外有别。在外事工作中，提倡我方人员多交朋友、广结善缘，同时也要

① 温家宝：《关于社会主义初级阶段的历史任务和我国对外政策的几个问题》，载《人民日报》，2007-02-27。

求我方人员注意内外有别，对国家机密必须守口如瓶，不允许无所顾忌地内事外扬。

第二节　以人为本

作为一项外事礼仪要则，“以人为本”的基本含义是：在国际交往中，与在国内交往中一样，外事人员的任何行为均应有意识地尊重与保障人权。每一名外事人员都必须充分地意识到：自己所从事的一切国际交往的根本目的都是为了尊重人、理解人、爱护人、发展人。换言之，中国的一切涉外交往活动就其本质而言，都是要为人民服务，都是要维护中国人民与世界人民的根本利益。

胡锦涛同志曾经站在政治的高度上对“以人为本”进行过科学的论述，他说：我们必须始终坚持一切为了群众、一切依靠群众，坚持立党为公、执政为民，不断实现好、维护好、发展好最广大人民的根本利益。“要坚持权为民所用、情为民所系、利为民所谋”①。由此可知，实现好、维护好、发展好最广大人民的根本利益，始终是中国共产党与中国政府的最高目的，始终是中国共产党与中国政府观察和处理问题的要则。

在国际交往中具体遵循“以人为本”这一要则时，主要应当关注以下两个方面的具体问题：

一、尊重人权

《中华人民共和国宪法》明文规定：“国家尊重和保障人权。”② 在国际交往中，中国的每一名外事人员均不可对此掉以轻心。

所谓人权，其实是一个不断发展着的历史概念。简而言之，它指的是人的基本权利。但其具体内容则涵盖甚广，不仅包括政治权利、经济权利、社会权利、文化权利等个人权利，而且还包括发展权、民族自决权等集体权利。

在人权问题上，国际社会一直存在着争议与斗争。目前，中国政府的基本立场是：人权必须作为一个完整的概念被理解。它既应包括个人权利，也应包括集体权利。在个人权利中，不仅应当包括政治权利，而且也应当包括经济权利、社会权利与文化权利。人权的各个方面互相依存、同等重要、不可分割、不可或缺。由于各国发展水平不一，其所面临的社会、经济、文化问题亦千差万别，故应允许各国根据自己某一特殊时期的需求而突出人权的某项内容，但这并非意味着否定或抹杀其他各项人权。

中国政府认为：对任何一项人权的剥夺，实质上都是对整体人权的剥夺。对任何一项人权的促进，实质上都是对整体人权的促进。

与此同时，中国政府还强调：人权是权利与义务的有机统一。权利与义务在实践中应该而且必须是一致的：不存在没有义务的权利，也不存在没有权利的义务。

总而言之，外事人员在国际交往中涉及人权问题时，必须坚持以下基本立场：第一，中国是尊重和保障人权的。第二，中国对人权有自己的理解。第三，中国反对曲解与滥用

---

① 胡锦涛：《在“三个代表”重要思想理论研讨会上的讲话》，19页，北京，人民出版社，2003。

② 《中华人民共和国宪法》，4版，21页，北京，中国法制出版社，2012。

人权。

某些国家将自己的人权观强加于别人，或者借所谓“人权问题”干涉中国内政，向来都受到中国政府与中国人民的强烈反对。在此大是大非问题上，外事人员必须立场坚定、旗帜鲜明，并始终与本国政府保持一致。

毛泽东说过：世间一切事物中，人是第一个可宝贵的。万物之中，既然人是最宝贵的，那么一切工作都应当置人于核心，将人作为世间万物、万事之本。不论任何工作，只要忽略了人，不以人为核心，甚至目中无人，都将失去其价值或意义。这就是所谓以人为本，同时这也是对人权最好的尊重。以人为本的最基本的要求就是要明确：外事工作，首先是有关人的工作。遵守外事礼仪，在本质上就是为了尊重人、理解人、爱护人、发展人。

1. 尊重人

在国际交往中，包括在具体运用外事礼仪时，外事人员都应坚持将尊重外方人士置于首位。从本质上讲，礼仪即尊重他人的具体表现形式。如果抱着轻视或漠视交往对象的心态去运用外事礼仪，或是以此姿态去进行国际交往，都不会取得成功。

2. 理解人

经验告诫人们：人各有别，故此不可一概而论。在从事以跨文化为背景的国际交往时，外事人员必须高度重视对交往对象的理解。只有理解他人，才能尊重他人。如果不能理解对方，不能真正具体了解对方的喜怒哀乐及其个人偏好与忌讳，又何谈对对方的尊重!

3. 爱护人

不论理解人还是尊重人，其最终目的都是爱护人。爱护人的基本要求，就是要保护人。在国际交往中，外事人员必须爱护自己的交往对象，不允许任何伤害自己交往对象的现象发生。

4. 发展人

在国际交往中，外事人员的一切所作所为，均应真正地有助于人的发展。所谓发展人，在此意为令人有所成长、有所进步。就尊重人权而言，发展人乃是最关键之点。离开了人的发展，尊重人、理解人、爱护人往往会变成空谈。

二、服务于人

从社会制度方面来讲，中国是一个社会主义国家。作为一个社会主义国家，中国的外事工作自然是为人民服务的。对于此点，每一名外事人员均应牢记于心并见诸行动。

在坚持外事工作为人民服务这一基本目标时，外事人员具体需要谨记以下两个要点：

1. 为中国人民服务

邓小平曾经明确地指出：中国外交以国家利益为最高准则。① 在阐述“三个代表”重要思想时，江泽民同志具体强调：中国共产党必须始终代表中国最广大人民的根本利益。胡锦涛同志要求各级领导干部均应牢记：权为民所用，情为民所系，利为民所谋。习近平同志则坦言：权为民赋，权为民所用。因此，中国的外事工作必须始终坚定不移地为中国

---

① 参见《邓小平文选》，1版，第3卷，330页，北京，人民出版社，1993。

人民服务。

此处需要强调的一点是，中国的外事工作首先应当是为全中国人民服务的。其具体对象，不但应当包括中国内地人民，而且还应当包括台湾、香港、澳门同胞，以及一切海外华人、华侨。中国的每一项外事工作，都必须真真切切地尊重中国人民、爱护中国人民、保障中国人民、发展中国人民，并且永远服务于中国人民。

外事工作，就其性质而论，属于一种服务工作。中国的外事工作，从来都是为祖国、为人民、为社会主义现代化事业服务的。近年来，中国政府一直强调：中国外交以人为本。其基本含义是：中国外交以服务于中国人民为基本宗旨。服务工作，从根本上讲，并无高低贵贱之分，只有做好与做不好之别。

外事人员要想恪尽职守，并努力做好自己的本职工作，关键是要做到如下两点：

第一，强化服务意识。既然外事工作是为人民服务的，那么从事外事工作的人员，不论直接面对本国公民，还是直接接触外方人士，都应该自觉自愿地提供最优质的服务。

外事人员必须意识到：尽管外事工作具有一定的特殊性，但它依旧属于服务工作。尽管我方人员与外方人士在人格上完全平等，我方人员既不高人一等，也不低人一截，但由于外事工作的性质所决定，外事人员在具体的外事活动中所扮演的往往是服务于人的角色。对这一角色，外事人员必须自觉“到位”，而绝对不允许“错位”、“越位”或“缺位”。

第二，做好服务工作。常言道：涉外无小事，事事是大事。不论具体分工如何，只要身在外事工作的岗位上，每一名外事人员就必须充分认识到自己的责任重大，对工作不能有丝毫懈怠。

与此同时，外事人员还应当意识到：在与外方人士打交道时，自己实际上被视为国家、民族、单位的代表，因而自己所从事的工作是无上光荣的。外事人员不仅要干一行爱一行，而且还必须干一行精通一行。外事人员一定要扎扎实实地做好本职工作，勤勤恳恳地为涉外交往对象服务。

2. 为世界人民服务

当今的中国已经真正成为国际社会的一员，中国正在扮演一个负责任的大国的角色，因此中国的每一位外事人员亦应具有真正的、开阔的国际视野。

就其宗旨而言，中国的外事工作，是要努力维护世界和平、促进共同发展、增进国际合作。中国这样做，不仅有助于世界的稳定与繁荣，而且也符合全世界人民的根本利益。中国的外事工作主要以外国朋友为服务对象，因此它在本质上就是为世界人民服务的。此点不容置疑。

中国的外事工作，要以不损害世界人民的根本利益为前提。不论在任何情况下，中国人民都不应以自己的所作所为伤害世界人民的根本利益。当世界人民利益受到伤害时，中国人民绝对不应该对此幸灾乐祸或推波助澜。

第三节　求同存异

在国际交往中，每一名外事人员都经常会面临一个非常实际的问题：同样一件事情，在不同国家、不同地区、不同民族中往往存在着各不相同的处理方式。面对同一难题，来自不同国家、不同地区、不同民族的人们通常会给出截然不同的答案。其实，这主要是人们的思维方式与风俗习惯不同使然，是多元文化使然。

例如，在中国的绝大部分地区，狗肉都是进补与烹饪的上品。可是在西方各国，狗被视为“人类之友”，绝对不得被人食用。在某些国家，食用狗肉甚至还会受到法律惩罚。

又如，“666”这一数目在中国经常被人们用来“讨口彩”，并且百用不厌。但在一些基督教国家里，它却被看作是魔鬼撒旦的象征，在日常生活中难见其踪影。

凡此种种，不胜枚举。

那么在国际交往中，外事人员在面对不同国家、不同地区、不同民族的千差万别的风俗习惯时，应当怎样保持清醒的头脑，科学、合理、妥善地予以处理呢？

正确的答案其实只有一个，那就是必须坚持求同存异，并遵守惯例。

一方面，要坚持求同存异。习近平曾经强调：智者求同，愚者求异。所谓存异，就是要发现差别、注意差别、承认差别、重视差别，明确多元文化背景下的国际交往本身必然存在差异性，对“中外有别”的观点不能一概予以否认。所谓求同，则是要求外事人员在国际交往中善于回避差异，善于寻求交往双方的共同点。正如周恩来所言：“我们的态度是求同而不求异。”① 总之，求同存异，就是要求外事人员在外事活动中既承认个性，又坚持共性。

另一方面，则要坚持遵守惯例。所谓惯例，在此是指有关国际交往的习惯性做法。要求外事人员遵守惯例，实际上就是要求其在国际交往中了解并认同有关的习惯性做法，而不是唯我独尊、强人所难、另起炉灶。

对外事人员而言，坚持求同存异，是做好其本职工作的基本要求；而坚持遵守惯例，则是坚持求同存异的重要保障。

作为外事礼仪要则之一，“求同存异”对外事人员提出了如下三项具体要求：承认差异；入乡随俗；区别对待。

一、承认差异

在进行跨国交往时，外事人员必须正视我方与外方之间在风俗习惯方面所存在的差异。“十里不同风，百里不同俗”绝非戏说之言，而是一种真真切切的客观现实。

要求外事人员承认有关跨国交往中的习俗差异，既是要求其正视差异，更是要求其对这些差异保持清醒的认识，并采取正确的对策。

1. 了解差异

在国际交往中，习俗差异实际上只是一种统称，其具体内容往往非常丰富，不可一概而论。承认习俗差异，首先必须区分清楚：承认的是哪一种习俗差异，并且了解得越具体越好。

从理论上来分析，对习俗差异可根据其具体内容与适用范围的不同来加以区别。

就具体内容而言，习俗差异遍及人类物质生活与精神生活的方方面面。在衣食住行、

---

① 《周恩来外交文选》，81页。

婚丧嫁娶、生产劳动、交往应酬、节庆假日等方面，世界各地的习俗可谓千差万别。

就适用范围而言，习俗差异则存在着明显的空间性区别。国家与国家之间存在习俗差异，地区与地区之间存在习俗差异，民族与民族之间存在习俗差异，宗教与宗教之间存在习俗差异……对于这些不同类型的习俗差异，既不能将其混为一谈，也不能将其中某一类型的差异无限度地“扩大化”。

2. 重视差异

对跨国交往中所客观存在的种种习俗差异，每一名外事人员都必须予以高度重视。

在国际交往中，中国政府历来强调：我方人员必须尊重外方人士。就操作层面而言，我方外事人员尊重外方人士的最重要的表现之一，就是要对对方所独有的风俗习惯予以尊重。而要做到这一点，首先就要了解我方与对方在风俗习惯上所存在的主要差异。假如忽略了二者之间的差异，尊重外方的风俗习惯乃至尊重外方人士就会成为一句空话。

要求外事人员在国际交往中重视我方与外方的习俗差异，具体来说包括下列三个要点：一是心中要想到这种差异；二是眼里要看到这种差异；三是工作中要注意到这种差异。这样，外事人员在实际工作中才能更好地做到“有所为”、“有所不为”。

例如，如果能兼顾到如上三点，在宴请外方人士时，外事人员自然就会尊重外方人士的习俗，必定不会“待人如己”，即不会强调以自己所喜爱的菜肴待客；而是会优先考虑对方在习俗上有何饮食禁忌，强调“主随客便”，真正做到“目中有人”。

二、入乡随俗

在国际交往中，“入国问禁，入乡随俗，入门问讳”，是外事人员人人须知的一项常识。作为一项对外事人员的基本要求，“入乡随俗”的基本含义是：出于对外方人士的尊重，在与对方直接打交道时，应尊重其独有的风俗习惯。当我方人员前往其他国家、地区进行工作、学习、访问、参观、旅行或进行其他公务时，则更要注意了解和尊重当地所特有的风俗习惯。在外事工作中，如果做不到“入乡随俗”，或者对其缺乏应有的重视，实际上就是对外方人士的不尊重。

在国际交往中，要求外事人员“入乡随俗”，主要是提醒其关注如下三点：

1. “入国问禁”

在国际交往中，坚持“入乡随俗”的最大益处，是借此易于促进中外双方的理解与沟通，恰如其分地向外方人士表达我方人员的与人为善之意。

要坚持“入乡随俗”，最重要的前提条件，是要充分地掌握交往对象的相关习俗。如果不能“知彼知己”，那么在实际操作中就很难保证做到“入乡随俗”。

在国际交往的具体实践中，鉴于交往双方相互了解程度的不同、沟通渠道的障碍、信息的准确性难以保证，以及在时间上存在一定的仓促性，我方人员一时之间往往不可能对交往对象所特有的风俗习惯全盘掌握。这就要求外事人员必须善于抓住主要矛盾，即做到“入国问禁”，首先不冒犯外方人士在风俗习惯方面的特殊禁忌，不至于在异国他乡做客时“伤风败俗”。

2. 处处谨慎

在国际交往中，特别是在出访别国之际，能否做到“入乡随俗”，往往直接关系到是否尊重外方人士，所以这是一个极端重要的问题。

要做到“入乡随俗”，就必须在国际交往中处处谨慎。毕竟中外习俗大相径庭，稍不留意就可能有违外方人士的独特习俗。

要做到“入乡随俗”，就必须拥有一种认认真真的态度。在外方人士面前，对遵守其习俗马马虎虎、敷衍了事，是很失礼的。

要做到“入乡随俗”，还必须规规矩矩地操作。只有采用正规的操作方式，才可以“名正言顺”。

3. 掌握范围

必须明确，讲究“入乡随俗”，并非一概而论。在此，也存在一个适用范围的问题。一旦超出其特定的适用范围去讲究“入乡随俗”，就有可能出现错误的做法。因此，外事人员在坚持“入乡随俗”的法则时，必须明确其具体适用范围。

一方面，“入乡随俗”主要适用于外事人员“独在异乡为异客”之时。根据国际惯例，当我方人员身在异国他乡时，应讲究“客随主便”，做到“入乡随俗”。而当我方人员身在自己国家里充当东道主之时，则应讲究“主随客便”。

另一方面，外事人员在有必要“入乡随俗”时，应以无损于我方的国格与人格为前提。在国际交往中，尊重从来都是相互的。因此我方人员在尊重外方人士的同时必须不失自尊，外方人士也应对我方人员表示应有的尊重。倘若外方的某些特有习俗不合时宜，例如，其有辱我方的国格与人格，有悖社会公德或有碍我方人员的生命安全，则我方人员就不能够无原则、无条件地对其予以盲从。

三、区别对待

就学理层面而论，礼仪实际上归属“习惯法”的范畴。在国际交往中，风俗习惯与礼仪往往存在着不可分割的联系。在英文里，“外事礼仪”一词的标准化译法为“international comity”，本意即为“国际习俗”。所谓“礼出于俗”、“俗化为礼”，就是指二者之间存在着密切的关系。

在实际工作中，外事人员必须尊重他国习俗。不论礼仪也好，习俗也好，往往都有其特定的适用范围：有的礼仪与习俗为我国所特有；有的礼仪与习俗为外国所独具；有的礼仪与习俗则通行于国际社会。因此，在外事工作的具体实践中涉及礼仪与习俗时，就要求外事人员必须有所区别。任何礼仪与习俗，都只有在其特定的适用范围之内才能发挥作用。一旦超出其特定的适用范围，它不仅可能失效，或许还会造成一些不必要的麻烦。

那么，在国际交往中，外事人员到底应当遵守何种礼仪与习俗呢？从总体上讲，共有下述三种可行方式：

1. 以我为主

所谓以我为主，就是要求外事人员在国际交往中，主要应当遵守我国的正式礼仪与习俗。在一切正规的官方活动中，特别是在我方充当东道主时，一般都需要这么做。

在国际交往中，要求礼仪与习俗以我为主，并非夜郎自大、盲目排外，而主要是为了体现我国的国家尊严，维护我国的国家主权。在国际交往中，作为一个大国，中国所特有的礼仪与习俗理应得体地展现于世人面前，并得到国际社会所应有的尊重。

实际上，要求外事人员在其国际交往中应用礼仪与习俗时以我为主，并非仅中国一国，世界上绝大多数国家通常都是这么做的。可以说，此种做法本身就是一种国际惯例。

2. 兼顾他方

要求外事人员应用礼仪与习俗时以我为主，并非提倡绝对排他。实际上，在坚持以我为主的同时，外事人员亦须兼顾他方。

兼顾他方的主要含义是：外事人员在国际交往中具体应用礼仪与习俗时，一方面必须以我为主，另一方面则须对特定的交往对象所在的国家、地区或民族的礼仪与习俗有所了解，并予以应有的尊重。对对方主要的礼仪与习俗中的相关禁忌，尤其需要一清二楚，并不得冒犯。显而易见，兼顾他方意在表示对对方的尊重，而绝非照抄照搬、崇洋媚外。

3. 遵守惯例

在国际交往中，一些有关礼仪与习俗的约定俗成的国际惯例，是每一名外事人员都必须恪守的。这里所说的惯例，实际上指的就是"求同存异"之中的"同"。遵守惯例，是"求同存异"要则的必然要求。

在国际交往中，需要在礼仪与习俗方面遵守国际惯例的主要场合有下述两个：一是多国所参与的多边性活动；二是两国所参与的双边性活动有此必要之时。

应当承认：外事礼仪中的许多基本规则与操作技巧，通常都是来自此类国际惯例。遵守惯例本身，在国际社会里即为一项国际惯例。《中华人民共和国民法通则》规定："中华人民共和国法律和中华人民共和国缔结或者参加的国际条约没有规定的，可以适用国际惯例。"①

第四节　遵时守约

在中国古代，早就有"君子一言，驷马难追"之说。时至今日，"言必信，行必果"依旧被中国人民视为做人所应具备的基本美德之一。实际上，中国人的这一见解在国际社会中也可以找到许许多多的知音，因为在国际交往中遵时守约早已被视为现代人为人处世的基本法则之一。遵时守约的主旨，就是要求外事人员在其国际交往中必须信守约定。它的基本含义是：在国际交往中，每一位外事人员都必须义无反顾地遵守自己对他人所作出的各项正式承诺，坚持以诚信为本。在与他人打交道时，说话务必要算数，许诺一定要兑现，约会时必须要如约而至。对一切与时间相关的正式约定，外事人员都必须严格加以遵守。

人所共知，在各种人际交往特别是跨国家、跨地区、跨民族、跨文化的国际交往中，取信于人早已被公认为是建立良好人际关系的基本条件之一，同时也是生活于文明社会的现代人所应具备的一种优良品德。要求外事人员在国际交往中遵时守约，实际上就是为了使之更好地取信于人。

---

① 《中华人民共和国民法通则》，31页，北京，中国法制出版社，2005。

在国际交往中，贯彻落实遵时守约要则的基本要求主要有以下两点：信守承诺；遵守时间。

一、信守承诺

遵时守约要则的核心点，就在于信守承诺。所谓承诺，一般是指对别人所许下的某种诺言，或者是对别人的某一要求答应予以照办。简而言之，信守承诺就是要求人们在其人际交往中说话一定要算数，诺言一定要兑现。

在国际交往中，外事人员倘若言而无信，不仅有可能失去所有的朋友，而且还有可能因此而使自己在工作上一事无成。

外事人员在其实际工作中处理有关承诺的具体问题时，应当重视下列两个基本方面：

1. 重视承诺

在人际交往中，特别是在国际交往中，一个人是否信守自己的承诺，直接关系到其个人信誉。一个人如果信守承诺、言而有信，就等于以实际行动证明自己言行一致，尊重交往对象，同时也是对自己的尊重。而实际上也只有这样的人才会在社会上获得良好的口碑，才能真正地立足于社会，并赢得人们的尊重。

与此相反，在人际交往特别是在国际交往中视个人承诺为儿戏，出尔反尔、言而无信、有约不守、守约不严，或者随意撕毁自己的庄严承诺，那就不仅仅是失信于人、不尊重交往对象，而且也是不讲究交际规则、不重视个人信誉、不尊重自己的表现。对此，外事人员一定要保持清醒的认识。

每一名外事人员都必须充分认识到：在国际交往中能否做到言而有信、遵守约定，直接与自己是否重视个人承诺密切相关。而重视个人承诺与否，又直接关系到自己对于个人信誉的重视与否。

孔子尝言：人而无信，不知其可也！在现代社会里，尤其是在国际交往中，信誉往往无比重要。从某种意义上来讲，信誉就是生命，信誉就是形象，信誉就是社会关系，信誉就是工作效率。对于一个人、一个组织、一个民族乃至一个国家而言，莫不如此。个人不讲信誉，在社会上就会难以立足；组织不讲信誉，在工作中就会难以有所进展；民族或国家不讲信誉，在国际上则会失去其自身的尊严。

2. 慎于承诺

既然承诺在人际交往中尤其是在国际交往中事关个人、组织、民族乃至国家信誉，那么外事人员不论在其实际工作中还是在日常生活中都必须极其慎重地对待承诺问题。只有慎于承诺，才能确保承诺的兑现。

外事人员在国际交往中要想做到慎于承诺，主要应当对以下三个方面予以注意：

第一，三思而行。在与外方人士打交道时，不论双方关系如何，外事人员在需要许诺于对方时，都一定要三思而行、慎之又慎。不论答应对方所提出的要求，还是自己主动向对方提出建议，或者是自己诚心诚意地许诺于对方，都一定要经过事先的深思熟虑、反复斟酌。

当有必要向外方人士承诺时，一定要有自知之明。务必要量力而行，一切从自己的实际能力以及客观可能性出发。切忌好大喜功、草率行事，致使承诺“满天飞”。须知：如果滥用承诺，个人信誉便会贬值。

外事人员在向外方人士承诺某一具体事项时，一定要认真思考、瞻前顾后、字斟句酌、力图周全。既不能模棱两可、含糊不清，也不能信口开河、言过其实，使承诺难以实施。

第二，认真遵守。在人际交往中，往往许诺容易、兑现难。所谓“言而无信”，就是人们对那些不遵守自己承诺的人所进行的谴责。在国际交往中，凡我方对外方所作出的各项正式承诺，外事人员一定要身体力行，认真地、一丝不苟地予以遵守。

在国际交往中，我方一旦作出承诺，就必须予以兑现。只有这样，我方才能够以实际行动证明自己“言行一致”，才会赢得对方的好感与信任，才有可能与对方“后会有期”、常来常往。在国际交往中，中方人员经常讲：“我们中国人说话历来都是算数的。”只有认真遵守有关承诺，才能令外方人士真正确信这一点。

为了兑现已有的承诺，外事人员还必须尽可能地避免对既往的正式承诺任意修正、变动。对其切勿随心所欲地加以曲解，切勿擅自予以否认、取消，或者在执行中“偷工减料”。

第三，说明原委。正所谓“世事难料”，尽管我方在兑现承诺方面一向不遗余力，然而在极个别的场合我方一时难以兑现承诺的情况也仍可能出现。此时，一定要采取必要的补救性措施，以挽回我方的信誉。

万一由于某些难以抗拒的因素而致使我方单方面失约，或是部分承诺难以继续兑现，一定要通过正式渠道尽早向对方说明具体原委。除要向对方作出如实的、合理的、可信的解释之外，还应当为此郑重其事地向对方进行道歉，主动承担按照惯例或约定应给予对方的合理赔偿，并应在力所能及的前提下采取一切可行的补救性措施。

在万不得已造成失约的情况下，绝对不允许外事人员一味推诿、避而不谈、得过且过，或者对失约之事加以否认，更不允许拒绝为此而向交往对象表达歉意。

二、遵守时间

遵守时间，是信守承诺的具体体现之一，有时甚至是其最重要的一项要求。任何一个不懂得遵守时间的人，在人际交往中都是难以遵守其个人承诺的。

遵守时间作为外事礼仪要则之一，主要是要求全体外事人员都应具有严格的时间观念。在人际交往中，尤其是在国际交往中，对一切与时间相关的约定一定要一丝不苟，并严格按照约定执行。

目前，遵守时间在国际社会里已成为衡量、评价一个人文明程度的重要标准之一。因此，外事人员对此绝对不可疏忽大意、不以为然。

具体而言，外事人员在国际交往中应当重点注意下列三个问题：

1. 有约在先

人生一世，如白驹过隙。美国政治家富兰克林曾提醒世人：你热爱生命吗？那么请别浪费时间，因为时间是组成生命的材料。在现代社会里，“时间就是生命，时间就是机遇，时间就是金钱”早已成为得到世人认可的、具有普适性的时间观。因此，外事人员在与外方人士进行交往时，一定要珍惜彼此的时间，尤其是切不可对对方的宝贵时间造成任何形式的浪费。

对外事人员而言，要做到珍惜外方人士的时间，不浪费对方的时间，最为切实可行的做法，就是要对双方进行交往的具体时间有约在先。

有约在先，不仅适用于正式交往，而且也适用于非正式交往。其基本要求，就是提倡人们在进行人际交往时必须事先约定好具体时间。在人际交往中，不论不邀而至、充当不速之客，还是任意顺访、率性而为，都是不尊重交往对象的表现。

若要做到有约在先，关键是要提前约定有关交往的具体时间。它主要包括双方交往的具体起始时间与延续时间两个方面。对于它的约定要尽可能地具体、详尽，约定得越具体、越详尽越好。

在约定具体时间时，还要考虑交往对象的习惯和方便与否。尽量不要占用对方的休息时间或工作过于繁忙的时间。外事人员必须谨记：一般而言，凌晨、深夜、午休时间、就餐时间以及节假日，外方人士大都忌讳被外人打扰。总之，在约定具体时间上，应当尽可能地做到两相情愿。

2. 如约而行

要求外事人员遵守时间，既要求其在具体的交往时间上有约在先，更要求其根据既定的时间如约而行。如约而行，通常比有约在先更加重要。

所谓如约而行，在此特指外事人员务必按照与外方人士事先所约定的双方交往时间，准确地加以执行。

在参加正式的官方活动，或者出席会议、会见以及其他类型的社交聚会时，外事人员一定要养成正点抵达现场的良好习惯。在此类活动中，姗姗来迟或提前到场都会显得不合时宜。前者会令其他人士久久等待，后者则会使外方人士措手不及。

对其他不论有关工作还是有关生活的具体时间约定，例如，承诺给予对方答复的时间、约好双方一同出行的时间，以及许愿给对方写信、打电话、发传真、发电子邮件的时间等，外事人员同样需要言出必践。

对双方有约在先的具体交往时间，我方人员轻易不要改动。万一因特殊原因而需要变更时间或取消约定，应尽快向交往对象进行通报，切忌让对方对此一无所知、空候良久。

3. 适可而止

在国际交往中，外事人员还须谨记适可而止。所谓适可而止，就是要求外事人员在其人际交往中，尤其是在正式交往中，不宜拖延时间，而应使之适时结束。

对一些事先约定了交往时间长短的活动，例如，限时发言、限时会晤、限时会议以及其他限时活动等，到场的外事人员一定要心中有数，绝不能超过规定的时间。即使对方“网开一面”，外事人员也绝对不要纵容自己。

对一些并未事先约定其交往时间长短的活动，例如，私人拜访、出席家宴、接打电话等，通常都讲究宜短不宜长。宁肯“提前告退”，也不应当无节制地拖延时间。

第五节　热情有度

在人际交往中，待人热情者往往最受欢迎。法国大文豪伏尔泰早就坦言：一个人若没有一点热情，则将一事无成。

在国际社会中，中国人一向以待人热情而著称。中国人认为，待人热情不仅意味着自己对待交往对象具有诚意，而且还意味着自己对对方充满了友好、关怀与热诚。

在参与国际交往时，外事人员亦须对外方人士热情相待，这与其国内的人际交往并无多少差别。但是，外事人员在对外方人士热情相待时，必须有一个“度”的限制，即一定要切记热情有度。

作为外事礼仪中的一项要则，热情有度就是要求外事人员在与外方人士进行接触时，既要注意为人热情，以示友善之意，更要充分把握好为人热情的具体分寸，否则就有可能事与愿违。这里所说的“具体分寸”，指的就是所谓热情有度之中的“度”。

如果要对热情有度进行更准确的描述，就是要求外事人员在待人热情的同时一定要铭记：自己的一切所作所为，均应以不影响对方、不妨碍对方、不给对方添麻烦、不令对方感到不快、不干涉对方的私人生活、不损害对方的个人尊严为基本限度。在与外方人士打交道时，外事人员若掌握不好这个限度而对对方过“度”热情，就有可能使自己不适当地“越位”，导致好心办坏事。

具体而言，外事人员在国际交往中要想真正做到热情有度，关键是要掌握好下述四个基本限度：

一、关心有度

在人与人之间，理当提倡互相关心，互相爱护，互相帮助。在社会生活中，人与人之间的关系，往往是“一人为大家，大家为一人”。离开了互相关心、互相爱护、互相帮助，人人只求利己、不讲利人，人际关系就将变得冷漠无情，社会就没有温馨可言。

在国际交往中，对待外方人士理应表示出必要的关心。但考虑到热情有度的因素，外事人员对外方人士所表示的关心没有必要“无微不至”，而是应当有意识地加以限制，此即所谓关心有度。它主要体现在以下三个方面：

1. 无碍对方个人自由

在一些国家，人们对个性独立十分推崇。在很多外国人眼里，没有任何东西可以与其个人自由相提并论。没有个性独立、没有个人自由，对他们而言，实际上就等于没有任何个人尊严。因此，外事人员对外方人士所表示的关心，在任何时候都应以不妨碍其个人自由为前提。

2. 不令对方感觉不便

对外方人士表示关心时，无论如何都不应令对方产生“多此一举”的感觉。因此，在对对方表示关心之前，外事人员务必要首先明确“应当关心什么”与“不应当关心什么”。

就客观效果而论，外事人员对外方人士所表示的关心，理应在某些方面有利于对方，而不应令对方感觉不便或不快，更不能在一定程度上为之增加一些毫无必要的麻烦。

3. 勿使对方勉为其难

对外方人士所表示的关心，在任何情况下都应恰到好处，令对方愉快地接受，甚至为此感到幸福。实际上，只有恰当地给予对方此时此刻最为迫切需要的关心，才会收到如此功效。对方不需要的关心，就是给予得再多也没有任何益处。外事人员一定要对此加以注意。一旦发现自己给予对方的关心不受欢迎，就应适可而止，千万不要“再接再厉”、强人所难。

二、批评有度

“批评与自我批评”，一直为中国人民所推崇。在国际交往中，外事人员对此则应另当别论。

在国内，亲朋好友之间讲究以诚相见、推心置腹。常人的看法往往是，对他人开诚布公、直言不讳、大胆批评、不讲情面、勇做诤友，才算是“真君子”、“够朋友”。但是在国际交往中，仍然采用此种做法却必定是行不通的。

与外方人士打交道时，外事人员必须做到批评有度，即对对方何处可以批评、何处不可以批评，一定要心中有数。如果对外方人士的批评不加任何限制，甚至加以滥用，那么对双边关系是极有危害的。

具体来说，在国际交往中讲究批评有度，关键是指批评要讲究内容、讲究方式、讲究场合。

1. 讲究内容

一般而言，在大是大非的问题上，诸如关系到国格、人格、道德、法律、身体健康、人身安全、正常工作等问题时，外事人员对外方人士的错误、缺点完全有必要给予批评指正。在事关国家利益与国家安全的重大原则问题上，则更是有此必要。

但在涉及因民族风俗不同、文化背景不同、生活习惯不同、个人选择不同而导致的某些个人的不同做法方面，外事人员则没有必要对外方人士的所作所为小题大做、“上纲上线”，没有必要动辄评判其是非曲直。

2. 讲究方式

即使外事人员对外方人士有进行批评的必要，仍须注意其具体的方式、方法。对任何人而言，简单粗暴的批评都不会受到欢迎。批评同样应当做到让被批评者如沐春风、如饮朝露，并欣然接受。

根据经验，对外方人士应当力戒“命令式”、“训斥式”、“讽刺式”与“侮辱式”的批评，同时也不应给人以居高临下之感。采用“平等式”、“讨论式”、“寓言式”或“设问式”进行批评，往往更易为外方人士所接受。

3. 讲究场合

除非情况极为特殊，外事人员对外方人士所进行的批评通常都不宜当众进行。对外方人士的批评最好是在私下单独进行，不要有意搞“公开化”，切勿将对方的缺点与错误“公开示众”。当众对其进行批评，往往容易伤害对方的自尊心。

三、距离有度

在一般情况下，中国人在进行交际应酬时，对彼此之间的空间距离并不十分介意。有些时候，关系越是密切的人，越是讲究“亲密无间”。除成年异性之外，人们大抵如此。

但是在国际交往中，外事人员却绝对不宜照此行事。一般而言，外国人对于人际交往中的彼此距离通常非常重视。在他们看来，关系不同的人有着各不相同的“交际圈”，即人与人之间不同的空间距离，实际上与彼此之间的心理距离的不同直接相关。

因此，距离有度业已成为外事礼仪要则之一。其具体含义是：外事人员在正式场合与外方人士共处时，应视此时此刻具体关系的不同，而与对方保持与双方关系相适应的、适度的空间距离。若与外方人士相距过近，会令对方产生其私人空间被"侵犯"之感；若与外方人士相距过远，则又会令对方感到有被故意冷落之嫌。

在国际交往的正式场合，外事人员与外方人士彼此之间的空间距离大体上可以划分为下列四种：

1. 私人距离

所谓私人距离，在此是指交往双方彼此之间的空间距离在 0.5 米之内。一般而言，此种距离，仅仅适用于家人、恋人和至交之间，或是对老、弱、病、残、孕者进行必要的照顾之时。因此，它通常又被人们称为"亲密距离"。

2. 交际距离

所谓交际距离，在此是指交往双方彼此之间的空间距离保持在 0.5～1.5 米。此种距离，主要适用于一般性的各种人际交往。因此，它又被称为"常规距离"。在绝大多数情况下，外事人员在与外方人士打交道时，均应与对方保持此种距离。

3. 礼仪距离

所谓礼仪距离，在此是指交往双方彼此之间的空间距离保持在 1.5～3 米。此种距离，主要适用于某些较为隆重的场合，例如，庆典、仪式、会见、会议等，意在向交往对象表示特殊的敬意。正因为如此，这一距离又被称为"敬人距离"。

4. 公共距离

所谓公共距离，在此是指大于 3 米的空间距离。此种距离，主要适用于外事人员在公共场所中与素不相识的外方人士共处之时。按照多数外国人的习惯，在公共场所中，陌生人之间绝对不宜相距过近，否则就会令彼此感觉不快。这一距离，有时亦称"有距离的距离"。

四、交往有度

在与外方人士相处时，外事人员还必须坚持交往有度。所谓交往有度，在此具体是指外事人员在与外方人士进行接触时，不论双方之间的具体关系如何，均应与对方保持一定的距离。唯有这种距离保持得适当，外事人员与外方人士之间的关系才能够保持正常。

具体而言，交往有度的主要要求是：不妨碍对方的工作；不妨碍对方的生活；不妨碍对方的休息。

1. 不妨碍对方的工作

与外方人士进行交往，一定要以不妨碍对方的工作为前提。此处所说的不妨碍对方的工作，主要有如下三重含义：

第一，不能影响外方人士正常的公务。否则，外事人员与对方的交往，就会变成对方的负担。

第二，不能给外方人士工作增加麻烦。即使外事人员与外方人士的交往无助于其具体工作，也不能给对方“帮倒忙”。

第三，不能妨碍外方人士工作的开展。不论在任何情况下，外事人员与外方人士的交往都不应成为其工作的“绊脚石”。

2. 不妨碍对方的生活

在国外，人们习惯于将工作与生活分得一清二楚。在日常工作中，讲究的是规章与制度；而在日常生活里，强调的则是个性与自由。二者之间，通常泾渭分明，不可被混淆。

在与外方人士相处时，外事人员一定要尽量将工作与生活、公事与私事区分开来。在一般情况下，切忌在工作中处理私人生活问题。同样的道理，若非万不得已，也不宜让例行的公事去打扰外方人士的私人生活。

3. 不妨碍对方的休息

在实际生活中，每个人都需要休息，都需要在仅仅属于自己的私人空间里松弛身心、调整状态。因此，即便交往对象属于至交密友，也要充分尊重其个人的休息权，尽量不要影响对方的休息、打扰对方的安宁。

在与外方人士交往时，外事人员没有必要与对方形影不离。当对方需要休息，特别是在其表现出明显的疲倦困乏时，一定要主动为之创造休息的条件。

第六节　不宜过谦

对在他人面前妄自尊大、自我张扬、不懂谦虚等表现，中国人历来都颇为反感。反之，中国人一向讲究含蓄、委婉、低调，强调“喜怒不形于色”，惯于自谦、自抑甚至自贬，反对自我张扬、自我表现。在中国人的为人之道中，“满招损，谦受益”一直受到提倡。待人不够谦虚的人与喜欢自我表现的人，在人们眼里往往不是嚣张放肆，就属于不会做人。

客观地讲，古今中外之人都是主张为人谦虚的。法国思想家卢梭曾道：最有学问和最有见识的人，总是很谦虚的。法国文学家蒙田则认为：缄默和谦虚是交际的美德。毛泽东亦有名言：虚心使人进步，骄傲使人落后。

然而，凡事过犹不及。有些中国人在强调为人谦虚之时，往往不幸地走到另外一个极端：他们将谦虚片面地理解为自我否定、自我贬低。诚如歌德所言：妄自尊大和妄自菲薄，都是严重的错误。在现实生活中，外事人员如果在国际交往中过分谦虚，往往还会产生不少问题。

在绝大多数外国人看来，为人谦虚固然重要，但绝对不宜谦虚过度，将其发展为自我否定、自我贬低。过分的谦虚，则是对于自然的一种“忘恩负义”。相反地，一种诚挚的自负，却正象征着一个美好伟大的心灵。法国哲学家拉美特利的这一说法，早已为绝大多数外国人所认同。

因此，在国际交往中需要进行自我评价时，外事人员既不应该自吹自擂、自我标榜、骄傲自大，也没有必要妄自菲薄、自轻自贱、自我贬低、自我否定，或者过分地谦虚、客套，以至于给人以缺乏自信、虚情假意之感。如有必要，在坚持客观、公正、实事求是的前提下，外事人员要善于从正面对自己进行评价或肯定。用德国哲学家叔本华的话来说就是：伟大就是伟大，不凡就是不凡，实在无须谦逊。上述要求，就是外事礼仪要则之一不宜过谦的基本含义。在与外方人士进行交往时，外事人员务必将此项要则牢牢记住。

在坚持不宜过谦的要则时，重点是要做到善于肯定自我，并且要在展示实力、突出业绩、表达敬意等方面多下功夫。

一、肯定自我

坚持不宜过谦要则的主旨，就是要求外事人员在外方人士面前，应当善于进行自我肯定。也就是说，对自己的评价务必要客观、公正、实事求是，绝对不能对自己无条件地进行否定。在实事求是的前提下，要善于发现自己的长处，并且还要善于将其在外方人士面前恰到好处地表现出来。

从总体上来看，外事人员在国际交往中善于肯定自己，至少具有如下四点作用：

1. 充满自信

在人际交往中，一个人对自己有无自信是非常重要的。只有自信的人才会获得别人的尊重，而缺乏自信的人则往往难以获得别人的好感。一般而言，外国人通常认定：唯有自信的人，才敢于进行自我肯定。

2. 具有实力

在多数外方人士看来，只有具备一定实力的人，才拥有进行自我肯定的资本。从某种意义上说，进行自我肯定，实际上就是公开承认自己具有一定的实力。而肯定自我，也就等于是确认了自身实力。对现代人而言，在激烈的竞争中，自身拥有一定的实力是应当为之自豪的，因此完全没有必要对此进行自我否认。

3. 光明磊落

在与外方人士相处时，外事人员理当坦诚相见、光明磊落。凡是需要自我评价时，只要不违反有关禁忌即应直言不讳、实事求是。因为在外方人士的心目中，敢于正面肯定自己，意味着为人诚实无欺，反之则会给人以虚伪、做作之感。

4. 体现自尊

从根本上看，肯定自我是对个人自尊的必要维护。英国人哥尔斯密说过：人皆有错，过分谦虚即是一错。在外方人士的意识里，过分谦虚的最大过错，就是对个人自尊造成了伤害。

二、展示实力

在外方人士面前，外事人员应当将自身所具备的实力尽可能地展示出来。不懂得这一点，自我肯定往往就会成为一句空话。

所谓实力，在此是指一个人所具有的自身素质、自我条件及其实际能力。所谓展示实力，具体而言，就是要求外事人员在外方人士面前，要善于表现、善于肯定自己客观上具备的自身素质、自我条件以及实际能力。

在展示个人实力时，外事人员一方面要坚持“正面宣传”，另一方面则要注意“言之有物”。一般而言，外事人员对自己所具备的下述实力，在外方人士面前应尽可能坦率地进行展示。

1. 自身相貌

每一个人的相貌，都有其自身特征，都有其与众不同的特点。从这种意义上来说，每一个人的相貌都具有独一无二的美感。对于此点，理当自我肯定。

2. 服饰品位

由于每个人各自的审美习惯不同，也就决定了其对自身日常服饰的不同选择。其实，每个人所选择的自身服饰都具有一定的相对合理性。因此，就一般意义而言，没有任何必要在外人面前否定自己的服饰品位。

3. 文化素养

一个人所具有的文化素养，有的来自其接受的正规教育，有的来自其个人的独特经历，有的则来自其家庭传承。在国际交往中，尽管提倡外事人员“学人之长，补己之短”，但却没有必要全盘否定自身的文化素养。将中国传统文化或个人所受过的教育说得一无是处，显然是不应该的。

4. 生活情趣

热爱生活，肯定是一种美德。对自己的生活习惯、生活情趣、个人爱好等，只要其无害于人就可以坚持下去，并且可以不断地充实、提高、调整。其实，生活情趣并无高雅与庸俗之别，关键在于一个人自己有没有生活的情趣。

5. 社会地位

虽然人与人之间存在着性别、年龄、职业、民族、国籍以及实际职务的差异，但是大家的社会地位理当完全平等。在外方人士面前，外事人员务必要做到平等待人、不卑不亢。在任何情况下，外事人员既不能盛气凌人，也不应自惭形秽。

三、突出业绩

在与外方人士进行接触时，不论双方共事与否，外事人员均应对自己取得的有关业绩进行必要的肯定。因为按照大多数外方人士的理解：怨天尤人者，实为工作与生活中的失败者。而只有真正的成功人士，才不会否定自己在事业上所取得的成绩。在个人业绩上，外事人员完全应当做到一是一、二是二，有什么、说什么。

外方人士在介绍自己的个人业绩时，一般非常注意以下两个具体方面：一是讲究突出重点、扬长避短；二是讲究“以例服人”，即喜欢以大量的具体实例来说明问题。在需要介绍个人业绩时，外事人员不妨对此予以借鉴，并且应当注意突出以下三点：

1. 学习成绩

人的一生应当在学习上永不停步，就像古语“活到老，学到老”所言。对学而不厌者，外方人士会十分钦佩。因此，在介绍本人的学习情况时，不妨直截了当地说明自己读过什么书、发表过什么论文、掌握了何种外语，即以具体成果说话。

2. 工作成绩

对自己的专业技术水平、实际工作能力、爱岗敬业态度以及因之而获得的荣誉嘉奖，要敢于在外方人士面前适时地有所展示，并且引以为荣。只有这样，才会使对方更为全面地了解自己的实际能力，从而受到对方的尊重。

3. 生活成绩

在国外，人们对自己的家庭生活十分重视。在他人面前，外方人士不仅对自己的美满婚姻、妻贤子孝、家人幸福等生活情节津津乐道，而且也欢迎其交往对象这样做。他们通常认为，美满的家庭生活，是一项十分重要的个人成绩。

四、表达敬意

不宜过谦要则的一项具体要求是：外事人员应当敢于和善于向外方人士表达自己所应有的敬意。

1. 没有必要隐瞒对外方人士的敬意

在国际交往中，向交往对象表达敬意是一种国际惯例。因此，在与外方人士打交道时，外事人员不仅要注意对对方充满敬意，而且还要善于将自己的敬意表达出来。

2. 没有必要否认为外方所做的工作

做好本职工作，是外事人员的天职。在国际交往中，一旦有必要介绍自己为外方人士所做过的具体工作，外事人员就应当善于替自己“评功摆好”，将自己所付出的努力一一道来。若是甘当“无名英雄”，或是贬低、否认自己的本职工作，外方人士就很可能会因此而对自己所受重视的程度产生疑问。

3. 没有必要贬低对外方人士的礼遇

在国际交往中，一方所给予另一方的礼遇，既事关对方的实际地位，也涉及双边关系的现状以及对对方的重视程度。因此，在国际交往中，外事人员有必要向外方人士具体说明我方给予对方的礼遇，尤其是当这种礼遇较为特殊或属于“破格”之时。否则，对方就有可能因为不知情而出现误解。

第七节　尊重隐私

凡是对中外习俗的差异有所了解的人都知道，在对待个人隐私的具体问题上，中国人的传统做法与多数外方人士的习惯往往大相径庭。

按照一般中国人的思路，人与人相处，特别是在亲朋好友之间，并不存在什么“不可告人”之事。因此，一名正人君子就应当“明人不做暗事”，将自己的一切都坦言相告于他人。

但在世界上许多国家，人们却总是对个人隐私非常重视。在那些国家，保护公民个人隐私，往往是法律赋予公民的基本权利之一。所以，不打探个人隐私已被视为现代文明的重要标志之一。

目前，尊重个人隐私已经逐渐发展成为一项国际交往的惯例。因此，在国际交往中，外事人员有必要对其予以高度重视。

所谓个人隐私，在其一般意义上，是指某一个人出于个人尊严或者其他方面的特殊考虑，而不愿意对外公开、不希望外人了解的私人事宜或个人秘密。尊重个人隐私，在此是指外事人员在与外方人士进行各种接触时，一定要对对方的个人隐私权予以尊重，并不得主动打探或直接、间接无故涉及对方的个人隐私问题。

在国际交往中贯彻尊重隐私要则，主要要求外事人员养成莫问隐私与保护隐私的良好习惯。

一、莫问隐私

外事礼仪规定，在与外方人士进行交往应酬时，绝对不允许外事人员任意打听对方的个人隐私。

按照常规，如下九个方面的私人问题均被外方人士视为“不可告人”的“绝对隐私”。在国际交往中，外事人员对这九个问题切不可向对方主动打探。

1. 收支情况

在国外，个人的收入与支出属于最不宜直接打探的个人隐私问题。人们的普遍看法是：每个人的实际收入与支出，通常都与其个人能力、社会地位存在着一定的因果关系。因此，个人收入与支出的多少，就如同本人的脸面一般，十分忌讳别人的过多关注。

不仅如此，除直接的收入与支出之外，那些可以间接反映出个人经济状况的私人问题，诸如银行存款、股票收益、纳税数额、居所位置、私宅面积、私车型号、服饰品牌、度假地点、健身项目、娱乐方式等，因其与个人的收入与支出密切相关，通常也都是不欢迎外人打探的。

2. 年纪大小

在许多国家与地区，人们都将本人的实际年龄视为自己的“核心机密”之一，绝对不会主动将其告之于人。究其主要原因，在于外国人普遍忌讳“老”。他们的愿望是：自己应当永远年轻。在他们眼里，“老”了就意味着失去了机会，就得告别社会舞台，而年轻则意味着自己充满了活力、希望与机会。

特别需要指出的是，有两种外国人尤其忌讳被人问及年龄或被人尊为“长者”：

第一，白领丽人。对她们来说，自己最好永远年轻。一旦上了年纪，就等于宣告自己“人老珠黄”，并且应该“告老还乡”了。

第二，老年人。如果问其年纪，就意味着他们“不行了”。若称其为“长者”，则如同讥讽他们“不自量力”一样。

3. 恋爱婚姻

一名有责任感的中国人，对其家人、亲友、同事的恋爱、婚姻、家庭问题时常会牵挂在心。当中国人相聚时，彼此了解一下对方“有没有对象”、“结婚与否”、“是否生儿育女”、“夫妻关系怎样”、“婆媳关系如何”等，都是司空见惯的。然而在国外，此类与恋爱、婚姻、家庭直接相关的问题，却都是人们在交谈中讳莫如深的。

对此，外国人的普遍见解是：“家家都有一本难念的经。”随意向外人打探此类家庭问题，极有可能触动对方的伤心之处，伤害其自尊、自信之心，甚至会令对方感到难堪。在有的国家，向异性打探此类问题不仅会被对方视为无聊之举，而且还有可能会被对方控告为“性骚扰”，进而因此吃上官司。

4. 健康状况

在国外，由于市场经济的影响，人们普遍将个人的健康状况看作自己的重要“资本”。一个人身体健康，往往意味着自己前程远大，建功立业的机会甚多，并且可以在社会上赢得广泛的支持。如果身体状况欠佳，则意味着自己“日落西山”、前途渺茫，不仅失去了个人发展的许多机会，而且也难以在个人事业上取得各方的支持。

正因为如此，在与外国人交谈时，绝对不宜涉及其个人身体状况。诸如健康与否、身高多少、体重几何等问题，则更要忌讳。此外，还不可与之交流有关“求医问药”的心得体会。

5. 个人经历

“英雄莫问出处”一说，在国外广为流行。它是指在与他人进行交往时，忌讳打听其既往的个人经历。若不跟对方“见外”，一而再、再而三地刨根问底、细查其往事，则往往会给人以居心叵测之感。

一般而言，外事人员在与外方人士进行交谈时，至少有下列四个最关键的个人经历问题不宜向对方打听：

第一，对方的籍贯。

第二，对方具有何种最高学历、学位。

第三，对方拥有何种技术职称或行政职务。

第四，对方有过哪些职业经历。

6. 信仰政见

目前，国家之间的合作，讲究的是求同存异与“和而不同”。生活在当今这个多元化的世界里，人们必须客观地承认：各国的社会制度、司法体系、政治主张、意识形态均存在着明显的差异。因此，各国的事情应由各国自己负责，各国人民都拥有自行选择本国发展道路的决定权。

在国际交往中，如欲真正求得交往的顺利、合作的成功、双方的友好，交往双方就必须不以社会制度画线，不强调司法体系、政治主张的不同，并应超越双方意识形态方面所存在的差异，处处以大局为重、以和平与发展为重、以友谊为重、以信任为重、以国家利益为重。

有鉴于此，外事人员在与外方人士交谈时，通常不宜对对方的政治见解、意识形态、宗教信仰表现出过多的兴趣，更不宜对其政治见解、意识形态、宗教信仰等品头论足、横加非议，或是“唯我独尊”，蛮横无理地将本人的立场、观点或“一知半解”强加于人。

此外，在国外，对与个人政治见解密切相关的从属于何种党派或政治性团体的问题，通常也不宜向他人打探。

7. 生活习惯

中国人在聊天时，有关个人的生活习惯常常会成为中心话题。然而在国际交往中，外事人员却必须放弃这一话题。在外国人眼里，个人习惯与别人毫不相关，所以也就完全没有为外人所了解的必要。他们认为，倘若对他人的个人生活习惯过分地感兴趣，那么不是别有用心，就是有意于对方了。

有关个人饮食、起居、运动、娱乐、阅读、交友等方面的生活习惯，都在绝大多数外国人“秘不示人”之列。

8. 所忙何事

在国内，“忙什么呢”与“身体好吗”、“吃过饭没有”，是人们相逢之时互致问候的“老三样”。每一个中国人，一定都会经常地问候自己的同胞：“最近在干什么”、“现在上哪里去”、“为什么好久都没有见到你”。但是，一般的外国人却绝对不会乐于回答此类问题。

外国人的看法是：自己“所忙何事”仅与自己有关，与别人并无关系，所以“不足为外人道哉”。有时他们还担心此类问题一旦被人深究，就有可能泄露个人的最新动向乃至行业秘密，从而使自己的工作与事业受损。因此，他们绝对不愿此类问题在外人面前“曝光”。

9. 家庭住址

中国人的交际习惯之一，就是喜欢到亲朋好友家里去串门，并且乐于邀请对方上门做客。然而在国际交往中，绝大多数外国人都将私人居所看作自己神圣不可侵犯的“个人领地”，非常讨厌别人无端地对其进行打扰。加之他们平时多数时间都在外面为事业而辛劳奔忙，所以在其居家度日时就更加忌讳别人破坏自己的休息与宁静。

在一般情况下，若非自己的亲属、至交、知己，外国人都不大可能邀请外人到自己家中做客。必要时，他们宁肯花钱去饭店、餐馆请客吃饭。在一般性的人际交往中，大多数外国人不仅对自己的家庭住址绝对保密，而且还不会把自己的私宅电话号码轻易告之于人，因为这与前者直接相关。碰到不识趣者对此贸然打听时，他们往往会“顾左右而言他”，不正面作答。

如上九个在国际交往中不宜直接向外方人士打听的私人问题，通常被称为“个人隐私九不问”。只要将其铭记在心，外事人员在“尊重隐私”方面一般就不容易犯规。

二、保护隐私

参与国际交往时，外事人员除了务必做到莫问他人隐私之外，还应努力做到保护隐私。只有在这两个方面都做好了，才可以说是真正地做到了尊重隐私。

所谓保护隐私，在此特指外事人员在国际交往中应尽力不传播、不泄露隐私问题。换言之，就是要主动采取必要的措施去维护个人隐私。

就具体内容而论，要真正做到保护隐私，就需要兼顾保护自己的隐私、保护我方人员的隐私、保护外方人士的隐私与保护其他人士的隐私。

1. 保护自己的隐私

在国际交往中，外事人员必须具有必要的自我保护意识，并在实际工作中采取相应的措施。保护自己的隐私，这是外事人员自我保护的一个重要方面。

外事人员必须牢记，在与外方人士进行交际应酬时，千万不要对自己的个人隐私问题直言不讳，甚至有意无意地“广而告之”。即便是间接地那样去做，也是不允许的。

在国际交往中，外事人员若动不动就对外方人士大谈特谈自己的个人隐私，并不会被对方视为坦率，而是要么会被看作没有教养，要么则会被理解为别有用心。

2. 保护我方人员的隐私

在保护自己的个人隐私的同时，外事人员还必须保护我方其他人员的个人隐私。只有同时兼顾这两方面，外事人员在其国际交往中才不至于失去自尊。

保护我方其他人员个人隐私的具体措施，就是不允许外事人员向外方人士主动传播、主动泄露、主动扩散我方其他人员的隐私。在与外方人士进行交谈时，一方面，外事人员不宜以此类问题作为交谈的主题；另一方面，当外方人士涉及此类问题时，外事人员则应予以回避。

3. 保护外方人士的隐私

由于种种原因，外事人员往往会对一些外方人士的某些个人隐私问题有所了解。但外事人员必须清楚，对自己所拥有的这种“特权”绝对不可以“滥用”。

不论外事人员了解到的外方人士的个人隐私，还是外方人士主动告知外事人员的其个人隐私；不论在公开场合，还是在私下，外事人员都切不可将其向外界披露。否则就会有悖于自己的职业道德，更会失去外方人士的信任，甚至还会为此惹出麻烦。

4. 保护其他人士的隐私

此处所谓其他人士，是指在国际交往中除去交往双方之外的第三方人士。在国际交往中，对其他人士的个人隐私，外事人员也负有保护的义务。

对外事人员而言，若对其他人士的个人隐私“畅所欲言”，甚至生编滥造、无中生有，或道听途说、以讹传讹，不仅有失身份、有损人格，而且还会给自己的交往对象留下不佳的印象。

第八节　女士优先

自从中华人民共和国成立后，中国妇女的社会地位便日益提高，“妇女解放”、“保护妇女的合法权益”早已成为国内社会各界的共识。男女平等已成为今日中国的现实。

然而在国际交往中，人们在与妇女打交道时强调最多的却是“女士优先”。不仅如此，“女士优先”在人们的交往应酬中还逐渐演化为一系列具体的、具有可操作性的方法。在社会舆论的监督下，男士们唯有奉行“女士优先”，才会被人们看作是有教养的绅士。反之，就会被看作是没有修养之人，甚至会被视为莽夫粗汉。

作为外事礼仪要则之一，女士优先的主旨是：每一名成年男子都有义务主动而自觉地以自己的实际行动去尊重妇女、照顾妇女、体谅妇女、保护妇女，并应想方设法、尽心尽力地为妇女排忧解难。倘若因为男士的不慎而使妇女陷于尴尬、困难的处境，则意味着男士的失职。

在国际交往中，外事人员有必要了解并遵守女士优先要则。应予以明确的是：讲究女士优先，并不意味着妇女属于弱者，值得怜悯、同情；也不是为了讨好妇女，别有用心。从根本上来说，之所以提出女士优先的要求，是因为妇女乃是“人类的母亲”。在人际交往中给予妇女适当的、必要的优待，实际上就是要表达对“人类的母亲”所特有的感恩之意。

在国际交往的具体实践中，遵守女士优先要则主要应当从其适用的范围与操作的方式两个方面加以关注。

一、适用的范围

在国际交往中，虽然女士优先要则早已家喻户晓、人人皆知，但是它仍然存在其特定的适用范围。只有在其适用范围之内，女士优先要则才会生效。一旦超出其特定范围，女士优先要则便不起任何作用。

外事人员在确定女士优先要则的具体适用范围时，关键是要掌握其地域差异、场合差异与个人差异。

1. 地域差异

在全球范围之内，女士优先要则的运用存在着明显的区域性差异。在世界上，虽说对于女士优先要则人人皆知，但它却并非普遍适用于各国。

就当今世界而言，女士优先要则主要通行于西方发达国家、中东欧地区、拉丁美洲地区以及非洲的部分地区。在这些国家与地区范围内，一名对女士优先要则一无所知的成年男士在其交际应酬中必将四处碰壁。

但是，在有些国家与地区，尤其是在以崇尚自身传统文化著称的某些中东与东亚国家里，“男尊女卑”的传统观念还相当流行。在绝大多数情况下，人们对女士优先要则并不买账。

2. 场合差异

即使在讲究女士优先要则的国家，人们也并非不区分具体场合而时时处处讲究女士优先。

根据惯例，只有在社交场合中讲究女士优先要则，才是最得体的。

在公务场合中，人们普遍强调的是“男女平等”。此时此地，性别差异并不为人们所看重，因此也就没有必要煞有介事地讲究女士优先。

至于在休闲场合中，女士优先要则讲究亦可，不讲究亦可，完全可以视情况而定。

3. 个人差异

女士优先要则提醒每一名成年男士，在需要讲究女士优先时，应对当时在场的所有的妇女一视同仁：不仅对同一种族的妇女应当如此，对待其他种族的妇女也应当如此；不仅对熟悉的妇女应当如此，对待陌路相逢的妇女也应当如此；不仅对年轻貌美的妇女应当如此，对待上了年纪的妇女也应当如此；不仅对有权有势的妇女应当如此，对待无权无势的妇女也应当如此。

从总体上讲，女士优先要则的适用对象应当包括所有成年妇女在内。但在实践中，外事人员则必须切记：即使在传统上讲究女士优先要则的欧美国家里，仍有一些人并无此种讲究，甚至对此颇为反感。其中最具典型意义的当推所谓女权主义者。她们提倡“女权”，要求“男女绝对平等”，认为女士优先要则是歧视妇女的另一种极端表现。对女权主义者的此种要求，在必要时也应予以尊重。

二、操作的方式

女士优先要则，是非常讲究其具体操作方式的。离开了种种具体的操作方式，女士优先要则就会成为一句空话。在社交场合贯彻女士优先要则时，需要兼顾以下四个方面：

1. 尊重妇女

在正式的社交场合里，男士必须对每一名成年妇女无一例外地给予应有的尊重。尊重妇女，乃是女士优先要则的第一要旨。

一般而言，尊重妇女应当通过男士的下述具体行动得以体现：

第一，发表讲话、演说时，若需要对当时在场的来宾加以称呼，应以“女士们，先生们”，或“玛丽小姐，威廉先生”为顺序，将女士的称呼排列在前面。

第二，在聚会上同时与男女主人相遇，应首先问候女主人，然后再问候男主人。

第三，由室外进入室内后，应主动问候先行抵达的女士。若此刻对方业已落座，则其不必起身回礼。而当女士由室外进入室内后，在场的男士均应先行问候对方，已经就座的男士此时还必须起身相迎。

第四，在需要为初次谋面的男女双方进行相互介绍时，标准的方式是：首先介绍男士，然后再介绍女士，即让女士“优先了解情况”，以便其决定如何对待男士。

第五，在男女双方有必要握手为礼时，正规的做法是：由女士首先伸出手来与男士相握，男士率先伸出手来则是失礼之举。此种做法，实际上是将是否握手的决定权交给女士来掌握。

第六，在室外活动时，戴着帽子的男士在向妇女打招呼之前，一般应首先向女士脱帽致意。

第七，在正式宴会上，出于对妇女的尊重，通常不宜雇用女性充当侍者。在家宴中，亦不得仅由女主人忙前忙后。

第八，在就餐时，女主人往往是“法定”的第一顺序。换言之，其他任何人用餐时的一切举止，均应视女主人行为而定，不允许贸然行事，或者抢先品尝。按照惯例，在正式宴会上，女主人打开餐巾，等于宣布宴会开始；女主人拿起餐具，意味着可以开始用餐；女主人把餐巾放回到餐桌上，则表示宴会到此结束。

2. 照顾妇女

在必要时，男士应给予妇女必要的照顾。但在照顾妇女时需要注意两点，一要注意具体时机是否适当；二要讲究两相情愿。无论在什么时候，男士所给予妇女的照顾都不应当强加于人。

在正常情况下，男士对妇女的照顾主要应当在下列方面具体表现出来：

第一，在公共场合内稍事休息时，男士有义务为妇女寻找座位。

第二，当座位不够使用时，男士应当请女士首先就座。业已就座的男士若发觉尚有妇女无处可坐，则不论双方相识与否，男士均应起身让座于对方。

第三，在外出之际，男士应当责无旁贷地负责搬运行李。有必要时，男士还应替同行的妇女携带大件或沉重的行李。发现在场的其他妇女携带较大、较重的物品时，在征得对方同意后，男士亦应挺身相助。

第四，在行进中，男士通常应当请与自己同行的妇女先行一步，以便由对方“选择前进的方向”。在上下车辆或者上下飞机时，男士亦应请同行的妇女先上、先下。

第五，在需要通过大门时，男士一般应当主动替与自己同行的妇女开门或关门。在上下轿车时，为同车的妇女开关车门，也是男士义不容辞的责任。

3. 体谅妇女

在正式的社交场合中，任何一名具有良好个人教养的男士都应给予妇女必要的体谅。体谅妇女，在此特指男士应当善解人意，应当善于设身处地地替妇女着想，并且善于谅解妇女。

在运用外事礼仪的女士优先要则的具体过程中，要求男士体谅妇女主要是要求男士善于觉察妇女的难处、善于主动地为之排忧解难。其具体表现主要如下：

第一，当妇女在大庭广众之前面临某种困境时，如不了解某种商品的用法、不知道如何点菜、不通晓某种外语或方言时，男士应“知难而上”，主动为其解围，而不是落井下石，或幸灾乐祸。

第二，考虑到绝大多数妇女的空间感、方位感往往不及男士，所以在外出之际理当由男士充当向导。在为妇女指点方向时，宜告知对方易于判断的“前后左右”，而不是对方难于确定的“东西南北”。

第三，男女并排就座时，若其彼此之间不属于夫妻、情侣或亲属关系，一般不应安排一名妇女在两位男士之间就座。

第四，单行行进时，通常要求男士随行于妇女身后。其主要原因之一，在于男士一般步幅比妇女大。令其充当“开路先锋”，往往会使同行的妇女难以跟进。

第五，在一些过于狭窄的路段与其他妇女“狭路相逢”时，不论是否熟悉对方，男士都应当对其予以礼让，请对方先行通过。

第六，上楼梯时，男士一般应请身穿裙服的妇女随行于其后。走下较为陡峭的台阶或楼梯时，男士则应行进在前。前一种做法是为了预防同行的妇女“走光”，后一种做法则是担心同行的妇女患有“恐高症”。

第七，在出席宴会、舞会、音乐会或观看演出、体育比赛时，如果没有领位员提供服务，男士一般应主动为同行的妇女带路或寻找座位。需要在衣帽厅存、取衣帽时，男士还有义务为同行的妇女代为存、取衣帽，并在必要时协助妇女脱下或穿上外套。

第八，在正式的交谊舞会上，通常应当由男士邀请妇女。不过由于女士优先，所以妇女拥有选择舞伴与谢绝男士邀请的权利。在交谊舞会上，妇女也可主动邀请男士。在这种情况下，同样是因为女士优先，男士不得拒绝对方的邀请。

4. 保护妇女

在必要的场合或情况下，男士应当挺身而出主动保护妇女。保护妇女的本意，在此是指男士应当采取主动行动，不使自己身边的妇女受到伤害。

在社交活动中，保护妇女主要应当在如下几个具体方面得到体现：

第一，与妇女交谈时，男士的谈吐应高雅脱俗，并且应在具体内容上掌握好分寸。切不可当着妇女的面讲脏话、粗话、黑话，不得讲黄色笑话、猜色情哑谜，不宜开低级下流、令人难以启齿或难以入耳的玩笑。

第二，惯于吸烟的男士在妇女面前必须有所克制，无条件地实行“禁烟”。即使其烟瘾发作，也不允许冒昧地询问在场的妇女：“我可以抽一支香烟吗?”

第三，在室外同妇女一道并排行走时，男士应自觉地遵守“把墙让给妇女”的规则，即请妇女在人行道内侧行走，而自己则主动走在人行道的外侧。采取这一做法，既是出自交通安全方面的考虑，也是为了防止妇女被疾驶而过的车辆所惊扰，或者是为了防止车辆飞驰而过时可能溅起的污泥浊水弄脏妇女的衣裙。

第四，当男女一起经过拥挤之处，或是通过存在着危险、障碍的路段时，男士应主动走在前面，以便为身后随行的妇女开道、探险。

第五，邀请妇女与自己一起外出参加活动时，男士不仅需要提前前往妇女的居所迎接，而且还需要在活动结束后将其送回居所。

第六，在交谊舞会上，当妇女无人邀请或遭逢个别男士骚扰时，在场的每一名男士都有义务前去为妇女解决难题。

第七，当妇女因为种种原因而需要救助或是需要获得支持、帮助、保护时，男士均应鼎力相助、热情支持，无条件地为对方提供必要的保护。

第九节　白金法则

在国际交往中，外事人员亟待解决的一个重要的理念问题是：如何摆正自己在与外方人士相处时的具体位置，如何端正自己对待对方的态度。

有道是：观念决定思路，思路决定出路。倘若这一理念问题不能得到真正解决，则外事人员在其具体工作中的态度必受影响，工作必受牵制，其积极性、主动性必定难以获得发挥，生活与工作的实际质量甚至也会因此而大打折扣。

对广大外事人员而言，解决这一问题的捷径就是要认真领会、努力遵守国际社会所通行的白金法则。

白金法则，是美国人亚历山德拉博士与奥康纳博士于 20 世纪 80 年代末期提出的一项有关人际交往的要则。它的基本内容是：在人际交往中，尤其是在服务岗位上，若想获得成功，就必须做到：交往对象需要什么，就应当在合法的条件下努力去满足对方什么。在国际社会，白金法则早已被人们广泛视为“交际金律”。

就本质而言，白金法则包括以下三个要点：

第一，在人际交往中必须自觉地知法、懂法、守法。

第二，交往的成功有赖于凡事以对方为中心。

第三，交际必须有效地满足交往对象的实际需要。

具体对我国外事人员而言，掌握白金法则的主要要求有二：其一，必须摆正自己的位置。其二，必须调整自己的心态。

一、摆正位置

在日常生活与工作中，每一个人都拥有自己所处的具体位置。了解自己所应占据的位置，不但可以令自己适得其所，而且还可以提高自己生活与工作的质量。反之，则往往会劳而无功，甚至还会因此为他人所诟病。

摆正位置，对广大外事人员而言非常重要。假如忽略了这一点，那么外事人员非但干什么可能不像什么，而且其个人心态与工作质量均会大受影响。

具体而言，在国际交往中，要求广大外事人员摆正位置主要是要求其明确下述两点：

1. 服务于人

外事人员必须明确地意识到：不论自己具体从事何种工作，其本质都是服务于人的。进而言之，外事人员的工作性质就是为外方人士服务、为外事工作服务、为中国的对外开放工作服务。这一点，绝对不容外事人员质疑。

所谓服务，其实质就是为别人工作。它的基本要求是：处处以服务对象为中心，时时有求必应，并且不厌其烦。如果认识不到这一点，外事人员想要恪尽职守、做好本职工作就根本无从谈起。

广大外事人员如欲做好服务工作，主要需要从以下两个具体方面着手：

一方面，必须强调人际交往中的互动。过去，中国人生活于传统的农业社会中。农业社会的一大特点是生活自给自足，凡事习惯于以自我为中心。受此束缚，不少中国人在其人际交往中都推崇我行我素，往往自以为是，而不太在乎自身行为的实际效果，即不善于同别人进行合作，不善于与交往对象进行互动。

实际上，如果人际交往的具体效果不佳，交往本身往往会变得毫无意义。可以设想一下：假使夸奖别人时用词不当、方式不好、表达不佳，在对方听来等于辱骂一般，那么此种夸奖还有何价值呢？

另一方面，必须坚持以交往对象为中心。换言之，就是不允许凡事我行我素、以自我为中心。在人际交往中，尤其是在具有鲜明的服务性质的外事工作中，如果不能够坚持做到凡事以交往对象为中心，就根本无法指望可以做好自己的本职工作。

在外事工作中，凡事以交往对象为中心，实际上就是进一步要求广大外事人员明确自己的具体位置，要求其更好地、全心全意地做好自己的服务工作。

2. 换位思考

每一名外事人员都必须充分地认识到：不仅内外有别、中外有别、外外有别，而且人人有别、事事有别、时时有别、处处有别。因此，要想提高自己所从事的具体的服务工作的质量，就必须善于进行换位思考。

《左传》有言：人心之不同，如其面焉。日常生活与工作的实践早已充分证明：一个人所处的具体时间、空间、地位不同时，其所作所为往往大相径庭。而具有不同性别、年龄、职业、学历、民族、宗教的人们处在同一时间、同一空间、同一位置时，其个人感受通常也难见“众口一词”。

既然人与人之间多有不同，既然外事工作的基本要求是以交往对象为中心，那么每一名外事人员在其具体工作中都必须积极主动地进行换位思考。

换位思考的基本要求是：外事人员在与他人打交道时，尤其是在服务于对方时，必须主动而热情地接触对方，必须善于观察对方、了解对方、体谅对方，必须令自己站在对方的位置上认真地观察思考问题，从而力求真正全面而深入地了解对方的所思所想、所作所为，以便更好地与之进行互动。

二、调整心态

外事人员要想在其实际工作与生活中真正摆正自己与交往对象之间的位置，必须解决的一个基本问题就是需要调整好自己的心态。

在人际交往中，包括在国际交往中，心态通常决定着一切。只有调整好个人的心态，才能做好自己的事情。一个人有什么样的心态，就会有什么样的人际关系。外事人员的个人心态如果调整得不好，那么在外事工作中要做到“以交往对象为中心”也就根本无从谈起。

具体而言，要求广大外事人员在调整其心态时主要关注如下三点：

1. 接受他人

外事人员在其工作中，尤其是在与外方人士进行接触时，首先必须在态度上接受对方。

所谓接受他人，就心态而言，主要是要求外事人员在接触外方人士时，尤其是在服务于对方时，不要主动站在对方的对立面，不要有意无意地挑剔对方、捉弄对方、难为对方、排斥对方，不要不容忍对方，不要存心与对方过不去。简言之，就是要包容对方、接纳对方、善待对方，而不是排斥对方。

实践证明：在与其他人打交道时，“有容乃大”。接受对方，是双方交往取得成功的一个重要前提，甚至可以被视为某一次交际成功与否的准入条件。胡锦涛同志曾经指出：“中国文化历来崇尚海纳百川、有容乃大。”① 如果做不到这一点，交际的成功往往就是一种奢谈。

在国际交往中，要求外事人员在接受对方时必须明确以下两点：

其一，接受对方，意在表示我方对对方的尊重。外事礼仪强调“尊重为本”，在国际交往中，尊重外方人士是外事礼仪的基本要求。就操作层面而言，在国际交往中要求我方人员尊重外方人士，实际上就是要求我方人员尊重外方人士的选择，而不允许越俎代庖，对其横加干涉。

由此可知，接受对方本是外事礼仪自身的题中应有之义。

其二，接受对方，并非表示我方完全认同对方。在实际生活中，由于中外双方在社会制度、意识形态、文化价值、民族宗教等方面多有差异，双方的世界观、人生观、价值观必然多有不同，双方的所作所为往往相去甚远。因此对以下这一点必须明确：在国际交往中，要求我方人员接受对方，并非要求我方对对方的一切都来者不拒，都百分之百地予以认同。

我方接受对方，主要出自一种正确而健康的心态。其本意是要促进中外双方的交往，而非厚此薄彼、自我否定。

我方接受对方，主要是要求我方人员宽以待人，要求我方人员尊重外方人士、善待外方人士，而非要求我方人员对对方处处肯定、来者不拒。当对方的所作所为有违法律道德、有辱国格人格、有损我方利益时，我方人员仍须对其据理力争、针锋相对、毫不退让。

2. 善待自己

毛泽东说过：世间一切事物中，人是第一个可宝贵的。有鉴于此，外事人员在其繁重而艰辛的实际工作中必须要善待自己。

善待自己的基本要求是：每一名外事人员在其生活与工作中，都要尊重自己，并且爱护自己。生活经验告诉人们：一个人如果不尊重自己，就不可能赢得他人真正的尊重。同样的道理，外事人员假如不懂得爱护自己，也就不可能更好地为国家、为社会工作，从而也就会辜负党和政府对自己的殷切期望。

---

① 胡锦涛：《推动共同发展，谋求和谐共赢》，载《人民日报》，2006-11-19。

在国际交往中，每一名外事人员均应拥有的健康心态是：善待自己，善待别人。二者实际上互为因果，缺一不可。一方面，外事人员只有善待自己才能够更好地善待别人。另一方面，外事人员善待别人其实就是善待自己。

3. “和而不同”

在国际交往中，外事人员只有坚持“和而不同”的外交理念，才能真正地端正态度，做好本职工作。

“和而不同”的基本含义是：维护世界的多样性，尊重世界上客观存在的一切差别，承认世界各国相互依存，并主张每一个国家在其国际交往中以和为贵，倡导世界各国维护和平、共同发展、积极合作，共创和谐世界。

在国际交往的实践中，外事人员在贯彻“和而不同”的外交理念时主要需要做到以下四点：

第一，倡导和睦共处。在现代社会，人与人、国与国之间，既然需要发展、需要合作，就必须和睦共处，必须坚持以和为贵，倡导建立真正和谐的，有利于和平、发展、合作的国际关系。

第二，尊重世界的多样性。世界的多样性，本质上源于各国文明的多样性。只有尊重世界的多样性，各个国家、各个民族、各种文明，才能和谐相处、相互学习、相互借鉴、相得益彰。

第三，承认各国相互依存。今日世界，不仅是一个多样性的世界，而且还是一个相互依存的世界。世界是丰富多彩的，各种文明和社会制度应该而且可以长期共存，在竞争和比较中取长补短、在求同存异中共同发展。

第四，倡导世界各国共同发展。当前，中国外交政策的基本宗旨就是维护世界和平、促进共同发展、推动国际合作。强调中国与世界各国共同发展，就是要求真正视中国为国际社会中负责任的一员，并摆正中国与世界各国的彼此位置；就是要令中国真正地融入国际社会，并更好地为国际社会所接纳。唯有如此，中国才能为世界的和平、发展、合作真正出力，对和谐世界的建立真正有所贡献。

总之，世界各种文明、社会制度和发展模式应当相互交流和相互借鉴，在和平竞争中取长补短，在求同存异中共同发展。正如江泽民同志所言：“和谐而又不千篇一律，不同而又不相互冲突。和谐以共生共长，不同以相辅相成。和而不同，是社会事物和社会关系发展的一条重要规律，也是人们处世行事应该遵循的准则，是人类各种文明协调发展的真谛。”①

第十节　维护形象

阅历丰富的外事人员都十分清楚，在外事活动中，尤其是在比较正式的外事场合，外事人员的个人形象自始至终都会受到其交往对象的高度关注，并且在一定程度上制约着外事活动的开展。因此，要求外事人员在外事活动中要务必重视个人形象、规范个人形象、

---

① 《江泽民文选》，第3卷，522页，北京，人民出版社，2006。

维护个人形象。

在日常生活里，形象的内涵与外延极其广泛。就其类别而论，除个人形象之外，还有群体形象、组织形象、产品形象、品牌形象、国家形象等。从宏观上看，形象可分为人的形象与物的形象两大类别。在人的形象中，个人形象则无疑是最为重要的。

所谓个人形象，一般是指一个人在社会上所形成的公众印象，以及社会公众由此而对其产生的基本看法和作出的总体评价。要求外事人员维护形象，首先就要求其在外事活动中认真维护个人形象。

就具体要求而论，外事人员维护其个人形象主要应当包括以下两个方面：其一，重视个人形象。其二，规范个人形象。

一、重视个人形象

重视个人形象，是外事人员维护其个人形象的第一步。没有对个人形象的高度重视，不仅谈不上个人形象的规范，而且也不可能维护好个人形象。

要求外事人员重视个人形象，实质上就是要求其认真对待个人形象。而要真正做到这一点，需要外事人员在思想上对个人形象问题端正态度、提高认识。

从理论上讲，外事人员必须重视其个人形象，主要是基于以下五个方面的原因：

1. 它真实地体现其个人教养与素质

在现代社会中，教养与素质的高低，既是一个人能否立足于社会的一项基本条件，又是一个人是否具有品位、能否获得尊重的一项重要内容。正因为如此，每一个现代人都希望自己具有良好的教养与素质。

所谓素质，通常是一个人在文化、品德方面的修养；所谓教养，则是指人们在为人处世、待人接物等方面的个人修养及其所达到的一定水准。显而易见，一个人的教养与素质不仅与其个人经历、生活环境、受教育程度直接相关，同时也受到自我要求、社会风尚的直接影响。

在人际交往的过程中，特别是当人与人初次相见时，人们都会对其交往对象的个人教养与素质倍加关注，个人教养与素质甚至还会给人留下难以磨灭的印象。有道是：教养体现于细节，细节展现一个人的个人素质，细节决定一个人的事业的成败。因此，可以说一个人的素质与教养是其个人形象的核心部分之一，换句话说，也就是一个人的个人形象真实地体现着其自身的素质与教养。

例如，一名合格的外事人员在穿西装时是不可能不知道忌搭配运动鞋或白袜子的。若是不谙此道或者明知故犯、将错就错，其个人教养与素质在外人眼里就会大打折扣，其个人形象就会严重受损。

2. 它客观地表现其个人的生活态度与精神风貌

大千世界之中，人们的生活态度与精神风貌既有其个性，又存在其共性。外事人员也不例外。由于每一名外事人员的个性不一样，心理素质不一样，生活条件不一样，工作岗位不一样，因此，外事人员的生活态度与精神风貌显然也存在着一定的差异。对于这一点，完全没有必要大惊小怪，也不值得小题大做。

但是，作为从业的基本条件之一，每一名合格的外事人员，在其生活态度与精神风貌方面，也必然存在许多共同之处。具体而言，作为一名合格的外事人员，对其生活的基本态度，应当是认真、负责，充满自尊、自信，对生活充满了热爱；其精神风貌，则应当是热情开朗、豁达大度、朝气蓬勃、奋发进取的。

唯其如此，外事人员才会在正式场合里真正为人所信赖，受人尊重。也只有这样，外事人员的公众形象才会具有一定的魅力，并能持续地保持这种魅力。这是对外事人员的生活态度与精神风貌的基本要求。

3. 它间接地展示了其个人对待交往对象重视与否

按照中国人的传统习惯，一个人的穿着打扮仅仅涉及其个人形象的问题，纯粹属于个人私事，任何人都完全有权力“我行我素”，而根本不必介意别人对自己的感受。这就是所谓“穿衣戴帽，各有所好”。而人们平时在其人际交往中，也往往被告诫，“不可以以貌取人”，即不得过分地关注其交往对象的外在形象。可是，这一习惯在正式场合里却不能被引申沿用。在当代社会里，通行的看法恰恰与中国人的传统习惯相反。人们普遍认为，在正式场合，特别是在外事活动中，每一名参与者的个人形象不仅体现了个人的教养和素质，而且与其对交往对象的重视程度直接相关。

也就是说，外事人员在正式场合里需要谨记：一个人在对外交往中如果形象甚佳，就会被视为对其交往对象极度重视；一个人在对外交往中如果形象欠佳，则会被视为对其交往对象缺乏应有的重视。

4. 它直观地反映出其个人所在单位的整体形象

在人际交往中，当人们不能确定某个人的具体归属时，即使其在交往中存在着一些缺陷，至多会被视为其个人的问题。然而人们如果确知其归属于某一个具体单位，甚至拥有某单位代表的实际身份时，则往往会将其个人形象与其所属单位的形象直接画上一个等号。也就是说，在人际交往中，当一个人的具体身份可以明确时，其个人形象实际上就是其所属单位形象的有机组成部分。

每一名外事人员均须牢记：在正式的活动中，自己的个人形象绝不是单纯自身的，而是多重身份的集中展示：在本单位内部，每一名外事人员的个人形象代表着他所在的具体部门的形象；在与外单位打交道时，每一名外事人员的个人形象代表着他所在的公司、企业或外事人员行业的形象；在为人民群众服务时，每一名外事人员的个人形象代表着他所属的整个外事人员群体的形象；而同他人相处时，每一名外事人员的个人形象则代表着他所在国家、所属民族的国家形象与民族形象。

作为部门形象、企业形象、行业形象、民族形象乃至国家形象的具体代表，每一名外事人员当然毫无任何理由对个人形象掉以轻心。

5. “形象是金”

一般而言，外事人员通常都是其所在单位的“精英”。作为“精英”，外事人员的个人形象实际上也是其单位的一种极其宝贵的无形资产。也就是说，外事人员的“形象是金”。

良好的外事人员个人形象对一家单位的重要价值，可以被概括为以下三个方面：

第一，形象的一种宣传。外事人员的形象上乘，实际上就是一种最为直观可信、最具有说服力的宣传。其功效往往要比“纸上谈兵”强过百倍。

第二，形象是一种效益。如果每一名外事人员都拥有良好的个人形象，不仅可以宣传其所在企业的形象，而且还可以直接为本企业带来一定的经济效益与社会效益。

第三，形象是一种服务。如果外事人员个人形象好，他所提供的个人服务往往就易于为其服务对象所接受，反之则不然。从这个意义上可以说，外事人员的个人形象实际上也影响着其服务效果。

二、规范个人形象

重视个人形象，是对外事人员提出的一项总体要求。外事人员须将此项要求确实落到实处，以自己的实际行动规范个人形象。

一般而言，在人际交往中，一个人令他人印象与感触最深的地方，往往包括其个人仪容、表情、举止、着装、谈吐、交往六个具体方面。它们通常被称为“构成个人形象的六大要素”。

与其他性质的工作相比，公关行业显然具有其特殊性。这种特殊性，自然也会体现在外事人员的个人形象上。要求外事人员规范个人形象，实际上就是指外事人员的个人形象应符合其职业要求。具体而言，要求外事人员规范个人形象的内容包括以下几个方面：

1. 规范仪容

当一个人与外界交往时，其个人仪容通常会备受关注。所谓仪容，一般是一个人的仪表与容貌的统称。简单地讲，每一个人的仪容，实际上就是指其个人形体的基本外观，即其外表与外貌。

在外事活动中，对外事人员个人仪容的基本要求是干净整洁、略加修饰。其中要求修饰的重点是外事人员的头部与手部。

所谓干净整洁，在此是指外事人员要注意个人卫生，其日常仪容必须做到无异味、无异物。若是浑身汗味、烟味，眼角、口角、耳孔之中的分泌物没有清理干净，其个人卫生状况岂能令人恭维。

所谓略加修饰，在此是指外事人员依照常规对个人仪容进行必要的修整、装饰，使之美观而得体。例如，外事人员不仅要经常理发，而且还应及时修剪胡须、鼻毛、耳毛、指甲、趾甲等。

2. 规范表情

在人际交往中，人们往往要对自己的交往对象察言观色，即关注其表情。所谓表情，通常是指一个人在面部所表露出来的其内在的思想、感觉与情绪。从本质上看，它是个人情感最真实、最自然、最直观的流露，往往最能够真实地反映出一个人的内在感受。

在外事活动中，外事人员的基本表情应当是和蔼、亲切、友善。外事人员对自身表情的关注重点，应当是眼神与笑容。

要求外事人员的表情和蔼，在此是指其在人际交往中态度温和，不粗暴、不严厉，使人感觉易于接近。

要求外事人员的表情亲切，在此是指其待人热情，令人感到一见如故、没有距离，容易与之亲近。若其态度冷漠、沉重、呆板、做作，甚至充满怀疑、敌视之感，是绝对不会令人感到亲切的。

要求外事人员的表情友善，通常则是指其对人友好、和善，善于关心、体谅、照顾或帮助别人，善于同别人和睦相处。

3. 规范举止

与他人相处时，人的肢体动作往往会给人留下深刻印象。一个人的肢体动作，通常被称为举止。在正式场合，特别是在外事活动中，一个人的举止，经常会被其交往对象视为一种充满寓意、传递一定信息的“肢体语言”。当人们在跨国交往中遇到难以逾越的语言障碍时，“肢体语言”的重要性就显得尤为重要。

就一般状况而言，外事人员个人举止的基本规范是适度与从俗。外事人员要着重注意自己手臂的动作，除此之外，还要对自己在站立、行走、就座、工作时的肢体综合动作予以重视。

所谓举止适度，在此主要是要求外事人员在正式场合里有意识地控制肢体动作的幅度，并适度减少肢体动作，从而使自己的举止不至于让人感到夸张或者被别人曲解，而是能够给人以教养良好、稳重成熟之感。

所谓举止从俗，对外事人员而言，在此主要有三项的基本要求：一是要求其举止动作合乎本行业的习惯；二是要求其举止动作合乎交往对象的习惯；三是要求其举止动作合乎社会上的习惯。至于究竟要合乎其中的哪一种习惯，则通常应视具体场合而定。

4. 规范服饰

服饰，亦称穿戴。它指的是人们在日常生活与工作中所穿的服装与所佩戴的饰物。规范着装，是现代社会文明进步的表现。在正式的场合，外事人员必须规范自己的着装。

一般而言，着装的基本功能有三方面：第一，实用的功能。着装可以遮蔽身体、抵御寒冷，在劳作时又可以以之护身。第二，分工的功能。在现代社会里，男女老幼、不同职业、不同级别者，其正式着装往往是各不相同的。第三，审美的功能。由于每个人的品位不同、眼光各异，其着装偏好自然差异甚大。了解以上着装的基本功能，有助于外事人员加深对着装的认识。

在对外交往中，对外事人员个人着装的基本规范是：应己、应人、应时、应景，此谓“四应规则”。其重点规范的则是外事人员在正式场合所穿着的正装。

所谓应己，主要是要求外事人员在选择个人着装时，首先要从自身的特点出发，兼顾自己的性别、年龄、高矮、胖瘦、肤色等，要善于扬长避短，并注意重在避短。

所谓应人，主要是要求外事人员在选择个人着装时，必须兼顾自己与他人之间的具体关系。在正式场合，上下级之间、宾主之间、主角与配角之间，着装理应有所区别。所以外事人员的个人着装不宜一厢情愿，而需要与自己的交往对象相适应。

所谓应时，主要是要求外事人员在选择个人着装时，必须具有明确的时间观念。着装要具有时代感，并根据季节和一天之中不同的时段而有所变化。

所谓应景，主要是要求外事人员在选择个人着装时，务必要考虑涉外活动场合的具体地点和具体环境。根据具体地点、具体环境的不同来选择不同着装，以求与周围的环境、气氛相协调。

5. 规范交际

一个人为人处世的基本表现，通常直接地体现着其做人的基本原则。

所谓交际，指的往往是人们的为人处世与人际交往。其具体要求包括以下两个方面：

一是待人的态度；二是律己的态度。任何一位有教养的人士都懂得为人处世之道的基本之点：待人宜宽，律己从严。

在外事活动中，对外事人员交际的基本规范是宽厚、正直、谦恭，应重点规范的则是外事人员对待外人的态度。

所谓为人宽厚，一般是指待人宽容而厚道。有道是："君子尚宽。"对待别人，外事人员讲究的应当是胸怀宽大、富有气量、态度诚恳，而不能小肚鸡肠、心胸狭窄、一味苛求。

所谓为人正直，在此是指一个人公正而坦率。在处理具体问题时，外事人员应当一视同仁、不偏不倚。在表明立场时，外事人员则应当诚实直率、坦坦荡荡。

所谓为人谦恭，曾国藩曾经指出：做人之道，关键在于要表里如一的讲究"敬"与"恕"二字。为人谦恭，通常是指一个人在与任何人打交道时，都应当态度谦虚，处处不失敬人之意。在任何时候，外事人员都要把谦恭待人视为其交际的首要要求。在外事活动中，外事人员要做到为人谦恭，一是要坚持一如既往；二是要力戒形式主义。

第二章

外事接待礼仪

重点问题

- 接待工作的基本程序
- 礼宾工作的具体要求
- 接待工作的操作重点
- 宾主双方的良性互动
- 接待人员的主要条件

在当今世界上，各国对外国宾客的来访及接待工作都十分重视。

接待，亦称待客或者招待，在此是指主人对来宾表示欢迎并给予相应照顾的一系列做法。在外事工作中，特别是在正式的国际交往中，接待工作极其重要。我方具体的接待工作做得如何，与留给接待对象的第一印象显然直接相关。

在国际交往中，要想真正做好接待工作，要想使我方在接待工作中对来宾所表达的种种善意真正为对方所接受，只有一种有效的办法可行，那就是一切接待工作都必须遵照常规的接待礼仪来进行操作。

所谓接待礼仪，在国际交往中，就是指外事人员在具体从事接待工作时应当遵守的行为规范。接待礼仪的基本要求是：从事具体接待工作的每一名外事人员，都必须树立起良好的礼宾意识，并始终坚持主随客便、宾客至上。

简单地讲，礼宾的含义，就是要求全体有关人员在从事接待工作的整个过程之中，应自觉而主动地、自始至终地对自己的接待对象以礼相待。就这一意义而言，在国际交往中，接待工作亦可称为礼宾工作。因为在任何情况下，接待工作假若离开了对来宾以礼相待这一条，就不可能取得顺利的进展。就其实质而言，礼宾其实就是主人待客以尊重、友好、关怀、照顾，并令对方所感知、所接受的一种必不可少的实际行动。

第一节　礼宾规格

在外事接待中，礼宾规格通常被专业人士视为头等大事。在确定接待工作的具体环节与具体程序时，首先必须确定礼宾规格。假如没有礼宾规格为先导，则接待中的一系列工作都将难以开展。

俗话说：“没有规矩，不成方圆。”所谓礼宾规格，在此指的就是礼宾工作具体过程中的各种规矩。规格，是指与某一事物相关的规定或者标准。礼宾规格，具体就是指外事人员在其国际交往中礼待外方人士的一系列的具体规定，亦即在外事接待的具体过程中所必须遵守的、已被先期正式规定的具体要求，或衡量其优劣的具体标准。

在外事接待工作中，如果没有事先确定礼宾规格，或者是不遵守业已确定的礼宾规格，往往就会出现这样或那样的差错。因此，从事具体接待工作的外事人员，在任何情况下都不应当忽略礼宾规格的重要性。

在礼宾规格这一具体问题上，外事人员主要应当对掌握原则、熟悉特征、来宾分类、常规内容、操作方式五个要点加以把握。

一、掌握原则

不论确定礼宾规格，还是遵守礼宾规格，外事人员都应当重点对其基本原则加以掌握。有了这些基本原则作为指南，处理具体问题时便会游刃有余，比较顺利。

一般而论，有关礼宾规格确定与操作的基本原则主要有以下四条：

1. 服从外交

虽然礼宾规格仅仅涉及具体的外宾接待标准，但它却直接或间接地与我国同有关交往各方的国家及其政府彼此之间的关系相关。国家与国家、政府与政府之间的关系，都属于外交范畴，而在外交上则有句行话叫作“外交无小事”。因此不论在任何时候，在具体确定礼宾规格或操作礼宾规格时，均应首先使之服从本国外交的大政方针。

服从外交的具体含义在此主要是指，在我国的外事接待中，礼宾规格的具体安排必须服从我国外交工作的总体需要，礼宾规格的具体操作必须为我国外交工作的大局而服务。

2. 身份对等

依照国际惯例，在国际交往中双边关系讲究对等。对等在双方交往中的含义，是要求交往双方礼尚往来，外方如何待我方，我方即可如何待对方。

所谓身份对等，具体是指在确定接待外方人士的礼宾规格时，应与外方人士的具体身份相称，同时还应参照外方在接待我方身份相仿者时所采用的具体的礼宾规格。它同时还要求我方给予来访外方人士的礼遇应当恰到好处，以免我方人员在出访对方时受到怠慢。

3. 一律平等

依照国际惯例，在国际交往中多边关系讲究平等。在具体确定或操作用以接待来自多方的外籍人士的礼宾规格时，一定要在平等待客为先的正确理念下，对各方真正做到一视同仁。

一律平等的具体要求是，在确定和操作用以接待来自多方的外籍人士的礼宾规格时，应不论国家大小、不分强弱、不看贫富、不讲亲疏，严格地、无条件地对其平等相待，应认真地搞好有关各方的平衡。

4. 有所区别

在强调身份对等与一律平等的同时，为外方来宾安排具体的礼宾规格时，还应充分尊重对方的风俗习惯以及其他方面的特殊做法，绝对不要搞一厢情愿。既不要强人所难，也不要强加于人，更不要勉强行事。

此处所说的有所区别的具体含义是，在确定和操作用以接待来自与我方存在习俗差异及其他方面差异的外方人士的礼宾规格时，外事人员必须充分考虑双方的这些差异，具体情况具体对待，切不可对其不加任何区别。

二、熟悉特征

礼宾规格，通常具有礼宾性、规范性、稳定性、差异性、简约性等基本特征。在外事接待中，外事人员必须对礼宾规格的这些基本特征有所了解。

1. 礼宾性

一般而言，礼宾规格是专门用以接待来宾的，在外事接待中它则专门被用来接待外籍来宾。由此可见，它不仅是一种礼仪，而且还属于专门用来接待来宾尤其是外籍来宾的礼仪。因此，礼宾性是礼宾规格的主要特征之一。

以专用于外事接待的礼宾规格接待内宾，则没有任何必要。

2. 规范性

作为一种专门规定、专项标准或者具体要求，礼宾规格的规范性甚强。它对我方人员在外事接待中具体应当如何“有所为”、“有所不为”，往往规定得一清二楚。因此，亦可称其为“礼宾规范”。

为了使之制度化、正规化、标准化和易于操作，礼宾规格通常都由国家的外交、外事部门明文规定。有时候，它也有可能出自国际惯例，或者参照国际交往中约定俗成的做法。

3. 稳定性

如果从总体上进行考察，礼宾规格绝对不可能一成不变。在某些时候，各国乃至各单位、各部门都会根据自身需要对其进行调整。不过在一般情况下，对它所进行的调整都属于微调。它的变化，通常都是局部的、个别的。

相对而言，礼宾规格往往比较稳定，轻易是不会变更的。正因为其具有轻易不变的“刚性”而不是动辄改变的“弹性”，礼宾规格才有规矩可言，才不至于被礼宾对象所误解。经常性的“变更”或“调整”，实际上是对礼宾规格的一种变相否定。

4. 差异性

在具体确定和操作外事接待中的礼宾规格时，在其基本要求不变的大前提下，它的具体做法往往因人而异。也就是说，在接待不同的外方人士时，往往有着许多不同的规定或要求，此即所谓礼宾规格的差异性。

在某些特定的情况下，当交往双方的关系发生重大变化，或是受到某种因素左右时，我方用以接待外方的礼宾规格会与既往的做法略有不同。这也是其差异性的一种表现。

5. 简约性

第二次世界大战结束之后，尤其是自 20 世纪 90 年代以来，各国的礼宾工作都发生了一定程度的变革。就礼宾规格而言，此种变革的主要趋势，就是不断地使之简化、再简化。

从总体上来看，我国用以外事接待的礼宾规格同样也在不断简化。与过去相比，我国礼宾规格中的简约性这一特征表现得十分明显。

三、来宾分类

在具体运作礼宾规格时，外事人员往往需要对自己所接待的外方人士加以区分，以示不同对象不同对待。在外事工作中做到这一点，是非常关键的。

就一般状况而论，我方人员在其国际交往中所接待的外方人士大体上可以被区分为VVIP、VIP、IP、SP、CP五类。在确定这五类不同的外方人士的礼宾规格时，通常有着不同的具体要求与注意事项。

1. VVIP

VVIP是英文“Very Very Important People”的缩写，它的含义为“非常非常重要的客人”或“异常重要人士”。

在外事接待中，VVIP一般指正式来访的各国现职的国家主要领导人，即各国现任的国家元首、政府首脑，以及社会主义国家执政党的领袖。有时，它还应包括由主权国家所组成的国际组织的主要负责人。此类客人，通常被称为国宾。

在正常情况下，各国都会以最高档次的礼宾规格接待此类客人。与此同时，还特别重视其荣誉性与安全性问题。

2. VIP

VIP是英文“Very Important People”的缩写，它的含义为“非常重要的客人”，在外事接待中往往称其为“要人”或“要客”。

在外事接待中，VIP一般包括正式来访的下列人士：各国政府的重要负责人，如中央政府副部长以上官员，地方政府副省长以上官员；各国合法政党主要负责人；各国王室成员；各国议会主要负责人；各国军方重要负责人，如军队统帅，三军总司令、副总司令、总参谋长、副总参谋长，将军以上军衔拥有者；各国少数民族领袖；各国宗教界领袖；各国合法群众团体的主要负责人；各种被我国正式承认的国际组织的负责人；各国驻华使节及各国际组织驻华代表；各国商界领袖；各国知名的企事业单位的负责人；与我方存在正常合作关系的外方单位、部门的主要负责人等。曾拥有此类身份的非现职人员，亦应被视同现职。

在接待VIP时，通常应采用较高档次的礼宾规格，同时还须考虑我方与对方的礼尚往来问题。

3. IP

IP是英文“Important People ”的缩写，它的含义为“重要客人”。

在外事接待中，此类“重要客人”，通常是指正式来访的各国各界知名人士、新闻界人士、同行业人士、具有潜在合作可能的单位与部门的负责人，以及存在合作关系的单位与部门的一般工作人员。

在接待IP时，具体所执行的礼宾规格应突出体现接待方对对方的重视。与此同时，在接待过程中还应注意主动联络对方，以加强联系、促进沟通。

4. SP

SP是英文“Special People ”的缩写，它的含义为“特殊的客人”。

在外事接待中，SP 具体是指下列人员：身体状况特殊者，如老、幼、病、残、孕；风俗习惯特殊者，如少数民族人士、宗教界人士；作用发挥特殊者，如上述三类客人的助手、秘书以及其身边工作人员，上述三类客人的配偶、长辈、子女以及其他亲友；彼此关系特殊者，如以前与我方产生过重大矛盾、冲突者或对我方持敌视态度者；等等。

在具体确定 SP 的礼宾规格时，一方面要坚持遵守规定，另一方面则要在力所能及、不卑不亢的前提下给对方以适当的照顾。

5. CP

CP 是英文“Common People ”的缩写，它的含义为“普通客人”。

在外事接待中，此类“普通客人”，一般指前来我方进行正式访问或非正式访问的、除以上介绍的四类客人之外的其他所有的外方人士。

具体运作 CP 的礼宾规格时，关键是要尊重对方、重视对方，并且平等相待。绝对不能因其“普通”而接待不周，从而怠慢对方。

四、常规内容

不论确定礼宾规格，还是具体操作礼宾规格，如果对礼宾规格的基本内容不了解或了解得不够全面，都不可能对其进行成功的运作。

一般而言，在外事接待中，礼宾规格的常规内容主要包括下列三项：

1. 费用的多少

费用的多少，在此是指某次外事接待工作的开支总额，及其具体环节所需要的费用的支出状况。在任何情况下，接待来宾都是需要花钱的。每一次外宾接待工作的费用支出状况尤其是总开支，既应该具有一定标准，又须反映出接待方对对方的重视程度。

2. 规模的大小

规模的大小，一般指的是在外事接待的具体过程中，尤其是在迎送、宴请、陪同等重要环节上，我方人员所参与的具体范围以及实际到场具体人数的多少。在外事接待中，所谓接待规模大，往往是指具体到场的我方人员范围广、人数多。反之，则称为接待规模小。一般认为，接待规模越大，表明接待方对此次接待重视的程度越高。

3. 身份的高低

身份的高低，通常是指在外事接待的过程中，尤其是在一些较为重要的场合里，到场的我方人员具体身份的高低，特别是到场的我方主要人士的具体身份的高低。显然，到场的我方人员身份越高，尤其是到场的我方主要人士的身份越高，就越能说明我方尊重并重视对方，双方关系亦较为密切。

五、操作方式

在外事接待工作中，大体上有如下五种常规的礼宾规格操作方式可供外事人员参考执行。有时，外事人员则可以酌情选择其一；有时，外事人员则可以对其兼而用之。

1. 执行明文规定

在许多情况下，对外事接待工作中的具体礼宾规格，有关部门都会作出明文规定。这些规定，有的出自我国各级政府，有的出自各类企事业单位，有的则出自外事部门。

在具体的国际交往中，明文规定的礼宾规格的规范性与重要性往往较强。因此，在具体的接待工作中，外事人员必须对其全面地、一丝不苟地贯彻执行。

2. 实施常规做法

在外事接待的具体工作过程中，有许多礼宾规格的细微之处是不可能一一作出规定的。故处理这些问题时，各地方、各单位、各部门往往都有一些自己的补充、变通或其他做法。

一般而论，只要行之有效并且不与有关的明文规定相抵触的常规做法，都是可被采纳的。

3. 尊重国际惯例

在确定或操作用于外事接待的礼宾规格时，还可以直接采用通行于国际社会的做法，即尊重国际惯例。此种方式既易于被双方所接受，又易于我方人员操作。

在尊重有关的国际惯例时，需要注意两点：一是不应与我方的外交方针相抵触；二是不应有违接待对象的习俗。

4. 采取对等做法

当一时难以确定用以接待外方人士的礼宾规格时，我方人员还有一种方式可循，即可以采取对等的做法。

此种方式具体是指，我方可以参照被接待方在此之前接待我方同等职级者时所采用的具体礼宾规格执行，以示双方有来有往、礼遇相当。

5. 比照他方先例

若上述方式均难以实施时，我方人员还可以参考国内其他机关、单位、部门此前接待被接待对象时的成功的接待经验。这种做法，往往可以使我方“兼听则明”，在接待工作中少走弯路。

在学习其他机关、单位、部门成功经验的同时，还须注意吸取其不成功的教训，避免犯同样的错误。

第二节　礼宾排序

目前，在国际交往中，多边交往日益频繁。而在多边性质的外事接待过程中，作为东道主的外事人员经常会面对如下境况：在同一时间、同一地点，需要同时接待来自不同国家、不同地区、不同单位、不同部门、不同组织，具有不同职级、不同人数的外方人士。此时此刻，对东道主而言，最为棘手的问题莫过于如何根据有关各方来宾的“尊卑”，来合情合理地具体安排接待对方时的先后顺序或者位次。

外事人员必须切记：在外事接待的具体工作中，我方倘若对上述问题处置失当，往往不仅会使自己的接待工作徒劳无益，而且还有可能导致外方人士的误会，甚至得罪对方，并由此损害我方与对方的关系。

根据惯例，在外事接待工作中，处置此类问题最佳也是唯一切实可行的做法，就是要求我方有关人员必须坚决依照礼宾排序行事。

所谓礼宾排序，亦称礼宾序列、礼宾排列或名次安排。在外事礼仪中，它是指在正式的、多边性质的外事接待过程中，东道主一方对于在同一时间到达现场，来自不同国家、不同地区、不同单位、不同部门、不同组织，具有不同职级、不同人数的外方人士，应依照既定的规则，视其“尊卑”来具体安排接待的先后顺序或者位次。

在具体实践中，外事人员在面对礼宾排序问题时，主要应当兼顾宏观的要求与微观的运作两个基本方面。

一、宏观的要求

在处理有关礼宾排序的具体问题时，外事人员首先应对其宏观要求有所了解，从而使自己真正在思想上对其加以重视。

1. 重要意义

在安排礼宾排序时，外事人员必须充分认识其重要意义。只有做到这一点，才能在思想上真正重视此项工作。安排好礼宾排序的重要意义，主要体现在以下四个具体方面：

第一，妥善地解决多方来宾的排序问题。有经验的外事人员都清楚，在多边交往中，同一时间到场的外方人士越多，排列其顺序、位次的必要性就越突出。在此细节上稍有闪失，就可能会招致某方不满或是某些人士的猜疑。其实，此时只要照章办事，此类问题便可避免。

第二，间接地反映我方接待工作的水准。人人皆知，外事接待工作犹如一个窗口，可以恰到好处地向外方展示我方的风貌。通过它，我方可以推广自己，了解对方，与外方发展友好关系，并促进我方与外方的友谊。遵守礼宾排序，不仅有助于我方接待工作的顺利开展，而且也可使外方进一步了解我方接待工作的实际水平。

第三，真正地体现我方对待来宾的公正。在多边活动中，参与活动的各方往往都十分在意东道主对待自己和对待他方的态度是否友好、是否公正。按礼宾排序办事，其公正性有目共睹，必定会使各方来宾心悦诚服。

第四，客观地促进我方与外方关系发展。在多方接待过程中，遵守既定的礼宾排序而非随心所欲，显然有助于我方做好接待工作。而一旦接待外方的工作真正做好了，就会有力地推动双边关系的发展。

2. 相关守则

从根本上讲，要真正安排好多方来宾的礼宾排序，关键是既要“尊卑”有序，又应平等待客。有关礼宾排序的相关守则，实际上都是出自对以上这两点的考虑。

一方面，多边性外事接待必须重视“尊卑”有序。

在多边性外事接待中，有许多时候都需要对被接待的来自不同方面的外方人士进行必要的顺序、位次的排列。这一问题，在具体实践中往往不容回避。例如，在介绍对方时必定存在着先后之分，在安排对方座次时亦有“尊卑”之别。即使在口头交谈或书写函件时，通常也不能忽略有关对方的顺序问题。因此，在多边外事接待中，必须重视“尊卑”有序这一客观现实，而不能片面地否定此点。在安排礼宾排序时，要求有关人员重视“尊卑”有序，具体而言有以下三点要求：

第一，应当承认：在多边性外事接待中，“尊卑”有序是一种常见的客观事实。

第二，应当注意：在多边性外事接待中，如有必要，一定要做到“尊卑”有序。

第三，应当明确：在多边性外事接待中，即便有必要以“尊卑”为序安排有关各方外宾的具体顺序或位次，也不宜对此过分强调。

另一方面，多边性外事接待还必须讲究平等待客。

在多边性外事接待中操作礼宾排序时，“尊卑”有序是客观存在的。但与此同时，身为东道主的我方人员也不应忽略平等待客这一要求。应该认识到，在排定礼宾排序时，注意“尊卑”有序与讲究平等待客通常并不矛盾。

具体而言，在多边性外事接待中讲究平等待客，主要应体现在下列几点上：

第一，遵守礼宾排序本身，就意味着我方在多边性外事接待的具体过程中必须平等待客。在多边性外事接待中，要求我方人员必须无条件地遵守礼宾排序，而不允许自行其是，或是对其擅加变动。这一规范性做法，本身就证明了我方人员在接待工作中是有规可循、平等待人的。

第二，在多边性外事接待的具体过程中，我方人员对所有外方人士都是一视同仁地表示尊重友好并且热情相待的。我方人员对外方人士的尊重、友好与热情相待，从来都不会因其存在国籍、民族、宗教、性别、年龄、职级、贫富之别而有所不同。

第三，在操作礼宾排序的整个过程中，我方对所有各方提出的意见、建议或要求，只要其具有合理性，都应充分予以考虑，并应在力所能及的前提下对其予以满足，而不宜厚此薄彼。

3. 有关事项

在礼宾排序操作的具体过程中，有以下一些相关的注意事项必须为有关的外事人员高度重视。

第一，细致周到。在具体拟定或执行礼宾排序时，我方的相关人员一定要力求细致入微，面面俱到。尤其是在拟订礼宾排序时，对有关细节以及我方可能面临的种种突发性问题，应当考虑得越全面、越充分越好。

第二，认真执行。任何一位外事人员，不论其具体行政职务高低，在执行礼宾排序时，都必须不讲个人好恶、不谈个人见解、不凭个人兴趣，而应认认真真地一切照章办事。

第三，提前通报。不论我方在多边性外事接待中具体确定采取何种礼宾排序，通常都应当提前向有关各方进行通报，以便对方事先对此心中有数。假如缺少了这一程序，外方人士就有可能对我方的具体做法缺乏了解，甚至怀疑我方不讲规矩、随意而为。

第四，轻易不变。在具体的外事接待过程中，用以接待多方外宾的礼宾排序一旦确定，尤其是当其已被通报给有关各方以后，通常就不宜再作重大变更，否则就会降低其稳定性与权威性，或者令对方人士感到我方不守规矩。

二、微观的运作

在多边性外事接待的具体实践中，礼宾排序具有一系列常规的排序方式。目前，在多边性外事接待的具体实践中，我方礼宾排序的常规排序方式主要有以下六种。这六种不同的常规排序方式，有时可以采用其中的某一种，有时则可以几种方式兼用。

1. 按行政职务的高低排序

大凡在进行正式的官方交往时，例如，进行正规的政务活动、商务活动、学术活动乃至军务活动时，均可以来宾具体行政职务的高低为序进行礼宾排序排列。在此种情况下，礼宾排序排列只讲究具体人员行政职务的高低，并不需要考虑其男女、长幼之别。

在接待不再担任现职的外方人士时，一般可以其所担任的最高或最后的行政职务作为排序的依据。但若该外方人士与担任现职的人士同时到场的话，则应位列后者之后，以示“现任高于原任”，因为现任毕竟是在实际工作中担负主要责任的。若需要同时排列多位曾原任同一职务者时，一般应以对方任职时间的早晚为序，将任职较早者排列在前。

在接待多方团队时，一般并不注重其具体人数的多少，而应按其团长或领队的行政职务的高低排序。

2. 按拼写字母的先后排序

一般而言，在国际组织进行活动或者举行国际会议、进行体育比赛时，按照来宾所在国家、地区、组织或所在单位具体名称字母拼写的先后为序，是进行其礼宾排序排列的最为通行的做法。

在此，有必要就如下两点略作说明：

第一，按照国际惯例，此处所说的字母顺序通常是指拉丁字母顺序，而非某国法定文字的字母顺序。这样做，主要是为了维护国与国之间的平等。

第二，如果进行排序的两个或者两个以上的国家、地区、组织、单位名称的起始字母相同，则应以其第二个字母作为排序依据；若其第二个字母依旧相同，则应以其第三个字母作为排序依据；以下依此类推。

3. 按抵达现场的前后排序

有时，可以按照来宾正式抵达活动现场的具体时间的前后为序。此种排列方式，通常被称为“以先来后到为序”。在国际交往中，它主要适用于一些特定的外交场合、非正式场合，以及上述两种排列方式均难以运用的场合。

4. 按报名参加的早晚排序

某些时候，亦可按照来宾正式报名决定参加某项活动的具体时间的早晚为序。此种排列方式，俗称“以报名早晚为序”。它所适用的主要范围有：跨国举行的各种招商会、展示会、博览会、陈列会等大型商贸类活动。上述几种排列方式均不适用的情况下，也可采用此种排列方式。

5. 按宾主地位的不同排序

在多方外事接待中，有时除主办方之外，难免还会有国内其他组织或单位的人到场。此时即可采用此种方式排序：来访者一方应当居前，国内其他单位的人员居中，东道主一方则应当居后，此亦称为“先宾后主”。具体而言，境外人士应当排在境内人士之前，国内其他单位的人员则应当排在主办单位的人员之前。

6. 不进行正式的顺序排列

此种方式，一般称为“不排列”或“不排序”。实际上，它也是一种特殊形式的排列。在多方外事接待中，此种排列顺序主要适用于如下两种情况：一是没有必要进行顺序排列；二是实在难以进行任何方式的排列。

第三节　接待计划

在外事接待中，有关人员要想将自己的具体工作做到好上加好，不仅需要具有高度的政治责任感与较强的业务能力，而且还需要制定必要的、规范的接待计划，以便使接待工作的各个具体环节有规可循。实际上，唯有重视接待计划的制定，才能使自己所从事的接待工作准备充分、考虑周到、减少疏漏、有备无患，并保证其届时能够按部就班、井然有序地进行。正因为如此，诸如所制定的接待计划是否规范、是否可行一类的问题，均应引起我方有关人员的高度重视。

接待计划，又称接待预案，它在此是指接待方对于外宾的接待工作所进行的具体规划与安排。在正常情况下，制定接待计划不仅应当力求周详，而且还应当强调接待计划的具体化、规范化。在具体制定接待计划时，应将接待方针与接待内容作为其重点，并予以高度重视。

一、接待方针

在制定接待计划时，通常需要提出其总体要求与指导思想，以便令计划的制定有章可循、易于操作。所谓接待方针，在此是指接待工作的指导方针，它所指的就是有关外事接待工作的总体要求与指导思想。其基本作用，一是要保证接待计划切实可行；二是要保证接待计划抓住关键；三是要保证接待计划符合规范。

在正常情况下，可以将接待方针从其基本内容上区分为总体要求与具体考虑两类。

1. 总体要求

在接待方针的基本内容中，有相当一部分对制定接待计划具有普遍的指导意义。这些内容，就是所谓总体要求。有关人员必须意识到：总体要求绝非可有可无，在制定接待计划时必须以此为纲。

一般而论，诸如礼待来宾、周详具体、节俭务实、规模适度、灵活机动、先期制定、上级批准、通报对方、以我为主、督促总结等，都是我方制定外事接待计划时不可忽略的总体要求。

第一，礼待来宾。在制定接待计划时，一定要自始至终地贯穿以礼待客的主旨。具体而言，不仅要充分尊重来宾的特殊风俗习惯，而且还要坚持“主随客便”的原则。即在我方条件允许的前提下，应尽量照顾、体谅来访的外方人士，并且努力满足对方合乎情理的正当要求，真正令对方产生“宾至如归”之感。

第二，周详具体。制定接待计划，要尽可能地周详而具体。所谓周详，就是在制定接待计划时，一定要做到周到而详细，将可能遇到的情况、需要处理的问题等方方面面都充分地考虑到、照顾到。所谓具体，则是要求我方所制定的接待计划要力戒大而无当，对接待过程中不容回避的细节之处务必要审慎对待，并一丝不苟。

第三，节俭务实。我方在制定接待计划时，必须坚持节俭务实的方针。要充分考虑到我国国情与本单位的经济实力，并严格执行上级有关规定。在接待经费的具体预算上，要坚持少花钱、多办事的原则，发扬勤俭持家、艰苦奋斗的精神，努力节约每一分钱，不搞形式主义，反对铺张浪费，坚决压缩一切不必要的接待活动项目。

第四，规模适度。在安排接待活动的具体内容时，我方人员既要使之不失隆重、热烈、欢快、喜悦、祥和的气氛，又要在总体上控制其活动规模，认真坚持规模适度的方针。在一般情况下，不允许因外事接待活动而搞倾城而出的“人海战术”，不允许停产、歇业或者停课，不允许影响人民群众的正常工作、学习与生活。

第五，灵活机动。为外事接待工作而制定的具体计划，固然应当面面俱到、细致入微，但亦应事先为其具体操作留下适度的空间，以便使有关人员届时可以根据具体情况进行灵活处理。总而言之，我方所制定的接待计划，应当详尽而不烦琐，细致而不呆板，面面俱到而又留有余地。

第六，先期制定。一般而言，作为外事接待工作的“前奏曲”，接待计划显然应当制定于具体接待工作开始之前，以便指导具体的接待工作的进行。在接待工作的具体过程中，对接待计划进行局部调整、补充，可以使之更加符合实际，更加合理，但此举并不意味着接待计划可以在具体的接待工作开始之后才整体出台，或者出台的时间越晚越好。

第七，上级批准。鉴于外事工作极端重要，接待计划的具体操作需要方方面面的配合，因此在计划制定后即应报请上级有关部门或主管领导批准。凡属正式的外事接待计划，都必须向上级报告。在其未经上级正式批准之前，不得擅自执行。

第八，通报对方。在用以接待外宾的正式计划制定出来之后，我方应尽快向被接待对象通报需要对方了解、认同或者进行合作的内容。对与外方密切相关的具体日程安排，则更应当使对方一清二楚。若对方对以上种种内容一无所知，不仅难以在接待过程中取得对方的理解与配合，而且也是对对方某种程度上的不信任、不尊重。

第九，以我为主。在制定接待计划的整个过程中，一切大政方针均应由我方做主，这是维护我国国家主权的重要体现之一。如有必要，我方可就相关细节与对方进行沟通并听取外方的建议或要求，但在大是大非的问题上则一定要由我方最终定夺。

第十，督促总结。凡正式的外事接待计划，不仅在其制定之时必须认真细致、规规矩矩，而且还须采取必要步骤或具体措施来督导计划的执行，确保计划的落实。除此之外，在其执行完毕后，还应由专人负责收集材料、听取反映，以便总结经验、吸取教训，使今后所制定的接待计划更加完备。

2. 具体考虑

除以上一系列的总体要求以外，在接待方针的基本内容里还包括一些具体考虑。这些具体考虑，主要规定了我方在制定接待计划时应当兼顾的某些侧重点，其中包括如下几个方面：

第一，国家差异。在制定接待计划时，应对被接待对象所在国家的国情有所了解，对该国与我国之间重要的国情差异必须基本上做到心中有数。

第二，民族差异。不同民族之间的风俗习惯，自然存在着一定的差异。在制定接待计划时，一定要对被接待者尤其是其中核心人物的民族归属有所了解。

第三，党派差异。世界各国都存在着一定的政党派别，我方的接待对象自然也会因之而存在着有党派与无党派、执政党与在野党、某一政党的主流派与非主流派以及该党派对我方是否友好等区别。对这些情况，均不可忽略。

第四，宗教差异。在制定接待计划时，被接待者的宗教信仰亦应为我方所知晓，并应对其予以适当的尊重。对此类问题，态度过激或熟视无睹都是不可取的。

第五，文化差异。来自不同国家、不同地区、不同民族的外方人士往往有着不同的文化背景，有时其彼此之间的差异甚大。在制定接待计划时，对此也必须有所考虑。

二、接待内容

在具体制定接待计划时，必须令其内容完备而规范。不论有关接待方针的总体要求还是具体要求，都应当在相关的接待内容上有所体现。

在外事接待计划中，所谓接待内容，通常是指接待计划所应包括在内的基本项目。在一般情况下，接待内容主要应当包括下述五个方面：

1. 接待的形式

在任何接待计划中，都必须对具体的接待形式有所规定，否则其他各项相关的接待内容往往便难以确定。

所谓接待形式，一般是指接待活动的主要方式、方法。以正式与否进行区分，有正式接待与非正式接待之别；以规范与否进行区分，有常规接待与非常规接待之别；以接待方进行区分，有官方接待与非官方接待之别；以来宾在我方停留过程进行区分，有全程接待与非全程接待之别；以我方接待单位多寡进行区分，则有单方接待与多方接待之别。

在确定具体接待形式时，一定要从简务实、量力而行，并且要合乎惯例。

2. 接待的日程

在接待计划中，具体的接待日程从来都是最为重要的内容。作为接待计划的核心部分，接待日程历来都为接待者所重视。

根据常规，在接待计划中，所谓接待日程，一般是指在接待来宾的工作中按日所排定的具体行事程序。在正常情况下，应将接待过程中的全部重要活动一律包括在外事接待的具体日程之内。其中较为重要的迎送活动、正式会见、业务谈判、签字仪式、会晤记者、参观企业、游览景点、观看演出以及出席宴请等，均不得缺少。

在具体安排接待日程时，有五点注意事项：一是应逐项列出，一清二楚；二是应将时间安排精确到分钟，以便于控制；三是应疏密有致，有张有弛；四是应将接待日程提交对方，以便对方心中有数；五是应当留有余地，以便调整补充。

3. 经费的预算

在制定具体的外事接待计划时，必须对所需的经费开支作出总的预算，并正式报请有关领导批准执行。有关外事接待费用的预算一旦获批，通常不宜再度进行追加。

一般而言，具体用于接待的经费预算应当重视如下四个基本要点：

第一，应按照接待工作的具体程序逐项列出所需费用开支，以求预算精确。

第二，应厉行节约，努力压缩一切可用可不用的费用。

第三，应严格遵守有关规定，不得在具体的费用使用中有意违规。

第四，应认真执行业已确定的经费预算，不得任意追加或超标。

4. 安保与宣传

在制定外事接待计划时，对有关安保宣传方面的相关内容尤其应当高度重视。因为它既是一个十分敏感的话题，又直接制约着整个接待工作的成败。

所谓安保，通常是对安全保卫工作的简称。在安排外事接待活动之前，应向有关的公安、国家安全部门正式报告，以取得其指导与协作。对具体接待环节的安排，亦应不忘安全至上，以确保有关各方人员的人身安全，并坚决维护我国的国家安全。

所谓宣传，此处则主要是指有关外事接待活动的新闻报道。在这一问题上必须兼顾我方条件、外方特点、礼宾规格以及具体的新闻价值。一般而言，重要的外事接待活动的新闻报道计划，应事先向外事外宣部门报批。必要时，可以通知新闻单位到场。报道稿可由接待方提供，亦可由接待方负责审定。

上述两项工作的具体安排，务必及时与外方进行必要的沟通，以便取得其理解与支持。

5. 人员的分工

每一次具体接待工作的成功，都有赖于接待人员的出色表现。因此，在安排接待活动时，一定要重视有关人员的协调与分工。

第一，分工负责。外事接待工作在整体上应当有人专负其责，在各项具体工作环节上亦应有专人负责。

第二，“兵强马壮”。凡是重要的外事接待工作，一定要选择“精兵强将”。对那些工作负责、年轻力壮、相貌端正、善于交际、经验丰富、政治可靠的外事人员，要大胆地择优选用。

第三，适应对方。在挑选接待人员时，还可优先考虑那些通晓外方语言、了解外方习俗、与外方民族或宗教信仰相同、与外方此前相熟或获得过对方好评的人员，以便于双方的有效沟通。

第四节　迎来送往

不论从事什么工作，都应当自始至终地认真负责，外事人员从事外事接待工作时亦应如此。在外事接待的具体过程中，始者，来宾之迎接也；终者，来宾之送别也。迎来送往作为外事接待工作的具体起点与终点，不仅理应为我方所重视，而且同样为外方所关注。

在外事接待过程中，迎来送往绝不等同于普通的迎送活动。它不仅反映着我方的接待水准，体现着我方的礼宾规格，而且意味着双边关系发展的程度，暗示着我方对外方重视与否，同时还事关外方对我方接待工作的第一印象与最后印象。因此，无论对接待方还是被接待方而言，外事接待中的迎来送往都毋庸置疑地被视为礼仪大事。

具体而言，外事接待过程中的迎来送往在礼仪上包括掌握详情、确定“时空”、关注细节、熟知程序四个方面的问题。

一、掌握详情

本着“知己知彼”的原则，从事迎送活动的外事人员有必要对接待对象的相关状况掌握得尽可能的详尽而具体。在这一方面稍有不足，就有可能产生连锁反应，影响全部迎送活动乃至整个接待工作的顺利进行。

掌握详情，对外事迎送活动而言具体包括以下三个不同的方面，即外方状况、我方要求与他方反应等。

1. 外方状况

若要使迎来送往工作进行得圆满顺利，达到双方都满意的效果，我方有关人员首先应该充分掌握外方的具体状况，这是我方做好迎送工作的基本保证。一般而言，我方应充分掌握的外方状况主要有以下五个方面：

第一，主宾的个人简况。对于外方主宾的简况，例如，姓名、性别、年龄、籍贯、民族、单位、职务、党派以及文化程度、宗教信仰、生活习惯、家庭状况、政治倾向、对华态度、业务能力、性格特点、社会评价等，应一清二楚。对外方其他来宾的情况，亦应尽可能地有所了解。

第二，来宾的总体状况。在迎送活动中，对一些有关来宾的总体状况，例如，具体人数、骨干成员、性别概况、组团情况以及负责人等，我方有关人员也应予以关注。

第三，来宾的整体计划。外方在来访之前，必定会制定其具体访问计划。对外方的来访计划，特别是其访问目的、指导方针、大致安排等，我方应有一定程度的了解。

第四，来宾的具体要求。在迎送活动开始前以及在其具体进行中，我方对于外方集体所提出的要求与主宾所提出的要求，应予以充分考虑。对其他来宾的个人意见、建议，也要认真听取。

第五，来宾的来去时间。对来宾正式抵达和离去的时间，例如，具体日期、具体时间及其相关的航班、车次、地点，我方应当掌握充分，并应予以再三核对，以免在具体的工作中出现重大差错。

2. 我方要求

从事迎送外宾工作的我方人员，尤其是其中的负责者，一定要对我方的相关要求有一个全面了解。对以下诸点，更是不容忽略。

第一，接待方针。它具体涉及我方有关整个接待工作的基本要求。

第二，具体意图。它与迎送工作的具体操作及其结果直接相关。

第三，礼宾规格。它是我方所给予来宾具体礼遇的最明显的体现。

第四，礼宾排序。在同时接待多方来宾时，礼宾排序的正确运用关系甚大。

第五，操作重点。对迎来送往过程中的某些重点环节，有关人员必须予以重视。

第六，相关预案。对用以防止某些临时变故的预备方案，有关人员必须清楚，绝不允许一知半解。

3. 他方反应

为慎重起见，在外事接待过程中，对其他各方对我方迎送活动的反应亦应予以重视。

第一，官方的反应。对各个国家、各个国际组织的正式表态，理应首先加以关注。

第二，民间的反应。对来自各国民间以及国际社会的反响，亦应有所了解。对此完全不闻不问，是有失偏颇的。

第三，媒体的反应。对各种媒体的相关报道必须及时掌握，并在必要之时作出相应的反应。须知，在一般情况下，人们对国际交往的了解主要都来自相关的媒体报道。

二、确定“时空”

在正式的外事接待过程中，往往主客双方均会对迎来送往的具体时间与具体空间十分重视。因为它不仅限定了迎送活动的具体范围，而且还在一定程度上直接影响着迎送活动的效果。

具体而言，在礼仪上，与外事接待中迎来送往的具体时空条件有关的规范，主要包括如下两个方面：

1. 活动的时间

在具体从事外事接待中的迎送工作时，对时间应高度重视。与其相关的礼仪规范，主要涉及如下五点：

第一，双方商定。在任何情况下，有关正式迎送来宾的具体时间均应由宾主双方事先正式商定，并达成一致。各方对此都可以提出意见或建议，但同时也都必须耐心地听取对方的意见或建议。

第二，约定精确。对有关迎送活动的具体时间约定不仅应该详尽，而且还应当力求精确。在一般情况下，每次活动的具体时间应标明年、月、日，采用 24 小时制计时，并且应当精确到分钟。对每次活动的时间既要规定其起始时间，又要规定其终止时间，即必须规定每次活动的具体时间长度。

第三，留有余地。在规定迎送来宾的具体时间时，应该在安排上与执行上均留有适当的余地。在安排上留下适当的余地，是指在排定有关迎送活动的时间表时要留有一定的时间幅度。在执行上留下适当的余地，则是要求有关人员在具体执行迎送任务的时间表时，应当提前到场、最后离场，并在特殊情况发生时相机行事。

第四，反复确认。我方人员在具体操办来宾迎送活动过程中，应养成在必要时再度与对方确认相关时间规定的良好习惯。在下述情况下，对有关具体时间的规定尤须不厌其烦地与对方再度进行确认：一是在来宾正式出发之前；二是在来宾抵达之前；三是在迎送时间稍作调整之后。

第五，严格遵守。在正常情况下，我方有关人员对于正式规定的有关迎送来宾活动的具体时间，必须严格地、无条件地、分秒不差地认真执行。不允许我方人员以任何借口迟到、早退、拖延时间，更不允许对双方正式商定的活动时间擅自进行改动。如果确有必要对活动时间稍作调整，则不仅需要报批，而且还应当向来宾及时进行通报。

2. 活动的空间

在规范迎送活动具体时间的同时，对其具体空间亦应有所规范。所谓迎送活动的具体空间，通常是指用以进行迎送活动的具体地点。与其有关的礼仪规范，一般包括下述五点：

第一，主方决断。有关迎送来宾的具体地点，通常均由东道主一方自行定夺。东道主对被接待方仅仅需要进行通报，而不必过多地考虑对方的想法。

第二，空间开阔。在一般情况下，用于进行迎送活动的地点理应较为开阔。这一要求既是为了便于迎送活动的顺利进行，也是为了提升迎送活动的档次。越是安排重要的迎送活动，则越是应当注意到此点。

第三，环境良好。为了使我方的迎送活动给外方来宾留下美好印象，在力所能及的前提下，一定要充分考虑活动地点环境的好坏。应当予以强调的是，在考虑迎送地点的环境问题时，不仅应当注意其活动现场具体环境的好坏，同时还应当注意其活动现场的周边环境尤其是沿途环境的好坏。

第四，有所区别。在外事接待中，迎送来宾的具体活动地点往往会根据不同情况而有所区别。按照惯例，迎送来宾的具体活动地点大致上可以分为下列四种：

其一，交通枢纽。大凡正式的、重要的迎送活动，通常都在来宾抵达或离去的机场、港口、车站等处举行。

其二，下榻之处。迎送重要来宾的活动，尤其是来自异国他乡的来宾时，往往可在其暂居之处进行。

其三，办公地点。有时，迎送来自本地的客人或是暂居本地客人的活动，可以安排在东道主一方的办公地点进行。

其四，礼宾场所。迎送重要来宾的活动，尤其是正式的迎送仪式，一般都在正规的礼宾场所举行。例如，我国为正式来访的国宾所举行的欢迎仪式，通常都在人民大会堂东门外广场或人民大会堂内北大厅举行。

第五，相对稳定。一般而论，在国际交往中用于迎送来宾的具体地点，应当保持相对的稳定性。这既有利于我方人员熟悉情况，便于操作，又不会使外方来宾对我方不断变换地点有所议论。

应当注意的一点是，在条件允许的情况下，我方具体接待外方来宾时，应尽量避免使不同的迎送活动在同一时间同一地点进行，以免届时顾此失彼，或令外方互相攀比。

三、关注细节

在迎送外方来宾的具体活动中，我方工作人员既要事事从大局着眼，明辨大是大非，又要处处从小事着手，关注其具体的细枝末节，以防因小失大。

根据一般经验，在具体的迎送活动中，我方接待人员至少应对气象、交通、安全三大细节的基本情况予以高度关注。古人认为，要做好一件事情，通常需要“天时、地利、人和”。实际上，迎送活动之中的气象、交通、安全三大细节就是分别与“天时、地利、人和”相对应的，所以必须对其予以重视。

1. 气象状况

在任何时候，气象条件的变化都会对人类的正常活动产生一定的影响。对迎送外方来宾的具体活动而言，气象状况更是不可不察。在这一问题上，主要应当注意以下两点：

第一，掌握当地的气候变化规律。在具体安排迎送活动时，务必要充分了解当地的气候变化规律。在任何时候，都不应使迎送活动“逆风而动”，或者草率行事。

第二，制定气象突变的应对措施。俗话说“天有不测风云”，因此在制定迎送外方来宾的具体计划时，一定要对有可能发生变化的气象状况有所考虑，并为此而制定必要的应急方案。

2. 交通状况

不论举行何种形式的迎送活动，交通状况都不容忽视。倘若交通方面存在隐患，则必将影响迎送活动的顺利进行。在交通的具体问题上，通常有以下三点注意事项：

第一，安排适量的交通工具。在一般情况下，在中国境内接待来宾时所使用的交通工具均由我方负责安排。在个别情况下，外方来宾如自备交通工具亦应获得我方同意。如果迎送活动中所使用的交通工具由我方负责，则一定要保证其数量满足需求、质量安全可靠，并应准备一定的机动车辆。

第二，事先向交管部门通报。在举行正式的来宾迎送活动之前，一定要向当地交通管理部门进行例行的情况通报。此种做法，既是对交管部门的一种尊重，同时也是为了更好地取得交管部门的支持与合作。

第三，进行必要的交通管制。一般而言，迎送活动的具体举行地点及来宾的必经之处的交通理当十分便利。为此，既要注意避开交通拥堵之处，又要注意回避常规的交通高峰时间。在必要时，可报请有关部门批准，由其按相关规定进行适当的交通管制。

3. 安全状况

由于迎送活动多半都是公开举行，因此有关部门和有关人员一定要对迎送活动的安全状况高度重视，并应牢固树立“安全第一”的观念。在这一重要问题上，通常需要注意以下四点：

第一，采取必要的安全措施。例如，应对活动参与者提出要求，并进行审查。在其抵达现场后，往往还可以进行例行的安全检查。在举行重大的迎送活动时，通常还应当采取一定的保密措施，并调动安保人员到场。

第二，有关部门应各负其责。凡是正式举行重要的迎送来宾的活动，均应事先由有关部门进行必要的协调。通常应向外事、外宣、公安、国家安全等有关部门进行情况通报，并应按照既定的分工，由各部门具体负责各自把关的工作。

第三，宾主双方的沟通合作。要想真正确保迎送活动在安全方面万无一失，则求得来宾方的参与是极其关键的。在一般情况下，应重视与来宾方保持联络、交流信息，并做好必要的沟通。与此同时，还应在无损我方国家主权的前提下，与来宾方进行必要的安全协调与安全合作。

第四，密切关注社会的动态。对社会上的种种新情况、新问题，有关部门需要进行必要的监控。不仅要关注我国国内的社会动态，而且还须关注世界各国的社会动态。对某些敌对国家、敌对势力的种种新动向，我方尤其应时刻保持警惕。

四、熟知程序

就外事礼仪而言，凡属重大活动，皆应规定必要的程序，并届时循序而行。在外事接待工作中，迎送外方的活动，特别是隆重而热烈的迎送仪式，亦应如此。因此，每一名具体从事迎来送往活动的工作人员，都应当熟知与迎送活动相关的具体程序。

在一般情况下，对制定程序、规范程序、简化程序、执行程序四个与迎送活动密切相关的具体程序问题，有关人员必须清楚。

1. 制定程序

一般的涉外迎送活动，特别是需要举行专门仪式的涉外迎送活动，都必须事先制定相关的活动程序，以保证迎送活动循序而行、井井有条。

所谓程序，通常是指某项活动进行时的基本步骤与先后顺序。因此，涉外迎送的程序显然是指涉外迎送活动的主要环节与操作流程。

制定有关涉外迎送活动的程序，主要有下述三方面的要求：

第一，制定程序。任何正式的涉外迎送活动，不论其是否举行仪式，都一定要事先制定必要的程序。

第二，详尽具体。既然迎送程序事关迎送活动的操作流程与进行步骤，那么就应当在制定有关程序时，力求详细、具体、充分、全面。

第三，循例报批。鉴于迎送活动十分重要，故在其有关程序正式制定后，必须依照有关规定向上级主管部门及时报告，并得到其正式批准，切忌自行其是。

2. 规范程序

从标准化、正规化的角度来讲，涉外迎送活动不仅需要制定必要的程序，而且还需要对有关程序进行必要的规范。

一般而言，用以迎送外方来宾的具体程序，可以分为正式程序与非正式程序两种。

第一，正式程序。凡是举行正规的迎送仪式，特别是举行迎送国宾的迎送仪式，均需采用正式程序，以显示接待工作的规格。

目前，我国最为正式的欢迎来宾的程序，首推外国国宾的欢迎仪式。对正式到京来访的外国国宾，其欢迎仪式的具体程序大致为：

当其抵达北京时，由我国政府陪同团团长前往首都机场迎接，并陪车将其送至钓鱼台国宾馆下榻。然后在当天或次日，在人民大会堂东门外广场为其举行隆重而正式的欢迎仪式。届时，欢迎仪式将由引见、献花、鸣炮、奏乐、检阅以及随后在人民大会堂内举行的国宴等一系列规范化的程序组成。倘若天气不佳时，则欢迎仪式一般会改在人民大会堂内北大厅举行。

当来访我国的国宾离开北京时，我方为其举行的送行仪式一般较为简化，通常包括话别、送行、告别等具体程序。

出于对国宾的尊重，在举行迎送仪式时，一般需要升国旗、奏国歌、安排迎送队伍。在一些国家里，还有在迎送国宾时为其护航，并通知外国使节到场的惯例。

除此之外，各国在迎送建交国派驻本国的大使时，往往也会举行正式仪式，因为大使在国际交往中通常被视为其本国国家元首的正式代表。

第二，非正式程序。除正式来访的外国国宾与外国正式派驻我国的使节之外，目前我国不为其他外方来宾举行正式的迎送仪式，但为其举行迎送活动往往还是不可缺少的。那些非仪式性的迎送活动的具体程序，即为非正式程序。

在一般情况下，迎送其他外方来宾的活动，应由邀请单位的负责人或者其正式代表出面组织或主持。其程序通常应包括迎接、陪车、会见、合影、宴请、送别等，至于群众队伍则一般不予以安排。在操办这些具体程序时，亦应由有关单位按照我方惯例与来宾要求进行必要的规范。

若宾主双方关系密切、彼此相熟、常来常往，甚至十分友好，则亦可视具体情况的不同，以其他可以表达亲切、友好、尊重、敬意的形式来表达我方迎宾时的喜悦与送宾时的祝福，而不必过分拘泥于普通的迎送活动程序。

3. 简化程序

程序从简，是当今世界各国来宾迎送活动的一大趋势。在具体拟定来宾迎送活动程序时，我方亦应在不失礼、不影响活动效果的前提下对其进行必要的简化。对如下三个具体方面，我方必须予以重视。

第一，不举行专门仪式。若非正式迎送外国国宾或外国驻华使节，目前的涉外迎送活动一般均不安排专门仪式。

第二，减少活动的环节。简化迎送程序的基本做法，就是减少其具体活动环节。唯有如此，迎送程序才有可能被简化。

第三，控制活动的规模。对迎送活动的规模，应当有所控制。参与活动的人数、到场领导的级别、参与陪同的人员、活动举行的时间以及具体的经费支出，均应尽量从简。

4. 执行程序

不论制定迎送活动程序，还是规范、简化迎送活动程序，都是为了追求其执行效果的最佳化。要做到这一点，有以下两个具体方面必须予以注意：

第一，执行既定的程序。迎送活动的程序一旦制定，有关人员即应对其自觉地、无条件地予以执行。

第二，机动地执行程序。在执行既定程序之时，必须既坚持原则，又善于机动灵活、随机应变，具有应对突发事件的能力。

第五节　会晤合影

在接待外方来宾的过程中，宾主双方的正式会晤与合影往往备受关注。因此，相关人员对这一环节具体操作时的礼仪规范必须认真予以掌握。

在具体操作正式会晤与合影时，如下两个方面的问题往往颇为重要：

一方面，必须讲究规范。有关会晤与合影的礼仪规范甚多，外事人员绝对不可不知。

另一方面，必须掌握技巧。在正式会晤与合影进行的过程中，一些重要的操作技巧必须为我方人员所掌握。唯有这些技巧得以正确运用，才能使会晤与合影中的礼仪合乎规范。

一、正式会晤

不论我方出访，还是外方来访，宾主双方的正式会晤通常都不可或缺。所谓会晤，亦称会见，一般是指在较为正式的场合与他人郑重其事地见面。在外事活动中，凡正式会晤多属礼节性活动。它通常不会安排宾主双方就实质性问题深入进行切磋，但却可以直接反映出宾主双方关系的现实发展程度。

在正式会晤时，会晤的形式、正式的介绍、名片的使用与座次的排列四个问题最为关键。

1. 会晤的形式

所谓会晤的形式，一般是指会晤的具体方式。在安排正式会晤之前，自然必须首先确定其具体形式。在正常情况下，根据不同情况可对会晤的具体形式作不同区分。

第一，双边会晤与多边会晤。根据会晤时来宾参加方的数量不同，可将其划分为双边会晤与多边会晤。

在双边会晤中，来宾仅有一方。而在多边会晤中，来宾则为两方甚至两方以上。

一般而言，双边会晤要比多边会晤显得更为正式。所以除非有举行多边活动的特殊需要，通常都应当尽量少安排多边会晤。多边会晤的特殊性则主要是：由于来宾不止一方，不仅其礼宾排序较为烦琐，而且在具体进行时往往还会令主方顾此失彼、应接不暇。

第二，会见、接见与晋见。根据会晤时宾主双方具体身份的不同，可将其划分为会见、接见与晋见。

所谓会见，指的是参与会晤的宾主双方地位、身份相仿。所谓接见，指的是地位、身份较高的一方主动与地位、身份较低的一方见面。所谓晋见，又称进见，它指的则是地位、身份较低的一方主动拜会地位、身份较高的一方。

在正常情况下，外事接待中的会晤多为会见。在一般性的涉外活动中采用会见这种形式，符合对等原则。与此同时，我方往往还会安排地位、身份较高的人员接见外方来宾。在国际交往中，此种做法通常被视为主方给予来宾的一种不可或缺的礼遇。

2. 正式的介绍

在宾主双方正式会晤之初，介绍这道程序往往可以省略。所谓介绍，实际上是一种特殊的有关当事者的具体情况说明。它一般是指在人际交往中使他人了解、熟悉自己或令陌生的双方相互结识的一种做法。由此可见，介绍是人际沟通的一种常规方式，同时也是人际交往的出发点。

适用于外事接待活动中的正式介绍，主要有介绍自己、介绍他人与介绍集体三种具体形式。

第一，介绍自己。介绍自己，亦称自我介绍。其具体做法，是由本人担任介绍人，把自己介绍给别人，从而使他人了解、熟悉自己。外事人员在介绍自己时，应当注意下述五个要点：

一是主动介绍。按照惯例，一般应由地位、身份较低者首先介绍自己。在外事接待中，外事人员往往身份较低。因此，在外事接待中，外事人员应养成主动介绍自己的习惯。

二是先递名片。有可能时，应先递上本人名片，随后再作自我介绍。这样做，不仅可以使自己在介绍时省略不少内容，而且还会给人留下较深的印象。

三是时间简短。介绍自己时，务必要言简意赅、直奔主题，力求节省时间。进行自我介绍时，一般三言两语，半分钟之内即应结束。没有特殊情况，绝对不应使之长过一分钟。

四是内容真实。进行自我介绍时，所陈述的各项具体内容一定要言之有据、实事求是、诚实无欺。既不宜过分自谦，也绝对不可吹牛撒谎、欺骗他人。

五是形式正规。在正式外事接待活动中所使用的自我介绍，必须采取正规的形式。介绍的内容，通常应当包含本人的单位、供职的部门、现任的职务、完整的姓名四项具体要素。缺少其中任何一项，均不符合正规的要求。

第二，介绍他人。介绍他人，亦称第三者介绍，是指由第三者充当介绍人，为互不相识的双方进行介绍，以便使之彼此结识。介绍他人时，有以下两个要点应当重视：

一是确定介绍人。在介绍他人时，对介绍人的身份选择往往多有讲究。在一般性的外事接待中，介绍人应由东道主一方的礼宾人员、公关人员、文秘人员以及其他专门负责接待工作的人员担任。而在重要的外事接待活动中，介绍人则往往由主方或宾主双方在场人员中的身份最高者担任。在普通的社交场合，由与宾主双方都熟悉的某位人士担任介绍人通常也是可行的。

二是介绍的顺序。在外事接待中，介绍宾主双方的标准顺序是“先主后宾”，即应当先介绍主人，后介绍客人。此种做法，亦称“客人优先了解情况”。在其他情况下，介绍他人相识的顺序则讲究“尊者居后”，即介绍双方时令位置较高者居后。具体而言，介绍职务高者与职务低者相识时，应先介绍职务低者、后介绍职务高者；介绍长辈与晚辈相识时，应先介绍晚辈、后介绍长辈；介绍女士与男士相识时，则应先介绍男士、后介绍女士。

第三，介绍集体。介绍集体，又称集体介绍，它实际上属于介绍他人的一种特殊情况，指的是被介绍的一方不止一人，而是一个集体。在外事接待工作的具体实践中，介绍集体主要有下列两种基本形式：

一是单向式。当需要被介绍的双方一方是一个人，另外一方则为一个由多人所组成的集体时，通常只需要把个人介绍给集体，而不需要把集体介绍给个人。它亦称“少数服从多数”。此即所谓介绍集体的单向式。

二是双向式。所谓介绍集体的双向式，一般是指被介绍的双方均为一个由多人所组成的集体。在进行双向式集体介绍时，双方全体人员均应被一一介绍。其常规做法是：先由主方负责人出面，依照主方在场者具体地位、身份的高低，自高而低地依次对其进行介绍；然后再由客方负责人出面，依照客方在场者具体地位、身份的高低，自高而低地依次对其进行介绍。

3. 名片的使用

在普通会晤进行之初，名片的使用往往与宾主双方相互介绍次第进行。没有名片的人，往往被视为没有社会地位或没有社交活动的人。不会正确使用名片的人，则被视为没有教养的人。在外事接待过程中使用名片时，通常有如下几个要点必须为我方相关人员所注意：

第一，制作有忌。用于外事活动的个人名片通常在制作上有四个禁忌：

其一，忌使用不正确或不准确的外文。

其二，忌个人头衔过多、过滥。

其三，忌提供本人家庭住址及私宅电话，或遗漏“0086”这一中国的国家代码。

其四，忌对正式对外使用的个人名片随便涂改。

第二，递送有序。在一般情况下，讲究由地位、身份较低的一方首先把本人名片递给地位、身份较高的一方。因此，在外事接待中，应由我方人员先把本人名片递给来访的外方人士。若外方人士不止一人，则我方人员向其递送名片的具体顺序应该自尊而卑依次而行。在正式递送本人名片时，我方人员应走近对方，并双手递上正面面对对方的名片。

第三，接受有方。接受外方人士的名片时，一般应起身站立，并双手捧接。接过对方名片后，不仅需要口头道谢，而且还应当从头至尾将其基本内容默读一遍。千万不要仅用左手去接外宾的名片，更不允许接过后对其不屑一顾。

第四，有来有往。接受外方人士名片后，我方人员通常应回敬外方人士一张本人的名片，切忌“有来无往”。在一般情况下，我方人员不宜直接索取外方人士的名片。若确有必要，可首先递上一张本人名片，以求得对方“有来有往”。

第五，收存有法。接过外方人士名片之后，切忌对其把玩、折叠或乱扔、乱放。将其放入本人名片夹或上衣口袋内，才是正规的做法。还应注意，因外方人士的名片有时涉及其个人隐私，因此切勿将其借与外人使用，或对外进行公布。

4. 座次的排列

在正式的涉外会晤中，宾主之间都非常重视座次排列，主人一方则更是应对来宾讲究“坐，请坐，请上坐”。在正常情况下，适用于会晤外方来宾的座次排列主要有以下五种具体形式：

第一，相对式。相对式排座，在此是指宾主双方面对面就座。此种方式显得主次分明，往往便于宾主双方公事公办，以保持适当的距离。它多适用于公务性会晤，具体又分为下述两种情况：

其一，以正门为准，即双方就座后，一方面对正门，另一方则背对正门。此时讲究“面门为上”，即面对正门之座为上座，应请来宾就座；背对正门之座为下座，则宜由主人就座。

其二，居室内两侧，即双方就座于室内两侧，并面对面地就座。此时讲究进门后“以右为上”，即进门时以右侧之座为上座，应请来宾就座；左侧之座则为下座，宜由主人就座。若宾主双方不止一人，其大致情形也是如此。

第二，并列式。并列式排座，是指宾主双方并排就座，以暗示彼此双方“平起平坐”、地位相仿、关系密切。它多适用于礼节性会晤，大体上又分为以下两种情况：

其一，双方一同面门而坐。此时讲究就座后静态的“以右为上”，即主人宜请来宾就座于自己的右侧。若双方人员不止一名时，其他人员则可各自分别在主人或主宾一侧，按其地位、身份的高低依次就座。

其二，双方一同在室内的右侧或左侧就座。此时讲究“以远为上”，或“内侧高于外侧”，即应以距门较远之座为上座，将其让给来宾；以距门较近之座为下座，宜将其留给主人。

第三，居中式。居中式排座，实际上属于并列式排座的一种特例。它是指当多人一起并排就座时，讲究“居中为上”，即应以中央的位置为上座，请来宾就座。以其两侧的位置为下座，宜由主方人员就座。

第四，主席式。主席式排座，通常是指主方在同一时间、同一地点正式会见两方或两方以上的来宾。此时一般应由主人面对正门而坐，其他各方来宾则在其对面背门而坐。此种排座方式，犹如主人正在以主席的身份主持会议，故被称为主席式。有时，主人亦可坐在长桌或椭圆桌的尽头，而请其他来宾就座于其两侧。

第五，自由式。自由式排座，此处是指进行具体会晤时不进行任何正式的座次排列，宾主各方的全体人员一律自由择座。它多适用于各类非正式会晤，或者正式举行的多边性会晤。

二、正式合影

在外事接待过程中，正式举行会晤的宾主双方通常都会在一起合影以作纪念。因此，合影这一环节亦应为有关人员所重视。

所谓合影，一般是指若干相关人员集合在一起，拍摄供纪念所用的照片。由此可见，合影尤其是外事活动中的合影，绝非一般意义上的拍照。外事活动中的合影，特别是宾主双方正式会晤时的合影，通常应注意下列两个方面的问题：

1. 准备充分

凡是正式安排的合影，均应由有关人员提前做好必要而充分的准备。在具体进行合影准备工作时，必须对以下六个细节加以注意：

第一，主随客便。在进行合影之前，主方应先征得来宾首肯，切勿勉强对方。一些外方人士出于宗教或其他个人方面的原因，往往忌讳摄影、摄像，故此他们对合影往往会有抵触心理。

第二，确定时间。若多人一起合影，一定要规定具体时间，并通报合影的全体参加者。此外，还应要求大家遵守时间、准时到场。

第三，布置场地。在合影前，一定要提前选定场地并认真进行布置。不仅要注意场地是否大小适中，而且还要提前将合影主要参加者的具体位次安排好。

第四，备好器材。拍摄合影时所需的一切器材，均应提前备齐、备好、备足。千万不要因为准备不足而影响到合影的效果。

第五，提供照片。在合影结束之后，主方应负责向合影的全体参加者主动提供照片，并要确保每人都能有一张。

第六，忌做他用。在外事活动中拍摄的合影，一般只宜用作纪念或资料，通常不宜将其使用于商业活动。如果需要将其公开发表，应经过上级有关部门批准，切勿先斩后奏。

2. 排位合理

在外事活动中拍摄合影时，有时需要排定具体位次，有时则不必。在正式场合所拍摄的合影，一般应进行排位。至于在非正式场合所拍摄的合影，则既可以进行排位，也可以不进行排位。

如有必要排列合影参加者的具体位次，应当注意以下七点：一是场地大小；二是人数多少；三是背景陈设；四是光线强弱；五是具体身份；六是高矮胖瘦；七是方便拍摄。

在一般情况下，正式合影的总人数宜少而不宜多。在合影之时，所有的参与者皆应站立。必要时，可以安排前排人员就座，后排人员则可在其身后呈梯级状站立。按照常规，在外事活动中所拍摄的正式合影，不宜要求其参加者以蹲姿参与拍摄。若有必要，可先期在合影现场摆设名签，以便参加者准确无误地各就各位。

在安排合影的具体位次时，关键是要注意以下两点：

第一，了解国内合影的排位习惯。国内的合影一般讲究“居前为上”、“居中为上”、“以左为上”。具体而言，它又有“人数为单”与“人数为双”的区别。在合影时，国内传统的习惯做法通常是主方居右，客方居左。

第二，遵守涉外合影的排位惯例。在外事活动中拍摄合影时，排位应遵守国际惯例，讲究“以右为上”，即届时令主人居中、主宾居右，其他人员则按主左、宾右为准依次在其两侧排开。

第六节　谈判签字

在国际交往中，外事人员经常因其工作需要，代表国家、单位与外方人士进行正式的接洽商谈，就某些彼此所关心的实质性问题深入地进行讨论，以便更好地维护自身的实际利益，并就某些方面的问题达成共识。凡属较为正式的工作性洽商，一般都被称为谈判。

若有关各方对谈判中所达成的共识均十分重视，并期望其尽早付诸实施，那么谈判的有关各方通常都会尽力促使所取得的重大成果固定化、系统化、文字化，形成正式的条约、协议、合同。为了提升其重要性，在正式的条约、协议、合同形成后，按惯例还要举行正规的签署仪式。此种仪式，一般叫作签字仪式，简称签字。

由此可见，谈判与签字在国际交往中往往密切相关。但在其具体的礼仪操作上，它们则又各有一些特殊的要求。

一、涉外谈判

所谓谈判，又叫会谈，它是指有关各方为了各自的利益而进行的有组织、有准备的正式协商或讨论。其目的是互谅互让、求同存异，以求最终达成某种协议。

从实践上看，涉外谈判并非人与人之间的一般性交谈，而是有关各方有备而来、方针既定、目标明确、志在必得，并注重其技巧性与策略性。虽然谈判讲究的是理智、利益、技巧和策略，但这并不意味着它绝对排斥人的思想、情感在谈判中所起的作用。事实上，在任何谈判中，相关礼仪的具体运用一向都颇受重视。其根本原因在于，在谈判中以礼待人，不仅可以体现出自身的教养与素质，而且还会对谈判对手的思想、情感产生一定程度的影响。

一般而言，谈判礼仪具体涉及谈判的地点、谈判的座次、谈判的表现三个方面。

1. 谈判的地点

在正式的涉外谈判中，对具体谈判地点的确定很有讲究。因为它直接关系到谈判的最终结果，并直接涉及礼仪的应用。具体而言，它又与谈判的分类、操作的细则两个问题有关。

第一，谈判的分类。假如按照谈判地点的不同来进行划分，则涉外谈判可分为以下四类：

其一，主座谈判。所谓主座谈判，此处是指在东道主单位所在地举行的谈判。通常认为，此种谈判往往使东道主一方拥有较大的主动性。

其二，客座谈判。所谓客座谈判，此处是指在谈判对象单位所在地所举行的谈判。一般来说，这种谈判显然会使谈判对象占尽地主之利。

其三，主客座谈判。所谓主客座谈判，此处是指在谈判双方单位所在地轮流举行的谈判。此种谈判，对谈判双方都比较公正。

其四，第三地谈判。所谓第三地谈判，此处是指谈判在不属于谈判双方单位所在地之外的第三地点进行。这种谈判较主客座谈判更为公平，更少干扰。

显而易见，上述四类谈判对谈判双方的利与弊往往不尽相同，因此各方均会主动争取有利于己方的选择。

第二，操作的细则。对参加谈判的每一方来说，确定谈判的具体地点都可谓事关重大。从礼仪上来讲，在确定谈判的地点时，有以下两个方面的问题必须为有关各方所重视。

其一，谈判地点。在讨论、选择谈判地点时，既不应该对对手听之任之，也不应当固执己见。正确的做法，是应由各方各抒己见，最后再由大家协商确定。

其二，现场布置。如果在谈判中身为东道主，就应自觉地做好谈判现场的布置工作，以尽地主之责。

2. 谈判的座次

在举行正式的涉外谈判时，对有关各方在谈判现场具体就座的位次要求非常严格，其礼仪性也很强。从总体上讲，排列正式谈判的座次可以分为下述两种情况：

第一，双边谈判。双边谈判，在此是指由两个方面的人士所举行的谈判。在一般性的谈判中，双边谈判最为多见。

双边谈判的座次排列，主要有如下两种具体形式可供选择：

其一，横桌式。横桌式的座次排列，是指谈判桌在谈判室内横放，客方人员面门而坐，主方人员背门而坐。除双方主谈者居中就座外，各方的其他人士应依其具体身份高低，按照先右后左、自高而低的顺序分别在己方一侧就座。双方主谈者的右侧之位，在国内谈判中可坐副手，在涉外谈判中则应由译员就座。

其二，竖桌式。竖桌式的座次排列，是指谈判桌在谈判室内竖放。具体排位时，以进门时的方向为准，右侧由客方人士就座，左侧由主方人士就座。在其他方面，则与横桌式座次排列相仿。

第二，多边谈判。多边谈判，在此是指由三方或三方以上人士所举行的谈判。多边谈判的座次排列，也可分为以下两种具体形式。

其一，自由式。所谓自由式座次排列，即各方人士在谈判时自由就座，无须事先正式安排座次。

其二，主席式。所谓主席式座次排列，在此是指在谈判室内面向正门设置一个主席之位，由各方代表发言时使用。其他各方人士，则一律背对正门、面对主席之位分别就座。各方代表发言后，须下台就座。

按照惯例，在双边谈判中应设置姓名签，在多边谈判中则大多不需要设置姓名签。需要设置姓名签时，应保证在座者每人一个，没有遗漏。姓名签应以印刷体打印，同时采用本国与外方两种文字。通常应以本国文字面对自己，而以外方文字面对对方。

3. 谈判的表现

在举行正式的涉外谈判时，谈判者尤其是主谈者的临场表现，往往直接影响到谈判的现场气氛。一般认为，谈判者的临场表现中最为关键的是讲究打扮、保持风度、礼待对手三个方面。

第一，讲究打扮。在参加谈判时，有关人员一定要对自己的穿着打扮有所讲究。此举并非是为了招摇过市，而是为了表示自己对谈判高度重视。对参与涉外谈判的有关人员而言，讲究其打扮的具体要求有三：

其一，修饰仪表。参加谈判前，应认真修饰个人仪表，尤其是要选择端庄、雅致的发型。一般不宜染彩色发。男士通常还应当剃须。

其二，精心化妆。在出席正式谈判时，女士通常应当认真进行化妆。但是，谈判时女士的化妆应该淡雅清新、自然大方，切不可浓妆艳抹。

其三，规范着装。我方人员在参加正式谈判时的着装，应当简约、庄重，切不可“摩登前卫”、标新立异。一般而言，选择深色套装或套裙、白色衬衫并配以黑色制式皮鞋才是最正规的。

第二，保持风度。在整个谈判进行期间，每一位谈判者都应当注意保持风度。具体来说，在谈判桌上保持风度，主要应当兼顾以下两个方面：

其一，心平气和。在谈判桌前，每一位希望成功的谈判者均应做到心平气和、处变不惊、不急不躁、冷静处事。既不可成心惹谈判对手生气，也不可自己去找气生。在谈判中始终保持心平气和，是任何高明的谈判者都应当保持的风度。

其二，争取双赢。谈判往往是一种利益之争，因此谈判各方无不希望在谈判中最大限度地维护或者争取自身的利益。然而从本质上来讲，真正成功的谈判往往以相互妥协，即有关各方的相互让步为结局。也就是说，谈判不应以“你死我活”为目标，而应使有关各方互利互惠、各有所得，实现双赢。在谈判中，只注意争利而不懂得适当地让利于人，只顾实现己方目标而指望对方一无所得，既没有风度，也不会真正赢得谈判。

第三，礼待对手。在谈判期间，我方人员一定要礼待自己的谈判对手。具体来讲，在此方面主要需要注意人事分开与讲究礼貌两点。

其一，人事分开。在谈判中，必须明白与对手之间是“两国交兵，各为其主”。指望谈判对手对自己手下留情，甚至“里通外国”，不是自欺欺人，便是白日做梦。因此，要正确地处理己方人员与谈判对手之间的关系，要做到人与事分别而论。换言之，大家谈判归谈判，朋友归朋友。在谈判之外，对手可以成为朋友。在谈判桌前，朋友也会成为对手。二者不能混为一谈。

其二，讲究礼貌。在涉外谈判过程中，我方人员不论身处顺境还是逆境，都切不可意气用事、举止粗鲁、表情冷漠、语言放肆，不可不尊重谈判对手。不论在什么情况下，谈判者都应该待人谦和、彬彬有礼，自始至终地对谈判对手友善相待。即使与对方存在严重的利益之争，也切莫对对方采取恶语相加、讽刺挖苦等人身攻击行为，不尊重对方的人格。

二、签字仪式

在国际交往中，举行签字仪式，不仅是将谈判成果公开化、固定化，而且也是有关各方对自己履行合同、协议所作出的一种正式承诺。

1. 位次排列

从礼仪上来讲，举行签字仪式时，在力所能及的条件下一定要郑重其事。其中，最引人注目的当属举行签字仪式时的座次排列方式。

一般而言，举行签字仪式时座次排列的具体方式共有以下三种，它们分别适用于不同的具体情况。

第一，并列式。并列式排位，是举行双边签字仪式最常见的形式。其基本做法是：签字桌在室内横放。双方出席仪式的全体人员在签字桌后面并排排列，双方签字人员居中面门而坐，客方居右，主方居左。

第二，相对式。相对式排位与并列式排位基本相同，二者之间的主要差别是：相对式排位将双边参加签字仪式的随员移至签字人的对面。

第三，主席式。主席式排位，主要适用于多边签字仪式。其操作上的特点是：签字桌仍须在室内横放，签字席仍须设在桌后面对正门，但只设一个，并且不固定其就座者。举行仪式时，所有各方人员包括签字人在内，皆应背对正门、面向签字席就座。签字时，签字人应以规定的先后顺序依次走上签字席就座签字，签完后即应退回原处就座。

2. 基本程序

在具体举行签字仪式时，我方人员可以依据下述基本程序进行操作：

第一，宣布开始。此时，有关各方人员应先后步入签字厅，并在既定的位置上就位。

第二，签署文件。通常的做法是，首先签署应由己方所保存的文本，然后再签署应由他方所保存的文本。

依照国际惯例，每一位签字人在己方所保留的文本上签字时，均应当名列首位。因此，每一位签字人均须首先签署将由己方所保存的文本，然后再交由他方签字人签署。此种做法，通常被称为“轮换制”。其含义是：在文本签名的具体排列顺序上，应轮流使有关各方均有机会居于首位一次，以示各方完全平等。

第三，交换文本。各方签字人此时应热烈握手，互致祝贺，并互换方才自己所用过的签字笔以作纪念。全场人员应热烈鼓掌，表示祝贺。

第四，饮酒庆贺。有关各方人员一般应在交换文本后当场饮上一杯香槟酒，并与其他方面的人士一一干杯。这是国际上所通行的增加仪式喜庆色彩的一种常规性做法。

第七节　翻译陪同

在国际交往中，翻译与陪同工作是必不可少的组成部分。尽管此项工作在客观上属于辅助性工作，但它却在外事接待中发挥着举足轻重的作用。如果将外事接待视为一个“人”的话，那么则可以将翻译工作比作“耳朵”与“嘴巴”，将陪同工作比作“手”与“足”。显而易见，离开了充当“耳朵”与“嘴巴”的翻译工作，或是充当“手”与“足”的陪同工作，外事接待将是不完整的。

要在外事接待过程中做好翻译与陪同工作，既要充分注意二者之间的不同要求，又要认真掌握与之相关的礼仪规范，并且一丝不苟地予以遵守。

一、涉外翻译

在国际交往中，翻译的确切称呼应是涉外翻译，其含义是在国际交往中将一种语言文字的意思用另外一种语言文字表达出来。

众所周知，目前世界上有近 200 个国家，2 000 多个民族，所使用的语言文字多达三四千种。一个不容回避的客观现实是：语言文字相同的国家、地区、民族，相互之间可以直接进行交流。但语言文字不同的国家、地区、民族，相互之间要进行交流、往来，就必须借助于翻译。

在国际交往中，我方人员必然要同外方人士进行口头或书面的对话。若双方语言文字相通，就可以直接交流彼此的想法和看法。若双方语言文字不通，则必须借助于翻译。由此可见，翻译工作在国际交往中发挥着双向转换语言文字、消除交往障碍、传递双方信息的重要作用。

就礼仪规范而言，要做好翻译工作，必须在提高自身素质与注重临场发挥两个方面多下功夫。

1. 提高自身素质

在国际交往中，每一名翻译都既是专职翻译，又是从事翻译工作的外事人员。此种特殊的双重身份，要求翻译不仅需要具备专业人员的基本素质，而且还需要具备外事工作者的基本素质。具体而言，对政治坚定、业务过硬、准备充分、知识面宽四个方面的要求，每一名尽职尽责的翻译都要努力做到。

第一，政治坚定。在国际交往中，每一名翻译都必须具有坚定正确的政治立场。如果做不到这一点，便难以成为一名称职的翻译。对从事翻译工作的外事人员而言，政治坚定具体应当体现于下述三个方面：

其一，站稳立场。在具体工作中，我国的每一位翻译都必须忠于祖国、忠于人民、忠于政府。与此同时，还必须热爱党、热爱社会主义，并维护本国、本单位的利益。这一原则立场，在任何情况下都绝对不可动摇。

其二，掌握政策。对于我国党和政府的路线、方针、政策，尤其是有关我国外交、外事的政策，翻译人员不仅要及时了解、认真学习，而且还应当深入体会、全面理解、切实执行。

其三，提高警惕。在从事翻译工作的具体过程中，翻译一定要遵守涉外纪律，严守涉外机密，保持高度的政治敏感性。不论在任何情况下，都不得将我方内部情况向外方人士随意泄露。

第二，业务过硬。做好翻译工作，业务过硬是自不待言的。业务过硬，在此主要是指翻译必须要精通语言文字、达到专业标准，并讲究职业道德。

其一，精通语言文字。要想做一名合格的翻译，首先必须具有深厚的语言文字功底。具体来讲：一是翻译至少应当精通一门外语，并且最好还能够再掌握第二门、第三门外语。二是翻译必须拥有较高的本国语言文字修养，不但要精通现代汉语，而且还应该精通古代汉语。三是翻译还应掌握一定的翻译技巧。

其二，达到专业标准。早在 1896 年，我国近代著名翻译家严复就提出了翻译的三条专业化标准："信、达、雅。"所谓"信"，意即忠于原文，翻译准确。所谓"达"，意即译文通顺，翻译流畅。所谓"雅"，则意即语言典雅，翻译优美。直到今天，这三条标准仍然对翻译工作起着指导作用。这里有必要强调的一点是，在翻译工作中必须将"信"置于首位，同时对"达、雅"予以兼顾。

其三，讲究职业道德。作为一名翻译必须严格遵守职业道德，对下述五点尤须特别注意：一是不得忘记身份、喧宾夺主；二是不得任意删改、偷工减料；三是不得滥竽充数、不懂装懂；四是不得随心所欲、篡改原话；五是不得生编滥造、无中生有。

第三，准备充分。要做好翻译工作，事先做好必要的准备乃是一个重要的步骤。在一般情况下，准备工作做得越好，完成翻译任务的把握就越大。对口译工作而言，情况则更是如此。

翻译，特别是口译，准备工作的具体范围甚广。在通常情况下，它主要包括下述五个要点：

其一，明确具体任务。在翻译工作开始之前，应对具体的翻译任务加以明确。有可能的话，还应当对翻译的基本内容、服务的主要对象以及工作的具体时间、地点予以明确。

其二，了解相关环节。在遵守有关规定的前提下，翻译人员应当对本人工作的基本环节有所了解，以便为每项具体环节所有可能涉及的内容或问题提前做好翻译上的准备。

其三，熟悉有关背景。对翻译对象的有关背景，例如，其个人特点、双边关系、我方意图、近期大事、国内外政治与经济发展的新动向或新问题等，都应当尽可能地予以熟悉。

其四，适应现场环境。如果条件允许，翻译人员应当提前到达工作现场，以便对有关工具、设备进行调试或者试用，并做好其他有关的临场准备工作。

其五，掌握语言特点。对于有关人员的写作特点，有关人员的口音特征，有关语言文字在翻译方面的主要疑难之处，翻译人员亦应尽量加以掌握。

第四，知识面宽。任何一名称职的翻译人员都必须具有丰富的职业知识与社会知识。唯其如此，才能使自己在具体工作中得心应手、游刃有余。其中下述四点尤须重视。

其一，学习国学知识。从事翻译工作，一定要具备有关中国传统文化的系统知识。对有关的名著、典章、制度、人物、谚语、习俗等，都应当努力学习掌握，加强积累。

其二，掌握国际知识。从事翻译工作，还必须努力学习与本职工作有关的国际知识，以便了解相关交往对象，开阔视野，提高翻译工作水平。

其三，精通涉外知识。对于与外事工作有关的一切知识，翻译人员均要认真学习，以便精益求精，更好地担负起翻译工作的重任。

其四，了解当今时事。对当今时事政治，国内外大事，翻译人员均应了如指掌，并能够迅速地判明其是非曲直。

2. 注重临场发挥

在许多情况下，翻译的临场表现都会起到十分重要的作用。在从事翻译工作的具体过程中，每一名翻译人员都既要认真遵守具体的工作规则，又要注意临场发挥。若临场表现不佳，则往往会导致重大失误。

下面，将分别介绍我方口译人员与笔译人员在具体的翻译过程中所应注意的有关事项。

第一，口译人员的注意事项。口译，又称口头翻译。它是指在外事活动中，由译员对我方人员与外方人士的交谈、讨论或者发言，在现场即席进行口头翻译，因为它是一种现场翻译，故口译的临场表现也就显得十分关键。

具体来看，口译主要分为如下两种：在中外双方进行交谈、讨论时，它通常表现为交替传译。当一方人员在国际会议上发言时，它则往往表现为同声传译。

从总体上讲，做好口译工作主要应注意下述几点：

其一，端正个人态度。在现场翻译的具体过程中，口译人员应始终保持热情、友好、愉快、诚恳、谨慎的态度。既要旗帜鲜明地维护国家荣誉、捍卫自身利益，又要令外方人士真切地体验到我方的友善与诚意。

其二，始终全神贯注。在工作岗位上，口译人员必须聚精会神、恪尽职守。要确保翻译内容忠实、准确，不改变其内容、本意，不得擅自对其进行增减，或者在其中掺杂个人意见。要对有关人员的谈话、发言要点做好笔记。不要主动与外方人士交谈、询问或为其解答问题。遇有未听清的地方，应提出或问明。在翻译确有困难时，应告之谈话人或发言人，不要主观臆断、不懂装懂、以讹传讹。对我方谈话人、发言人所具体表述的内容如有意见，可向其提出，请其三思，但必须以其见解为最终见解。

其三，坚持有主有次。在现场翻译过程中，维护我方利益的具体要求之一，就是要尊重我方在场的负责人员，并严格服从其领导。在正式会谈、谈判中，除我方主谈人及其指定发言者之外，对我方其他人员的插话、发言，只有在征得主谈人同意后才可以进行翻译。在工作中，若外方人士问及译员个人问题时，应适时地告之当时在场的我方负责人，并请其定夺答复与否。在这一点上，既要克服个人的无组织作风或虚荣心理，又要注意灵活掌握，以免令外方人士产生错觉。

其四，待人有礼有度。在接触外方人士时，口译人员既要讲究礼仪，更要注意分寸；既要防止机械、生硬，更要防止崇洋媚外。对对方所提出的一切要求，均应及时报告上级，切忌擅自允诺或拒绝。当我方不能满足外方要求时，可以转述我方负责人的意见，并做出合乎情理的解释。若外方人士发表了不正确的言论，应据实全部报告我方负责人。若对方单独向译员发表了错误见解，在对方不了解具体情况或并无恶意的前提下，可以实事求是地对其作出说明。若对方确有恶意，则应坚持正确立场，义正词严地阐明我方态度。本人若存在一定难处，也可暂不作答，而迅速报请上级处置。

第二，笔译人员的注意事项。笔译，亦称书面翻译。与口译相比，笔译的不同之处，在于它以书面译文为成果，因此往往要求翻译工作更为正确、严谨、地道。尽管笔译人员在外事活动中通常居于幕后，但其重要程度并未因此而降低。

要做好笔译工作，一般需要对如下三点予以注意：

其一，文字标准。在正常情况下，笔译人员应将所接触的书面文字译为交往对象正式使用的文字，或者是中外双方经过协议所指定的其他正式文字。但不论具体使用何种文字，均应令其标准无误。

其二，忠于原文。在翻译过程中，笔译人员必须一丝不苟地忠实于原文、忠实于本意。为此，必须反复推敲、用词严谨。切勿随意转译、无中生有，或者肆意删减。在翻译重要文件、资料时，尤须注意此点。

其三，集思广益。在笔译过程中，如果自己遇到难题，例如，对字、词、句的本意难以把握时，应当不耻下问、虚心地向他人求教，以求集思广益。若他人为此求教于自己，则亦应鼎力相助。

二、涉外陪同

在外事接待活动中，我方人员经常需要陪同外方人士。除一些人员是暂时从事此项工作外，还有一些人员则以此项工作为专职。不论临时从事涉外陪同工作，还是专职从事涉外陪同工作，都要对其高度重视，并掌握相关的礼仪规范。

一般而言，在外事接待活动中，我方人员在陪同外方来宾时应注意下述两个问题：

1. 严于律己

在外事接待中，我方陪同人员往往需要与外方来宾长时间相处。在外方人士眼里，我方陪同人员的个人形象往往代表着我方全体人员，乃至我方单位、地区、民族、国家的形象。有鉴于此，我方陪同人员在工作岗位上，必须注意严于律己。

第一，谨慎从事。外事接待工作是体现我国外交方针、外交政策的一项重要工作，而涉外陪同又是其重要组成部分。因此每一名陪同人员都绝对不可对自己的工作掉以轻心，麻痹大意，而是应当对其高度重视，并谨慎从事。

第二，服从领导。不论集体活动还是单独与外方人士相处，我方陪同人员都必须遵守有关纪律，严格执行请求报告制度，并服从上级领导。在工作中，要按照政策办事，服从国家与集体利益，切勿掺杂个人兴趣或感情。

第三，少说多听。所罗门说过：聪明的人嘴在心里，愚蠢的人心在嘴上。少说多听是对外事人员的普遍性要求，但它对陪同人员来讲，往往更具有现实意义。为了防止喧宾夺主、言多语失，陪同人员与外方人士相处时一定要谨言慎行。既要事事争取慢说，又绝对不宜胡说、瞎说、乱说。在一般情况下，应该尽可能地避免发表不必要的个人意见。

第四，计划周全。在陪同外方人士外出或参加重要活动时，一定要布置周密，提前制定工作计划。对可能出现的情况与问题要估计充分，对对方可能提出的要求要做到心中有数。与此同时，还要采取必要的安全措施保证外方人士的安全，避免发生令人遗憾的意外事件。

第五，务必保密。平时，陪同人员应加强个人的政治、时事、业务学习，认真掌握有关涉外保密工作的具体规定。在与外方人士共处时，要做到口头保密与书面保密并重。切勿在外方人士面前议论内部问题，一般也不要与外方讨论双方不宜讨论的问题。有关内部情况的文件、资料、笔记、日记乃至笔记本电脑，非因公所需尽量不要随身携带，更不要交予他人看管或直接借给他人。

第六，私交适度。陪同人员在与外方人士共处时，必须不卑不亢，与之保持适当的距离。一方面，在生活上要主动关心、照顾对方，努力满足对方的一切合理要求。另一方面，则要维护自己的国格、人格，切不可在私交上与外方人士不分彼此。既不要借工作之便与外方讨价还价、提出不合理要求、索取财物，或在其他方面随意求助于外方，也不要对外方的一切要求不加任何区分地有求必应。

2. 掌握技巧

在陪同外方来宾的具体过程中，我方人员不但要具有高度的责任心，而且还应掌握一定的陪同技巧。在相互介绍、道路行进、上下车船、出入电梯、通过房门、就座离座、提供餐饮、日常安排、业余活动等方面，都应自觉地遵守相应的礼仪规范。

第一，相互介绍。在初次见到外方人士时，陪同人员应当首先将自己介绍给对方，并递上本人名片。在必要时，陪同人员还须相机将自己再次介绍给自己的陪同对象，免得对方忘记自己。

如果需要由陪同人员出面介绍中外双方人士或宾主双方人士时，我国的习惯做法是：先介绍中方人士，后介绍外方人士；先介绍主方人士，后介绍客方人士；先介绍地位低者，后介绍地位高者。

第二，道路行进。在路上行进时，礼仪上的位次排列可以分为下述两种：

其一，并排行进。并排行进时，讲究“以右为上”，或“居中为上”。由此可见，陪同人员应当主动在并排行走时走在外侧或两侧，而由被陪同对象走在内侧或中央。

其二，单行行进。单行行进时，讲究“居前为上”，即应请被陪同对象行进在前。但若被陪同对象不认识道路，或道路状态不佳，则应当由陪同人员在左前方引导。引导者在引路时应侧身面向被引导者，并在必要时提醒对方“脚下留神”。

第三，上下车船。在乘坐轿车、火车、轮船、飞机时，其上下的具体顺序亦颇有讲究：

其一，上下轿车。上下轿车时，通常应当请被陪同者首先上车，最后下车；而陪同人员则应当最后上车，首先下车。不过，在具体执行时应以方便来宾为宜。

其二，上下火车。乘坐火车时，一般应由被陪同者首先上车，首先下车，陪同人员应当居后。不过在必要时亦可由陪同人员先行一步，以便为被陪同者引导或开路。

其三，上下轮船。上下轮船时的顺序，通常与上下火车相同。不过若其舷梯较为陡峭时，则应由被陪同者先上后下，陪同人员后上先下。

其四，上下飞机。上下飞机的讲究，与上下火车的讲究基本相同。

第四，出入电梯。进入电梯时，陪同人员理当稍候被陪同者。具体而言，进入无人值守的电梯时，陪同者应当首先进入，并负责开动电梯。进入有人值守的电梯时，陪同者则应当最后入内。离开电梯时，陪同者一般应当最后一个离开。不过若是自己堵在门口，首先出去亦不为失礼。

第五，通过房门。在通过房门时，陪同人员通常应当负责开门或关门。具体而言：

其一，进入房间时。若门向外开，陪同人员应首先拉开房门，然后请被陪同者入内。若门向内开，则陪同人员应首先推开房门，进入房内，然后请被陪同者进入。

其二，离开房间时。若门向外开，陪同人员应首先出门，然后请被陪同者离开房间。若门向内开，陪同人员则应当在房内将门拉开，然后请被陪同者首先离开房间。

第六，就座离座。就座与离座的先后顺序，在礼仪上早就有所规定。其具体要求有以下两点：

其一，同时就座或离座。若陪同者与被陪同者身份相似，则双方可以同时就座或同时离座，以示关系平等。

其二，先后就座或离座。若被陪同者的身份高于陪同者时，一般应当请前者首先就座或离座，以示尊重对方。

第七，提供餐饮。在提供餐饮时，陪同者与被陪同者所受到的具体礼遇往往会存在不同：

其一，零点餐饮时。单独点菜或点饮料时，按惯例陪同者应当请被陪同者首先来点。陪同者负责点菜、点饮料时，亦应认真征求被陪同者的意见，而切忌包办代替。

其二，供应餐饮时。在上菜或者上酒水时，标准的顺序应当是：为被陪同者先上，然后再为陪同者上。

第八，日常安排。一般而言，外方来宾的具体活动日程早已排定，陪同人员无权对其加以变更。若外方人士要求变更活动安排，陪同人员不宜擅自做主，而是应当及时向上级报告，并执行上级的决定。

若陪同人员发现对被陪同者的活动安排的确存在不足之处，可以向有关方面进行反映，但不宜直接与被陪同者就此问题进行沟通，更不宜在对方面前随意发表个人意见。

第九，业余活动。在正常情况下，我方所接待的外方来宾，在其工作之余在遵守我国法律的前提下可以进行自由活动。在必要时，我方陪同人员还可以为其提供方便。

若外方人士要求陪同人员为其业余活动提供建议时，陪同人员既要抱着热情、主动、积极的态度，同时也要具体考虑我方的有关规定、现场的治安状况以及活动的具体内容是否健康、合法、安全、方便。

若外方人士要求陪同人员为其业余活动提供方便时，陪同人员既要力求满足对方的合理请求，又要善于拒绝对方的不合理请求。但无论如何，都不允许陪同人员协助外方人士在华从事违法犯罪的活动。

第八节　交通往来

在国际交往中，不论我方所接待的外方人士来自何处，都存在着其交通往来的问题。交通，一般就是指人们平时的通达往来。对外事接待工作而言，交通往来主要是指外方人士在其出入境时与其在华居留期间对常规交通工具的使用。

从总体上讲，我方人员在考虑外事接待过程中外宾的交通往来问题时，对下述三项基本规则必须严格地加以遵守。

第一，维护主权。世界上任何一个主权国家，都不会听任外国人在本国国境内“我行我素”。为了维护国家主权，各国都会对外方来宾在本国境内的交通往来有所规定。

第二，安全至上。有道是“走马行车三分险”。对来自异国他乡而又不熟悉我国交通状况的外方人士而言，交通则更是增添了“险”的成分，所以必须自始至终在外宾的交通往来问题上坚持“安全第一”。

第三，方便来宾。在维护国家主权、坚持“安全第一”的同时，我方在正式接待外方来宾时，应当在交通往来问题上尽量地方便对方。

具体来讲，我方人员在考虑外事接待过程中外宾的交通往来问题时，主要应当重视外方人士的手续是否合法与交通工具的安排是否周到两大事项。

一、手续合法

按照国际惯例，任何外方来宾在我国境内行动时都应拥有合法手续。这一问题，主要又涉及外方身份是否合法与外方的交通工具是否合法两个具体方面。

1. 外方身份必须合法

在任何情况下，如果我方所接待的外方人士不具备在华的合法身份，那么我方就根本不应当接待对方，更不要说给予对方在华期间的交通自由了。

具体来说，外方人士在华期间身份合法与否的问题，主要是指外国人入境、出境是否合法，外国人在华旅游是否合法，以及外国人在华居留是否合法。

第一，外国人在中国入境、出境、过境必须合法。我国现行的主要有关规定有：

其一，外国人入境、出境、过境，必须经中国政府主管机关许可，必须从对外国人开放的或者指定的口岸通行，并接受边防检查机关的检查。

其二，外国人入境，应当向中国的外交代表机关、领事机关或者外交部授权的其他驻外机关申请办理签证。在特定情况下，依照国务院规定，外国人也可以向中国主管机关指定口岸的签证机关申请办理签证。持联程客票搭乘国际航班直接过境，在中国停留不超过24 小时并且不出机场的外国人，可以免办签证。要求临时离开机场的外国人，则需要经过边防检查机关批准。

其三，外国人在申请各项签证时，应当提供其有效护照，并在必要时提供有关证明。

其四，应聘或者受雇来中国工作的外国人，在申请签证时应持有应聘或受雇证明。

其五，来中国定居的外国人，在申请签证时应当持有定居身份确认表。定居身份确认表，通常应由申请人向申请定居地的公安机关申请领取。

其六，中国政府主管机关根据外国人申请入境的事由，发给其相应的签证。

其七，按照国际惯例，从境外的航空器或者船舶抵达中国口岸时，机长、船长或者其代理人必须向边防检查机关提交旅客名单，外国的飞机、船舶还必须提供机组、船员的名单。

其八，被确认入境后可能危害中国国家安全、社会秩序的外国人，不准其入境。

其九，外国人出境，必须凭本人有效护照或者其他有效证件。

其十，有下列情形之一的外国人不准离开我国国境：刑事案件的被告人和公安机关或者人民检察院或者人民法院认定的犯罪嫌疑人；人民法院通知有未了结民事案件者；有其他违反中国法律的行为尚未处理，经有关主管机关认定需要追究者。

其十一，有下列情形之一的外国人，边防检查机关有权阻止其出境并依法进行处理：持用无效出境证件者；持用他人出境证件者；持用仿造或涂改过的出境证件者。

第二，外国人在华旅游必须合法。我国欢迎外国人以私人身份来华旅游观光，但是来华旅游观光的外国人必须办理合法手续。

外国人来华旅游，一般均由中国国际旅行总社驻外办事机构办理旅游手续，然后根据国内旅游的有关规定分别组成旅游团前来我国观光游览。

除上述纳入旅游接待计划的外国旅游团体外，还有一些未纳入计划的临时自费来我国各地旅游的外国人。他们亦须办理有关手续。

目前，外国人只要持有有效的签证或居留证件，就可前往中国政府规定的对外国人开放的地区旅行。

外国人若希望前往目前尚不对外国人开放的市、县旅行，必须事先向所在市、县公安局申请旅行证。获准之后，方可前往该地区。

外国人在华申请旅行证时，必须履行下述规定手续：一是交验护照或居留证件；二是提供与旅行事由有关的证明；三是填写旅行申请表。

外国人旅行证的有效期为一年，但不得超过其所持有的签证或居留证件的有效期。在旅行证到期后，外国人如要求延长其有效期、增加不对外国人开放的旅行地点或偕行的人数，必须向公安局申请延期或变更。

按照国际惯例，外轮上的外国旅客在外轮停泊我国港口期间，可申请临时登陆参观游览，但届时必须填写每人一份的《外国旅客登陆申请表》。此手续可由当地外轮代理公司或中国国际旅行总社的办事机构代为办理。经公安部门同意登陆者，由当地公安局在对方的《外国旅客登陆申请表》的核准机关项内加盖“准予登陆”的签证章与刻有我国国徽的公章。

外国旅客可以凭该申请表申请登陆，并在港口城市的市辖区内参观游览。外国旅客在返船时须向边防检查机关缴销此申请表。《外国旅客登陆申请表》的登陆有效期最长不超过 5 天。

第三，外国人在华居留必须合法。在我国对外开放进一步扩大的形势下，已有越来越多的外国人在华居留。但是，外国人在华居留，一定要符合中国政府的下述有关规定：

其一，外国人要想在中国居留，必须持有中国政府主管机关签发的身份证件或者居留证件。身份证件或者居留证件的有效期限，根据其入境的事由确定，在中国居留的外国人，应当在规定时间内，到当地公安机关缴验证件。

其二，依照中国法律在中国投资，或者同中国的企业、事业单位进行经济、科技、文化合作以及其他需要在中国长期居留的外国人，经中国政府主管机关批准，可以获得长期居留或者永久居留资格。

其三，对不遵守中国法律的外国人，中国政府主管机关可以缩短其在中国居留的期限，或者取消其在中国居留的资格。

其四，外国人在中国境内临时住宿，应依照有关规定办理住宿登记手续。

其五，持有居留证件的外国人在中国变更居留地点时，必须依照规定办理迁移手续。

其六，未取得居留证件的外国人和来中国留学的外国人，未经中国政府主管机关允许，不得在中国就业。

2. 交通工具必须合法

当外方人士在中国出入境与停留期间，其对交通工具的使用是必需的，在我国国境之内，外方人士使用一切交通工具，都必须符合我国法律与我国政府主管机关的规定。对下列六点，特别应当予以强调：

第一，外国的交通工具无权任意出入我国国境或者随意在我国过境。外国交通工具如确有必要在我国入境、出境、过境，必须事先经过我国政府主管机关的批准。

第二，外国的交通工具在我国入出境或过境，限定于我方所规定的特定地点。一般而言，外国交通工具必须从对外国人开放的口岸入境、出境、过境。

第三，通过我国的外国交通工具必须接受检查。在正常情况下，外国交通工具在我国入境、出境或过境时，必须接受我国边防检查机关的检查与监护。

第四，外国交通工具在我国境内的使用，被限定了活动区域。在任何情况下，外国交通工具都不可能在我国国境内畅行无阻。其使用被限定于规定的区域之内，而且事先必须经过我国政府主管机关批准。

第五，在我国境内所使用的外国交通工具，必须符合安全标准。出于维护我国交通安全与外方人士生命安全的考虑，我国要求在华使用的外国交通工具必须达到已正式公布的有关安全标准，并按规定进行过检验。

第六，外方人士在我国境内使用交通工具时，对我国现行的相关交通规则，不但必须熟知，而且还必须遵守。

二、安排周到

在许多时候，需要由我方直接出面，为我方所接待的外方来宾安排其在华活动期间所使用的交通工具。对具体负责此项工作的外事人员而言，安排周到乃是第一位的要求。

所谓为外方来宾所使用的交通工具进行周到的安排，主要是要求有关人员在从事此项工作时兼顾方便、舒适、安全以及座次四个方面的具体细节。

1. 方便外宾

在为外方来宾具体安排供其所使用的交通工具时，一定要坚持“主随客便”的原则，在符合法律、保障安全的前提下，一定要首先考虑我方的具体安排是否方便于外方来宾。

具体而言，在安排交通工具时，方便外宾主要应当体现在如下三个方面：

第一，在时间上方便外宾。在为外方来宾安排交通工具时，必须优先考虑对方在时间方面所提出的具体要求，并努力予以满足。

第二，在选择上方便外宾。在具体选择为外方来宾所服务的交通工具时，必须确保其能为对方提供一定程度的便利。

第三，在乘用上方便外宾。要使外方来宾在乘用我方为其提供的交通工具时感到方便，而非给对方平添麻烦。

2. 使用舒适

在为外方来宾安排交通工具时，其舒适与否的问题往往是不可回避的。如果不能令外方来宾在乘用我方为之安排的交通工具时感到舒适惬意，往往就有可能影响我方接待工作的具体效果。在为外方来宾安排交通工具时，我方人员为此应当注意下列两点：

第一，优先选择较为舒适的交通工具。在诸多交通工具中，其舒适程度或多或少总是存在一定的差别。即使同一种交通工具，其不同的舱位、车厢、座位亦存在着舒适程度的差异。在条件允许时，我方应当尽可能地为外方来宾选择较为舒适的交通工具。

第二，为外方来宾乘用交通工具时创造较为舒适的环境。在确定了外方来宾所使用的具体交通工具之后，我方人员就应采取必要的措施，努力为外宾乘用交通工具时创造较为舒适的环境。

3. 安全第一

在为外方来宾安排交通工具时，我方人员必须自始至终地坚持安全第一的原则，保证交通工具的安全使用，并保证外方来宾的生命安全。

具体来说，我方所应采取的安全措施主要有以下五个方面：

第一，选择较为安全的交通工具。拥有多种交通工具可供选择时，必须优先考虑安全系数最高的交通工具，并拒绝使用安全系数较低的交通工具。

第二，确定较为安全的交通路线。在确定具体的交通路线时，影响我方作出最后选择的关键性因素应是交通路线的安全性。

第三，配备口碑良好的驾驶人员。为确保外方来宾的交通安全，我方必须为之配备责任心强、经验丰富、技术娴熟、口碑良好的驾驶人员。对交通工具的所属单位存在多种选择时，亦应择信誉较佳者。

第四，做好交通工具的维护保养。对供外方来宾使用的交通工具的维护与保养问题，我方人员必须予以高度重视，并做到一丝不苟。

第五，采取必要的安全保卫措施。当外方来宾级别较高，或者人数较多时，我方可在有关部门的配合下，为外方交通工具的安全使用采取必要的措施。

4. 座次排列

在正式场合使用交通工具时，外方来宾具体的座次排列往往亦为其所重视。因此，在必要时，我方人员应按外方来宾的尊卑为其安排座次。

具体而言，外方来宾在乘坐飞机、客轮、火车与汽车时的座次尊卑各有其特殊之处。

第一，飞机的座次。目前，世界各国所使用的客机多为喷气式飞机。通常认为，喷气式飞机体积越大，就越为安全舒适。

在喷气式飞机上，一般都是舱位越靠前，乘坐者的舒适度相对就会越高。所以在一架客机上，档次最高的头等舱设在其前端，档次最低的经济舱设在其后端，档次居中的公务舱则设在其中部。一般而言，在同一架喷气式飞机上，座位越靠前，乘机者越不易晕机。

在同一档次的舱位安排上，应该因人而异。喜欢在飞行中欣赏窗外景致者，可以为之安排靠近舷窗的位置；喜欢活动者，则可为之安排通道两侧或靠近应急出口的位置。

第二，客轮的座次。与选乘飞机一样，在选择客轮时，一般也应当优先考虑船型先进、吨位较大的客轮。

在国内，客轮都是对号入座的。在客轮上，其舱位通常有头等、一等、二等、三等、四等、五等之分。一般而言，等级越高，乘坐时就会感觉越舒适。

在条件允许的情况下，应尽量为外方来宾选择高于吃水线的舱位。因为它既不易使人晕船，又能够观赏船外的风景。与此同时，还应当考虑尽量安排外方来宾使用专舱，以免中外乘客混杂在一舱之内，使得彼此之间均有不便。

第三，火车的座次。与飞机、客轮相同，火车的座次问题其实并非具体位次的高低，而是指其车厢等级的划分。

其一，舒适之处为上。较为舒适的车次、车厢与座位，理当视为上座。例如，高铁较动车为佳，特快较普快为佳、卧铺较坐席为佳、软席较硬席为佳、空调车厢则较非空调车厢为佳、商务座较一等座与二等座为佳。

其二，方便之处为上。火车上行动方便的位置，自然被视为上座。就座席而言，内侧位置高于外侧位置。就卧铺而言，下铺高于中铺，中铺则又高于上铺。有必要时，还可为外方来宾安排专用车厢或专用包厢。

其三，面向前方为上。不论坐席还是卧铺，通常均以面对火车行驶方向为上位，而以背对火车行驶方向为下位。其原因，主要在于前者令人感觉较为自然而舒服。

其四，临窗之座为上。在火车上靠近车窗就座，不但视野开阔、便于饱览湖光山色，而且空气清新，可以使人免于受晕车之苦，因此这一位置通常被视为上座。

第四，汽车的座次。在外事接待过程中，我方使用的最普遍的交通工具当推汽车。而在轿车、卡车、吉普车、旅行车、工具车等众多的汽车类型中，被用来接待外方来宾的唯有轿车。以下，就对坐轿车时座次的尊卑问题进行简要介绍。

在排列乘坐轿车的座次时，首先必须明确：对于座位数量不同的轿车，其排列座次的方法往往有所不同。而在乘坐同一种轿车时，驾车者的具体身份也会对排列座次产生一定影响。下面，将综合上述两个因素来说明常用类型轿车在中国内地的座次排列。

其一，双排四座轿车。当主人驾车时，其座次由尊而卑依次应为：副驾驶座、后排右座、后排左座。当专职司机驾车时，则其座次由尊而卑依次应为：后排右座、后排左座、副驾驶座。

其二，双排五人座轿车。当主人驾车时，其座次由尊而卑依次应为：副驾驶座，后排右座，后排左座，后排中座。当专职司机驾车时，则其座次由尊而卑依次应为：后排右座，后排左座，后排中座，副驾驶座。

其三，双排六人座轿车。当主人驾车时，其座次由尊而卑依次应为：前排右座，前排中座，后排右座，后排左座，后排中座。当专职司机驾车时，则其座次由尊而卑依次应为：后排右座，后排左座，后排中座，前排右座，前排中座。

其四，三排七人座轿车。当主人驾车时，其座次由尊而卑依次应为：副驾驶座，后排右座，后排左座，后排中座，中排右座，中排左座。当专职司机驾车时，则其座次由尊而卑依次应为：后排右座，后排左座，后排中座，中排右座，中排左座，副驾驶座。

其五，三排九人座轿车。当主人驾车时，其座次由尊而卑依次应为：前排右座，前排中座，中排右座，中排中座，中排左座，后排右座，后排中座，后排左座。当专职司机驾车时，则其座次由尊而卑依次应为：中排右座，中排中座，中排左座，后排右座，后排中座，后排左座，前排右座，前排中座。

其六，多排多座轿车。多排座轿车，在此特指四排座或者四排座以上座位排数的轿车。不论由何人开车，多排多座轿车的具体座次均应由前而后，自右而左，依其距轿车前门的远近而依次排列。其原因，主要是考虑乘车之人上下轿车时的方便与否。

第九节　餐饮住宿

在接待外方来宾时，餐饮住宿的具体安排往往至关重要。虽然它们都是外事接待中的例行公事，但其具体操作细节却颇多讲究，绝对不可等闲视之。如果在外方来宾的饮食住宿问题上稍有闪失，不但会直接影响对方的情绪，有碍对方的日常生活，而且还会令我方的整个接待工作前功尽弃。

在安排外方来宾的饮食住宿时，从总体上必须掌握下述五条基本原则：一是遵守我方的有关规定；二是考虑我方的实际条件；三是尊重外方来宾的风俗习惯；四是满足外方来宾的合理要求；五是确保外方来宾的健康与安全。

具体而言，则应对为外方来宾安排饮料、用餐与住宿方面的礼仪规范认真予以遵守。对其中任何一个具体细节，都绝对不能马虎行事。

一、饮料的安排

在接待尊贵的外方来宾时，中国人一般都讲究“上好茶”。它与“请上坐”一样，是中国人民平日待客时不可或缺的礼仪重点。

在外事接待中，饮料的安排永远不可缺少。在为外方来宾安排饮料时，饮料的品种、盛放的器皿、饮用的方式三个要点，均须为我方人员所重视。

1. 饮料的品种

按照中国人的传统，为外方来宾准备饮料实际上就是备茶而已。饮料与茶水，在中国往往是画等号的。但在外事接待中，这样做却未必行得通，因为来自不同国家与民族的人们选择饮料的习惯往往不同。在为外方来宾安排饮料时，对饮料品种的选择必须因人而异。

在一般情况下，为外方来宾准备饮料，可以着重考虑下述几个品种：

第一，茶水。以中国传统的热茶待客，一般来说还是行得通的。应当注意的是：外国人并不一定喜欢中国人所惯用的绿茶或花茶。日本人比较喜欢乌龙茶，英国人爱喝红茶，一些中亚、西亚国家的人则往往偏爱奶茶。还有一些外国人则根本不喜欢饮茶。

第二，咖啡。众所周知，目前在国际社会中，咖啡乃是一种“人缘”最佳的饮料，不论招待西方客人，还是招待东方客人，往往都可以选择咖啡。

第三，汽水。在一些非正式场合，以可乐、雪碧、芬达之类的汽水待客通常也是可行的。它既可以解渴，又可以消暑，所以比较受欢迎。不过，因其需要冷藏，而且饮用后易使人打嗝或口中产生异味，故此并不适用于肠胃不好者或正规场合。

第四，果汁。当前，新鲜的果汁是一种很受欢迎的饮料。但它大多适用于非正式场合。

第五，矿泉水。目前，矿泉水在社会上风头正盛，并普遍受到人们的欢迎。在不少人眼里，其身价通常较汽水为高。因此，在接待中，矿泉水或与之相类似的纯净水等瓶装水都是应当常备的。

应当指出的是，在以饮料待客时，如果条件允许不妨多备几个品种，以使外方来宾有所选择。通常所备的饮料品种越多，越能说明我方对外方来宾的重视。

同时还应强调：在正式的宴会上，为了避免有碍品尝菜肴的正宗味道，外方人士是绝对不会饮用果汁、汽水、酸奶之类含有糖分的饮料的。

在一般情况下，为外方来宾上饮料时可以采取“一中一外”、“一冷一热”的方式。所谓“一中一外”，即除为外方来宾备上一种对方所惯用或国际上所流行的饮料外，还可为其再上一道中式饮料——茶水，使客人有机会体验“中国特色”。所谓“一冷一热”，则是指应照顾一些人不喜欢热饮的习惯，除为其备上一道茶或咖啡之类的热饮外，还必须为其准备一种矿泉水或汽水之类的冷饮。

2. 盛放的器皿

用以盛放各种饮料的器皿，不仅应当与饮料相配套，而且还应当采取必要的措施以确保其清洁卫生。

第一，认真进行消毒处理。所有盛放饮料的器皿，均须由专人负责进行例行的消毒处理。

第二，不使用残缺的器皿。凡用以接待外方来宾的器皿，在使用前均应认真进行检查。凡是有残缺或带有污损痕迹的，一律都要剔除在外。

第三，杜绝器皿重复使用。必须注意的是，在任何情况下，都不应让外方来宾重复使用已被别人用过的器皿。为此，应大力推广一次性饮料器皿的使用。

第四，积极推广环保器皿。在可能的条件下，应当尽量采用一次性纸杯等环保类型的饮料器皿。这样做，不仅适应了外方来宾的要求，对其身体健康有利，而且也有利于环保。

第五，大力提倡饮料自助。如条件具备，应提倡在招待客人时实行饮料自助。那样不仅可使对方自取所需，而且还有助于更好地避免在取用饮料的过程中发生不卫生的情况。

3. 饮用的方式

在款待外方来宾时，用以待客的饮料在其具体饮用方式上亦颇有一些讲究。从大体上讲，它可以被分为以下两种不同的情况：

第一，来宾可以对饮料有所选择。它主要适用于外方来宾人数较多，或宾主较为熟悉的情况下。其前提是主人已经备有多种可供外方来宾选择的饮料。

让外方来宾选择饮料的方法之一，是在接待现场的一角备好各种饮料，任由对方自行选择。

让外方来宾选择饮料的方法之二，是由主人或工作人员在为对方上饮料之前，首先征求一下对方的意见。需要强调的是，在口头上征求外方来宾个人对饮料的选择时，宜采用"封闭式问题"的方式，即应当报出可供选择的所有品种，由对方从中选择。切勿采用"开放式问题"的方式，即不应直接询问对方"您用什么饮料?"否则就有可能出现因向对方提供了无限多的选择而不能满足对方所提要求的情况。

第二，来宾不能对饮料有所选择。它多见于较为正式的场合，或是宾主不甚相熟的情况下。有时，饮料是在外方来宾抵达前，就已摆放在其坐席之上。有时，则是在外方来宾抵达后再由工作人员为其呈上。但不论采用哪种形式，都不必征求外方来宾选择饮料的具体意见。

在具体上饮料时，通常讲究先宾后主、先女后男、先长后幼、先尊后卑，并应依次而行。

二、用餐的安排

为外方来宾安排用餐时，务必要对与其有关的规范与特殊要求了解得一清二楚。对宴请的形式、就餐的方式、菜肴的选择、位次的排列四个要点，有关人员尤其应当认真掌握。

1. 宴请的形式

在有必要设宴招待外方来宾时，宾主双方首先关注的往往是其具体形式。大体上讲，目前中国用以宴请外方来宾的形式主要有以下三种：

第一，宴会。宴会，通常是指最正式、最隆重的宴请。它可以在早、中、晚举行，但以晚宴最为正式。举办宴会，需要提前发出请柬。除宾主双方外，往往还会邀请其他相关人士出席作陪。届时，不仅宾主需要致辞，乐队需要演奏乐曲，而且就连餐具的多少、酒水与菜肴的道数、餐厅的陈设、侍者的仪态、赴宴者的衣着，都有着专门的规定。

按照常规，用以招待外方来宾的宴会，可以具体分为国宴、正式宴会、便宴、家宴四种。此四者的区别，主要体现于其具体规模上。

第二，招待会。所谓招待会，是指只备一些食物、饮料而不备正餐、不排座次的较为自由的一种宴请形式。它多见于节庆活动中同时接待多方来宾之时，在国际社会里十分流行。与宴会相比较，它在具体时间上可早可晚，所用时间可长可短，既不太讲究酒水、菜肴的道数，也不会对出席者的装束要求过多。

具体而言，招待会的形式颇多。目前，酒会、茶会、咖啡会、冷餐会等都是其最为常见的形式。

第三，工作餐。工作餐，也是当今国际社会流行的一种特殊的非正式宴请的形式。它大致上类似于我国国内的会餐，因其多为在工作中以套餐形式提供的便餐，故名为工作餐。因其多在午间提供，故在国外又经常被人们称作工作午餐。

工作餐一般所用时间较短，菜肴道数较少，通常不备酒水。除与工作有关的人员外，并无其他人士作陪，所以有人还把它叫作工作聚餐。用工作餐时，往往不必由宾主先后致辞，但允许用餐者边吃边谈。

2. 就餐的方式

就餐的方式，一般是指具体以何种方式用餐的问题。在当今世界上，就餐的方式主要有三种：一是使用筷子就餐；二是使用刀叉就餐；三是使用右手就餐。在一般情况下，鉴于我方宴请客人以中餐为主，所以在涉外宴请中我方通常都会选择使用筷子用餐的方式，以便令外方人士有机会感受中华美食的独特就餐方式。

在选择以筷子用餐的方式宴请外方人士的同时，有以下两方面的具体问题应予注意：

第一，兼顾外方来宾的就餐习惯。除中国、朝鲜、韩国、日本、老挝等为数不多的几个国家之外，世界上大多数国家并无使用筷子就餐的习惯。因此，在宴请外方人士时，不妨为之安排“一中一外”两种就餐方式，即既为之准备筷子，让其有机会“一试身手”，同时又为其准备其所惯用的餐具。在这一问题上，千万不要勉强对方，而是应当完全尊重对方意愿。

第二，区分以筷子就餐的具体方式。考虑到外方来宾的不同身份以及宾主双方关系的不同，可将以筷子用餐的具体就餐方式进一步区分为以下四种：

其一，“混餐式”。它又叫作“合餐式”，类似于国内的会议餐或家庭用餐。用餐时，人们围坐在一起，使用各自的餐具取用盛放在同一器皿内的菜肴。它的长处，是可以使人产生和睦、亲近之感，其不足则主要是不够卫生。因此，通常不宜以此种方式正式宴请外方来宾。

其二，“分餐式”。有时，它也叫“中餐西吃”。它是指在用餐时，不论菜肴还是主食，一律分给用餐者等量的一份，然后大家围坐在一起，使用各自专用的餐具、器皿独享自己的食物。它的优点是：既卫生，又公平。在举行正式宴会时，它往往被视为最佳的选择。

其三，“自助式”。“自助式”就餐，一般也叫自助餐。国外所流行的酒会、茶会、咖啡会、冷餐会与其大同小异。“自助式”就餐的具体做法是，所有食物被分类摆放在一起，然后任由就餐者根据本人口味取用。在用餐时，人们可站可坐，但一般都不排列座次。它的长处主要是：节省开支，节省人力，不排座次，不拘礼仪。举行较大规模的招待会时，通常可以选择此种方式。

其四，“公筷式”。它实际上是“混餐式”的一种特殊形式。用餐时，大家围坐在一起，首先使用公用的餐具选取被放置在同一器皿内的食物，然后再以各自所专用的餐具对其进行享用。此种方式既文明卫生，又有中式家庭的亲密氛围，因而比较适宜为外方来宾举办家宴时采用。

3. 菜肴的选择

不论请谁吃饭，菜肴永远都是主角。因此在安排外方来宾用餐时，必须对菜肴的选择问题高度重视。为对方准备菜单时，除了要量力而行之外，关键是要对对方爱吃与不爱吃的东西做到心中有数。

第一，必须在菜单上排除外方来宾忌食之物。一般而言，外方来宾的饮食禁忌可被分为以下五类：

其一，宗教禁忌。许多宗教都有其特殊的饮食禁忌，并且绝对禁止其信徒违反。例如，伊斯兰教禁食猪肉，印度教禁食黄牛肉，犹太教则禁食无鳞无鳍的鱼，等等。在所有各类饮食禁忌中，宗教禁忌通常是最为严格的。

其二，民族禁忌。不少民族都有各自的饮食禁忌。例如，俄罗斯人不吃海参，美国人不吃鸽子，蒙古族人不吃禽类的内脏等。出于对外方来宾民族习俗的尊重，我方人员对其民族性的饮食禁忌必须熟记于心。

其三，职业禁忌。一些特殊的工作岗位，对其工作人员的饮食往往有所限制。例如，在世界各国，宴会上司机都不准饮酒。法官、检察官及其他执法官员，一般也不得出席有碍其正常执行公务的宴请。

其四，健康禁忌。对某些身体条件欠佳者，在为其安排用餐时一定要给予照顾。例如，糖尿病患者宜用无糖餐，高血脂患者则宜用低脂餐，高血压患者则忌饮酒。此类限制，是绝对不能违反的。

其五，个人禁忌。有些人的饮食禁忌并无规律，而仅仅出自其个人口味。例如，有人不食荤，有人不食鱼，有人不吃大蒜，有人不吃辣椒。对这些个人口味禁忌，亦不得疏忽大意。

第二，应当在菜单上安排外方来宾喜食之物。除了必须排除外方来宾忌食之物外，还应该尽量在菜单上安排外方来宾喜食之物。依照一般经验，外方来宾多欣赏下述三类菜肴：

其一，具有民族特色的菜肴。例如，为外方来宾安排中餐时，应当突出中华民族的饮食特色。诸如主食中的春卷、水饺、肉夹馍、兰州拉面、扬州炒饭，菜肴中的狮子头、糖醋鱼、宫保鸡丁、鱼香肉丝、清炒豆芽、麻婆豆腐等，往往都深受外方来宾欢迎。

其二，具有本地风味的菜肴。中华饮食讲究“南甜、北咸、东辣、西酸”。各地菜肴各具不同风味，而且都有着各自颇负盛名的“代表作”。例如，北京的“全聚德烤鸭”、上海的“鲜得来排骨年糕”、天津的“狗不理包子”、云南的“过桥米线”等，通常都是宴请外方人士的适宜之选。

其三，外方来宾本人所偏好的菜肴。在以中餐的特色菜、风味菜招待外方来宾时，还必须考虑到外方来宾，尤其是主宾的个人口味偏好。应该承认，有人爱吃中国菜，有人对其却未必习惯。因此，在力所能及的时候，还应为对方备上一些本国菜、家乡菜，特别是对方所爱吃的菜肴。

应当指出的是：但凡正式的宴请，均应在餐桌上摆放菜单，并保证人手一份。其具体作用一是可以显示有备在先；二是可使用餐者明确菜肴的具体安排。

4. 位次的排列

在安排外方来宾用餐时，对其位次排列必须予以重视。越是正式的宴请，就越应重视其具体位次的排列。鉴于我方多以中餐待客，故此安排外方来宾用餐的位次排列，主要是指其享用中餐时的位次排列。

在一般情况下，安排中餐的用餐位次，往往涉及桌次与席次两个具体方面。它们的排列，也因这一不同而各有其一定之规。

第一，桌次的排列方法。在举行正式的中餐宴会时，若所设餐桌不止一桌，便存在桌次的尊卑之别。排列桌次时，主要应遵循如下三项规则：

其一，“以右为上”。当餐桌有左右之分时，应以位于右侧的餐桌为上桌，此即所谓“以右为上”。应当说明的是，此刻的左右，是按照“面门为上”的规则来确定的。

其二，“内侧为上”。当餐桌距离餐厅正门有远近之分时，一般以距门较远的餐桌，即靠内侧的餐桌为上桌，此即所谓“内侧为上”。它有时也叫作“以远为上”。

其三，“居中为上”。当有多张餐桌排列在一起时，通常以居于其中央的餐桌为上桌，此即所谓“居中为上”。

许多时候，这三条规则都是交叉使用的。除此之外，在排列桌次时还须注意到：除主桌外，其他各桌一般距主桌越近，桌次便越高；距主桌越远，桌次则越低。

第二，席次的排列方法。在中餐宴会上，相同一张餐桌上的具体席位往往亦有尊卑之别。在对其进行排列时，有下述四条规则必须恪守：

其一，“好事成双”。它要求每张餐桌上用餐者的具体人数宜为双数，因为中国人素来以双数为吉祥之数。

其二，“各桌同向”。它的含义是：除主桌之外的其他各张餐桌，均可采用与主桌一致的排位方式。届时，各张餐桌上的具体席位排序应基本相同。

其三，“面门为主”。它规定：在一般情况下，主人之位应当面对餐厅正门。需要设第二主人之席时，则通常应令其在第一主人对面就座。

其四，“主宾居右”。它是指主宾一般应挨着主人，并在其右侧就座。除主人与主宾之外，双方的其他就餐者应分为主左客右，分别各自在主人、主宾一侧依其身份高低顺序就座。

上述四条规则，通常都交叉在一起使用，而很少被单独地使用。

三、住宿的安排

在接待远道而来的外方人士时，往往还要为其安排住宿。严格地讲，解决外方来宾的住宿问题，可以采用两种方法：

一是来宾自行解决。如果采用这种方法，主方所要做的只是在必要时给予对方一定程度的协助，例如，代为预订，或为其提供建议、咨询。

二是主方负责解决。它要求：接待方全面负责解决与外方来宾住宿相关的一切问题。

至于具体采用何种方式，通常应由宾主双方提前商定。

当由主方负责外方来宾的住宿时，主方应当考虑如下三个方面的问题：

1. 慎选住宿地点

根据当前惯例，在接待外方来宾时，通常都会将对方安排在条件优越、设备齐全、服务与国际水准接轨的涉外星级酒店住宿。在一般情况下，若因公需要正式接待外方来宾，则既不宜将其安排在条件、设备、服务稍逊一筹的旅馆、招待所住宿，也不宜在自己家中随便留宿对方。

在选择适合外方来宾住宿的涉外星级饭店时，除需要考虑其个人习惯与特殊要求之外，对下述方面尤须特别予以注意：拟请外方来宾住宿地点的口碑好坏、服务质量、接待能力、周边环境、交通条件、配套设施，以及拟请外方来宾住宿地点距接待单位、机场、港口、车站及工作地点路程的远近和接待单位用以安排外方来宾住宿的经费预算状况等。

2. 尊重外宾习惯

在为外方来宾安排住宿地点时，应对对方独特的生活习惯有所了解，并予以必要的尊重。对以下四点，一定要特别注意：

第一，尽量不安排同性别的外方来宾共居一室。在很多国家里，唯独同性恋者才会与同性别的成年人住在一起，所以不要冒犯外方来宾的此种禁忌。

第二，努力为外方来宾创造出良好的卫生条件。外方来宾通常都非常重视其个人卫生。他们不仅需要住处配有随时可洗热水澡的浴室，而且还要求住处必须配有可供其单独使用的卫生间。

第三，充分保证外方来宾临时居所的相对安静。既然外方来宾的临时居所主要用以休息，而且绝大多数外方来宾都喜欢安静的居所，那么就应当想方设法不使对方被噪声所困扰。

第四，严格做到外方来宾的休息不被我方干扰。根据国际惯例，不宜在饭店的客房之内会客。因此我方人员尽量不要随意进入外方来宾临时下榻的客房，以免干扰对方。

3. 照顾生活需要

在安排外方来宾住宿时，我方人员应当在力所能及的前提下善解人意，对对方体贴入微，并尽量满足对方合情合理的生活需要。

第一，安排外方来宾就近住宿。若是需要安排住宿的外方来宾不止一人，则应尽量安排在同一饭店、同一楼层或相邻楼层住宿，以便于其相互关照或集体行动。

第二，为外方来宾安排好闲暇活动。在不影响外方来宾个人休息或整体接待计划的前提下，应当在对方的闲暇时间为其安排一些文艺、娱乐、健身、游览、购物之类的活动项目。此类项目，通常都会深受外方来宾欢迎，但不宜安排过多。

第三，照顾外方来宾应当“主随客便”。在照顾外方来宾的生活时，必须同时注意不要适得其反，不要为此而限制了对方的个人自由，不要因此为对方增添麻烦。

第四，满足外方来宾合理合法需要。对外方来宾在生活方面所提出的要求，理当予以满足。但其所提要求必须合情合理，而且还必须符合我国现行的法律和有关规定，并为我方力所能及。

第十节　文娱活动

为活跃气氛、调剂外方来宾的业余生活，在紧张的外事接待过程中，我方通常会为外方来宾，尤其是外方的贵宾安排一些文娱活动。此类活动，往往颇受外方来宾的欢迎。

除了可以调剂外方来宾的业余生活，为外方来宾安排文娱活动还具有另外一种作用，即向对方展示中国文化界的新气象、新成就。它可以使外方来宾直观而形象地接触中国文化，并促使对方进一步地了解当代中国。

为外方来宾具体安排文娱活动时，有以下三条基本原则通常必须为我方人员所重视。

第一，内容健康。文娱活动的基本内容，必须是健康向上、文明得体、高雅脱俗、令人有所获益的。

第二，形式活泼。为外方来宾安排的文娱活动，切忌形式单调、内容枯燥、一味说教。唯有形式活泼、富有特色、生动新颖的文娱活动，才会真正为外方来宾所欢迎。

第三，促进友谊。为外方来宾安排文娱活动的目的之一，就在于促进中外双方的了解，加深中外双方的友谊。因此，有关活动的具体形式与内容，都应紧密围绕此点展开。

目前，在外事接待过程中，我方为外方来宾安排的文娱活动以文艺晚会、体育表演与交谊舞会最为多见。以下就分别来介绍一下与其相关的具体礼仪规范。

一、文艺晚会

文艺晚会，通常简称为晚会。它一般是指在晚上所举行的以表演文艺节目为主要内容的群众性聚会。在外事接待中，它是最为常见的为外方来宾所安排的文娱活动之一。

为外方来宾尤其是贵宾安排文艺晚会时，主要应重视例行的筹备与现场的气氛两个具体问题。

1. 例行的筹备

一台文艺晚会成功与否，在很大程度上取决于其筹备工作是否充分。因此，在为外方来宾安排文艺晚会时，对下述几项具体的筹备工作务必予以重视。

第一，确定主题。为外宾所组织的文艺晚会，应当有别于国内一般性的文艺晚会。其重点，应当是介绍我国民族文化、颂扬中外双方的友好关系；其风格，应当生动活泼、轻松愉快、引人入胜。切忌将其办成报告会、新闻发布会，同时亦应避免简单说教、形式陈旧、内容陈腐。

第二，确定类型。确定晚会主题后，接下来便要确定与之相协调的晚会类型。依照目前的分类，晚会有专题性晚会与娱乐性晚会之分。前者围绕某一主题举行，例如“中国与某国建交 20 周年纪念晚会”。后者则纯为娱乐，有时也允许现场观众参与演出。依照节目分类，晚会则有综合性晚会与专场性晚会之分。前者是指各类文艺节目的综合表演；后者则以某一类型的文艺节目为其主要内容，例如，戏剧晚会、曲艺晚会、电影晚会等。

第三，选择节目。在选择晚会所表演的具体节目时，一定要慎之又慎。对其主要要求有以下五方面：其一，突出本次晚会的主题。其二，体现中国的民族特色与地方特色。其三，照顾外方来宾特别是主宾的兴趣与偏好。其四，安排一些外方来宾所属国家、所属民族的节目。其五，防止演出内容冒犯外方来宾的国家尊严、个人尊严、宗教信仰或民族习俗。

第四，发出邀请。凡正式举行的文艺晚会，如欲邀请外方来宾参加，一定要事先向对方通报，并征得其同意。在一般情况下，均应提前向对方发出正式的书面邀请。邀请外方来宾参加晚会，务必要有主有次，并适当地控制其人数。当外宾出席娱乐性晚会时，如欲邀请对方登台进行即兴表演，最好事先告之对方，切勿届时强拉硬拽、强人所难。

第五，印制说明。为使外方来宾进一步对为其所举办的文艺晚会有所了解，一般均应在其观看演出之前，将印制精美的节目单或晚会说明书送至对方手中。节目单的主要内容有：具体节目名称、演职人员姓名、演出的预定顺序、表演预计的时间以及节目内容简介等。节目单或晚会说明书，通常应当采用宾主双方文字印制，应当保证所有外宾人手一份，并且应当尽早发给对方。

第六，座位安排。外方来宾观看演出时的座位，一般均应事先根据对方的具体身份做好安排。按照惯例，在大型影剧场内观看文艺节目时，以包厢或者第 7 排和第 8 排座位为佳。观看电影时，则以第 15 排前后为宜。在正常情况下，若是专场演出，通常应将贵宾席留给客人和主人。其他观众既可排定座位，亦可自由入座。若规定观众对号入座，则可将座号与请柬提前一并发出。

第七，入席退席。在为外方来宾举办专场演出时，可以安排普通观众首先入席。正式开幕前，在主宾席就座的客人在主人陪同下入场就座。当其入场时，其他观众应全体起立，并鼓掌以示欢迎。演出全部结束后，在主宾席就座的客人应由主人陪同首先退场，其他观众在此之后方可退场。

第八，登台献花。在国外，人们有着在正式演出结束后登上舞台向专业演员献花的习惯。中国在专场文艺晚会或首场演出结束时，往往也会安排外方来宾尤其是主宾在主人陪同下，登上舞台向演员致谢，并向其送上花篮或花束。有时，宾主还会与全体演员合影留念。此类安排，应讲究主随客便。一般而言，主人不应提示客人献花，更不应当要求客人登台与演员见面。有些外国客人习惯献花而不登台，但登台而不献花者则比较少见。

2. 现场的气氛

一般而言，尽管为外宾所举办的晚会上主角当属外宾，但就其参加者的具体人数而论，中方观众往往会占绝大多数。因此，要保证晚会的成功，就不能不对中方观众尤其是普通观众有所要求。广大中方观众，人人都有义务为晚会现场营造出一种热烈、欢快、友好的气氛。

在参加文艺晚会时，中方观众主要应当重视如下几点：

第一，准时到场。参加晚会的中方观众，一般均应按照规定的时间准时入场，不允许无故缺席。若因故不能到场，特别是当集体单位因故不能到场时，应及早向有关方面报告，以便其另作安排。如果因故迟到，也不宜随到随入，而应按规定在幕间休息时入场。

第二，杜绝早退。在进入剧场后，观众一般都不应提前退场。若确有特殊原因必须提前退场，则应在幕间休息时或某个节目表演结束之后离席。离席时，宜从后面退场，不宜经过台前。

第三，禁止喧哗。为了保证文艺演出的顺利进行，观众必须自始至终地保持剧场内的安静。不要交头接耳、高声喧哗，不要四处走动、大吃大喝，不要随口哼唱、击打坐椅，不要使用手机接打电话。大声咳嗽或向他人介绍剧情，亦为不妥。

第四，不得摄影。为了维护演出单位的专利并且保证良好的演出效果，在举行正式文艺演出时，除经过批准的新闻单位外，其他观众一般不得录音、摄影、摄像，尤其是不得进行现场转播。为摄影、摄像而随意使用自备光源，亦有碍于演员的演出与观众的观看。

第五，尊重来宾。在出席晚会期间，中方观众应对外方来宾尊重有加。除了当贵宾入场、退场时应起立鼓掌欢迎或欢送之外，还应注意切勿围观外宾，并注意礼让外宾。当外宾与自己交谈时，不要置之不理。遇到外宾时，则应主动问候。

第六，支持演员。不论演员来自国内还是国外、本地还是外地，亦不论其表演是否专业、出色，观众均应对其大力支持，并表示尊重。在演出期间，不要干扰其表演。在演员演出结束后，应向其鼓掌致谢。在观看演出期间，不要吸烟，不要起哄、“鼓倒掌”。当演员谢幕后，观众方可退场。

二、体育表演

体育表演，在此是指以体育活动为基本内容的一种专场表演。在当今世界上，体育运动颇受人们青睐，因此在外事接待过程中往往也会为外方来宾安排专场体育表演。

就一般规则而言，体育表演与文艺晚会基本相似，此处不再赘述。但对下述几个具体方面的操作技巧问题，却大有一提的必要。

1. 表演的形式

为外方来宾所安排的专场体育表演，往往存在着不同的具体形式。从总体上看，可以将其划分为如下两类：

第一，正式比赛。所谓正式比赛，通常指某一体育项目上的单项竞赛。一场热门的、观赏性较强的正式比赛，例如，足球比赛、篮球比赛、排球比赛、网球比赛、体操比赛、拳击比赛、棋类比赛、马术比赛等，往往拥有众多的观众。

通常认为，正式比赛因其竞争激烈、扣人心弦而最受观众欢迎。在为外方来宾安排供其观看的正式比赛时，有下列四点必须注意：其一，比赛的具体内容应为外宾尤其是主宾所欣赏。其二，比赛的具体形式具有较强的观赏性。其三，比赛的参加人员应拥有一定的国内外知名度。其四，比赛的进行过程预计将会比较激烈。

如果能安排我方运动员与来宾所在国家的运动员进行比赛，则现场的气氛将会更为热烈。

第二，单项表演。所谓单项表演，在此具体是指不以正式竞赛的名次为目标的单一项目或者单人的体育表演。对外方人士而言，中国传统的体育项目，诸如武术、气功、花样滑冰、水上芭蕾等，均深受欢迎。

在选择供外方来宾欣赏的单项表演时，主要有如下五点应当予以考虑：其一，它应属于我方的强项。其二，它应适合于观赏。其三，它的表演者应具有一定的国内外知名度。其四，它应受到外方来宾的喜爱，或对其而言较为新颖。其五，在主随客便的前提下，有时亦可由外方来宾表演自己所擅长的体育项目。

2. 表演的场地

为外方来宾安排体育表演，自然需要一定的场地。在具体选择进行体育表演的场地时，有下列四点需要注意：

第一，选择较为正式的表演场地。在条件允许的前提下，应尽量选择专用的体育场馆作为表演场地。正式场地不仅设施齐备，而且还便于观众的观看与表演者的正常发挥。非正式的场地，一般均不应考虑。

第二，选择确保安全的表演场地。在选择体育表演的场地时，仍须坚持“安全第一”。具体而言，在选择场地时，不仅要考虑到表演者的安全，而且还必须考虑到外宾与其他观众的人身安全。

第三，选择面积适中的表演场地。为体育表演所选择的场地，应当面积大小适中，既要有利于体育表演的正常进行，又要避免出现场地面积与观众的具体人数不甚相称的情况。

第四，为外宾安排好适宜的席位。在选择体育表演场地时，还应注意为外方来宾安排好适宜的席位。一般而言，观看体育表演时，专供主人陪同外方来宾尤其是主宾就座的贵宾席，均应正面面对表演者。至于其距离的远近，则应视具体表演项目的不同而确定。

3. 表演的人员

作为体育表演的主角，表演人员必须遵守有关的礼仪规范，时时处处严格约束自己。不论专业的体育工作者，还是临时应邀客串节目的业余体育爱好者，在外方来宾面前，都绝对不能贻笑大方。对下述四点，表演人员务必要加以注意：

第一，遵守有关规则。不论参加正式比赛，还是进行临时表演，有关人员都要遵守各项竞赛、表演规则。否则，相关的体育表演就会变得杂乱无章，索然无味。

第二，体谅比赛对手。在参加体育比赛时，不论对手来自国内还是国外，是专业人员还是业余人员，我方人员均应与对方公平竞赛，并对对方友善、体谅。

第三，服从赛场裁判。在比赛中，若有裁判执法，则我方人员应对其无条件地服从。应当谨记：此乃赛场文明的一种重要表现。

第四，尊重全体观众。体育比赛的具体参加者，应当注意与现场观众进行必要的交流。要尊重全体观众，特别是要在外方来宾面前表现得彬彬有礼。

4. 现场的观众

在观看体育表演的过程中，我方的每一名观众都应当自觉地约束自身行为。对于下述四点，我方观众必须予以重视：

第一，遵守秩序。观看体育表演时，每一位观众都应自觉、主动地遵守有关的比赛、表演秩序和其他一切相关的规定，以实际行动保证表演的顺利进行。

第二，参与有度。在观看体育表演的过程中，观众的热情投入自然应予以肯定。但是，必须明确的是，观众对比赛、表演的参与，均应以不影响比赛、表演的正常进行为限度。

第三，力戒偏袒。不论观看体育比赛，还是观看体育表演，观众均应对所有的参赛者、表演者予以支持或鼓励。不允许厚此薄彼，不可以偏袒任何一方。

第四，控制情绪。当比赛、表演结束后，观众应及时调整自己的情绪，令自己的激动情绪适可而止，切勿任其自由宣泄、长时间地大喜大悲，以致有碍正常秩序与工作。

三、交谊舞会

在国际交往中，交谊舞会是一种常规的社交形式。它有时作为一项单纯的活动项目而被单独安排，有时则被安排在其他重要活动之后进行。许多外方人士都非常热衷于参加交谊舞会。

交谊舞会，通常简称舞会。它实际上就是以参加者彼此相邀共舞为主要内容的一种社交聚会。在一般情况下，其举行时间多为晚间。与文艺晚会、体育表演相比较，交谊舞会不仅参与面更为广泛，而且其具体形式也要更为轻松活泼。

我方人员在组织舞会或参加舞会时，对相关的礼仪规范要求必须做到心中有数、表现得体。

1. 组织者的工作

一场舞会办得成功与否，往往同其组织工作做得是否细致、周到、规范直接相关。舞会的组织工作，主要包括以下几项要点：

第一，舞会的时间。舞会的时间，具体可以分为举办时机与延续长度两个方面。在考虑举办时机时，关键是要“师出有名”。周末、节日、假日、宴会之后以及庆祝活动结束后，通常都可以安排舞会。在考虑延续长度时，一般要求以一小时至两小时之间为佳，并且不宜超过午夜。在向外方来宾发出舞会请柬时，通常应在上面注明本场舞会延续的具体时长。

第二，舞场的布置。不论为外方来宾安排专场舞会，还是邀请对方参加我方的舞会，均应尽量选择条件较好、档次较高、较为正式的场地作为舞场。一般而言，舞场应较为宽敞。舞池的地板最好打蜡，以保证其平滑。如条件允许，最好安排乐队进行现场伴奏。在舞池四周，要摆放足够的桌、椅。灯光、音响、乐器、空调等设备，必须提前经过调试。

第三，参加的人员。组织舞会时，对具体的参加人员一定要有所控制。在为外宾组织专场舞会时，一定要以外宾为主。在邀请外宾参加我方的舞会时，我方亦应尽量安排一些外宾相识者到场。考虑到交谊舞会均由一男一女两人共舞，且外方人士大多忌讳与同性共舞，一般宜请其夫妇同时光临。邀请未婚者或配偶不在身边者时，亦应欢迎对方偕一位异性同时到场。

第四，曲目的选择。按照音乐的节奏进行划分，舞会上的舞曲大体上有三步舞和四步舞两大类。在具体选定舞曲时，应以节奏鲜明而清晰、旋律优美而动听的曲目为主，并应在舞会曲目的总体安排上做到“快”、“慢”相间，有张有弛。按照国际惯例，交谊舞会均以《一路平安》作为全场舞会的结束曲，故此不宜将其安排在前。

2. 参加者的表现

在参加正式的交谊舞会时，我方人员务必要对自己的表现有所约束，切忌届时肆意妄为。对下述四点，尤须注意：

第一，修饰自我。参加舞会前，应对自己的仪表略加修饰。特别要注意口腔卫生，禁食带有异味的食物。着装应较为正式，并适宜跳舞；不宜着各类休闲装参加舞会。女士应当略加化妆。男士在现场禁止吸烟。凡是有外伤者、感冒患者，一般均不宜参加交谊舞会。跳舞时，忌戴口罩、墨镜。

第二，照顾来宾。在舞会上，我方人员应对外方来宾，尤其是主宾夫妇多加照顾。按照惯例，第一场舞应由主人夫妇、主宾夫妇共舞。第二场舞，则应由男主人与女主宾、女主人与男主宾共舞。此外，男主人应请无舞伴的女外宾跳舞，或为之介绍舞伴；女主人则应对全体来宾多加照料。有条件时，男主人应轮流邀请其他女宾，而其他男外宾则应争取与女主人共舞一曲。自始至终与一人共舞，显然是不适当的。

第三，尊重女士。在舞会上，必须讲究女士优先。男士在邀请女士时，如其丈夫或父母在旁，则应首先向对方致意。请舞时，应向女士立正致意，并在口头上正式相邀。待对方同意后，方可陪伴对方进入舞池。倘若对方不同意，则切勿勉强。一曲舞毕，男士应先向女士致谢，随后应将对方送回原处，并向在其身边的亲属致意后方可离开。

第四，礼待他人。在舞场上，每个人均应当以礼待人。男士在选择舞伴时，不要与他人发生争抢。与女士共舞时，一定要注意舞姿的正确，不要用力过大，不可搂抱对方。女士虽然有权拒绝邀舞的男士，但切勿再三再四，或是态度过激。女士在拒绝一位男士后，不要立即接受另外一名男士的邀请。在与男士共舞时，既不要推搡对方，也不要主动倚靠对方。不论跳舞与否，任何人在舞场内都不能扭捏作态、大喊大叫、大吵大闹，或是酗酒滋事。

第十一节　馈赠礼品

在国际交往中，礼品问题一向都较为敏感。与民间交往之中礼品的赠送与收受具有较大随意性有所不同的是，国际交往中的礼品赠送与收受均具有其特殊性。

外事活动中礼品的特殊性，主要表现在下述五个方面：

第一，我方通常不主动向外方人士赠送礼品。

第二，在外方人士主动向我方人员赠送礼品后，我方可酌情予以回赠。

第三，我方在出席外方的重大节庆活动或正式出访时，可考虑向外方赠送具有纪念意义的礼品。

第四，我方人员在任何情况之下，均不得主动向外方索要礼品。

第五，我方人员在正式的外事活动中所获赠的外方礼品，不论送给集体还是送给个人的，通常一律应上交给自己所在的工作单位或部门。

虽然“礼尚往来”在外事活动中是司空见惯的，但外事人员如果对上述特殊规定一无所知或不甚了解，就极有可能招致一些不必要的麻烦：或者失敬于外方人士，被对方曲解了我方的本意；或者好心办了坏事，甚至因此而犯错误。

在国际交往中，礼品问题实际上包括了礼品的赠送与礼品的接受两个方面。当我方人员向外方人士赠送礼品时，我方通常处于较为主动的位置。而当我方人员接受外方人士的礼品时，我方则一般处于被动的位置。不论从哪一个方面来讲，都有一定的礼仪规范应予遵守。二者虽然角度不同，但都不允许外事人员对其有所忽略。

一、赠送礼品

礼品的赠送，是由一系列的具体环节所构成的。在外事活动中需要赠送礼品时，我方人员通常应对下述三个要点予以重视。

1. 礼品定位

礼品定位，在此是指确定适用于国际交往的礼品的特殊之处。唯有定位准确，礼品在国际交往中才能够发挥其应有的作用。不然的话，就有可能劳而无功。

在为用于国际交往的礼品进行定位时，应认真遵守下列五项原则：

第一，突出礼品的纪念性。向外方赠送的礼品，不论获赠对象是集体还是个人，均应注重其纪念性。换句话来说，就是不应过分突出其身价，不宜以价格昂贵见长，而是应当强调其纪念意义。须知，在不少国家里，在官方活动中向个人或组织赠送身价高昂的礼品都是不受欢迎的。非要那么做，则难免会有贿赂之嫌，有时甚至还会为此而触犯法律。

外事人员必须谨记，在与外方的旧友新朋们打交道时，没有必要次次送礼、回回大礼。即便有必要向对方赠送礼品，也要讲究“礼轻情义重”。有时，送给外方人士一张CD、一本画册、一套明信片、一张照片、一枚纪念章，亦会受到对方欢迎。

第二，明确礼品的对象性。在日常生活中，同样一种礼品，送给不同的对象，其效果往往相差甚远。礼品的对象性，在此是指在国际交往中进行礼品选择时，应当根据具体对象的不同而有所区别。

礼品的对象性，主要是要求外事人员在选择礼品时，必须注意因人而异、因事而异。

所谓因人而异，是指选择礼品时应对不同的对象给予不同的对待，切忌千篇一律。例如，日本人对中国的抽纱手帕十分欣赏，但若将它送给意大利人则会被认为十分晦气。

所谓因事而异，则是指对礼品的选择应根据具体场合的不同而有所变化。例如，用于国务活动的礼品与用于私人拜访的礼品，便绝对不宜等同。

第三，体现礼品的民族性。不论在任何时候，独具特色的礼品都会最受欢迎。在将这一原则运用于国际交往中所使用的礼品上时，便是应当努力使之体现民族性。因为在外方人士眼里，最具有中华民族传统特色的东西，往往才是最好的、最受欢迎的东西。

一些中国老百姓眼中的寻常之物，诸如唐装、布鞋、手炉、剪纸、窗花、图章、玉佩、筷子、二胡、笛子、空竹、铁环、风筝以及中国结、油纸伞、生肖挂件等，一旦送到外方人士手里，往往便会备受青睐、身价倍增。外事人员以之送给外方人士，往往适得其所，何乐而不为！

第四，关注礼品的时效性。虽然说向外方人士赠送的礼品一般不宜太过前卫或另类，但对其时效性却不能不加以注意。此处所谓礼品的时效性，是指有些礼品只有在一定的时间段内才会“大放异彩”，产生其应有的效果。若是忽略时效性，其效果往往便会锐减。

例如，倘若在2008年北京奥运会举办前夕和举办期间，我方人员向外方人士赠送印有奥运会标志或吉祥物的礼品，必定大受欢迎。倘若在此之后仍然以之送人，则除专业收藏者之外，对方定会对此兴趣锐减，甚至还有可能视其为“处理品”。

第五，重视礼品的便携性。一般情况下，在为外方人士尤其是远道来访的外方人士选择礼品时，除须考虑以上几点之外，还须兼顾其便携性。即送给外方人士的礼品不仅要满足上述诸点要求，而且还必须使之易于为对方所携带。至少不应赠送易于损坏，或是会为对方平添不必要麻烦的礼品。

有些原本不错的礼品，例如，以民间工艺精制的陶瓷、水晶、景泰蓝、玻璃制品或巨型图画、雕塑、屏风、摆件，因其易破、易碎、不耐碰撞挤压，或者体积庞大、笨重，通常都不宜向远道而来的外方人士贸然相赠。

2. 避免犯忌

由于“十里不同风，百里不同俗”，同一种礼品在不同国家、不同地区、不同民族里，往往会被赋予一些不尽相同的寓意。有鉴于此，在国际交往中为外方人士挑选礼品时，无论如何都不应冒犯对方的有关禁忌，否则其实际效果便会南辕北辙。可以说，避免冒犯禁忌，是选择礼品时绝对不可被外事人员忽视的一个大问题。

根据一般经验，共有如下九类物品在国际交往中不宜充当礼品。通常，可以将其统称为“国际交往九不送”。

第一，一定数额的现金、有价证券。在许多国家里，政府部门或公司、企业往往都有明文规定，禁止其工作人员在国际交往中接受现金、有价证券，或是实际价值超过一定金额的物品。此项规定，不仅是一项常规的职业禁忌，而且亦被视为反腐倡廉的应有之举。

第二，天然珠宝、贵金属饰物及其制成品。忌向外方人士赠送此类物品的缘由，与前者基本上相同。

第三，药品、补品与保健品。中国人习惯于有病时吃药治病，无病时进补、保健。但在国外，个人的健康状况却属于绝对隐私。倘若按照中国人的老习惯，将与个人健康状况直接挂钩的药品、补品、保健品送给外方人士，则往往并不为对方所欢迎。

第四，广告性、宣传性物品。不少外国人，特别是发达国家的人士，极度崇尚个人尊严，因而其自我保护意识极强。在此背景下，外事人员若将中国人大都来者不拒的，带有明显广告性、宣传性的物品，或带有明显的本单位标志的物品送与对方，则往往会被对方理解为我方有意利用对方，或是借机对其进行政治性、商业性宣传。

第五，冒犯受赠对象的物品。送给外方人士的任何物品，都应以不得冒犯受赠对象，包括不冒犯其本人，不冒犯其所在国家、所在地区、所在民族、所在党派，不冒犯其所代表的单位，不冒犯其所信仰的宗教，作为前提条件。若礼品本身，包括其品种、形状、色彩、图案、数目、外包装或者其寓意，冒犯了受赠者的个人禁忌、职业禁忌、民族禁忌或宗教禁忌等，便会使馈赠行为功亏一篑。

第六，易于引起异性误会的物品。在任何常规的人际交往中，“男女有别”都是必须谨记的。在任何情况下，外事人员在面对外方的异性时，都必须有所顾忌。在向关系普通的异性赠送礼品时，务必要三思而后行，切勿弄巧成拙，勿向对方赠送示爱之物，或含有色情、下流之意的物品。

第七，以珍稀动物、宠物为原材料制作的物品。出于维护生态环境、保护珍稀动物的考虑，在国际社会中，珍稀动物及其制成品，例如，以大熊猫、东北虎、藏羚羊、蟒蛇的毛、皮所制成的物品或象牙制品，显然不宜充当礼品。与此同时，以猫、狗、鸽等宠物为原材料的制成品，也不宜选为礼品。

第八，有悖现行社会规范的礼品。挑选拟送外方人士的礼品时，勿忘遵守法律、道德等现行的社会规范。此处所说的现行社会规范，不仅是指我国现行的社会规范，而且还应当将交往对象所在国家现行的社会规范包括在内。如果疏忽了这一点，不但可能误人误己，甚至还会害人害己。

第九，涉及国家机密、行业机密的物品。在国际交往中，我方人员必须具有高度的国家安全意识与保密意识。在与外方人士交往时，既要讲究待人以诚，又要注意“防人之心不可无”。不论在什么情况下，都不可自作主张，未经批准擅自将内部文件、统计数据、情况汇总、技术图纸、生产专利等有关国家、行业的核心秘密随意送给外方人士。否则不仅有损于国家利益或行业利益，而且还可能会为此而受到法律的制裁。

3. 遵循常规

在向外方人士赠送礼品时，我方人员通常必须自觉地遵循国际社会所通行的礼品赠送常规——“六W法则”。

所谓“六W法则”，在此是指外事人员在向外方人士赠送礼品时，必须对有关的六大要点在总体上予以统筹考虑。在英文里，这六大要点均以字母“W”作为其词首，故此外事礼仪称为“六W法则”。

第一个“W”：“Who”，即“送给谁”。它要求外事人员在决定向外方人士赠送礼品时，首先必须明确受赠对象是“谁”，即要求了解清楚受赠者的具体情况。对来自不同国家、不同地区、不同民族、不同阶层、不同年龄、不同职业、不同受教育程度以及不同文化背景的外方人士，为其选择的礼品自然应当有所区别。

第二个“W”：“What”，即“送什么”。它要求外事人员必须重视送给外方人士的礼品具体应当是“什么”。这一问题与上一问题具有明显的因果关系，却又不能完全为其所取代。在选择适用于外事活动的礼品时，不但要因人而异，而且还要兼顾赠送者的能力、交往双方关系、赠送礼品的具体场合等。

第三个“W”：“Why”，即“因何送”。它要求外事人员在为外方人士选择礼品时，必须明确“为什么”。必须强调的一点是，我方人员向外方人士赠送礼品的目的，既不是为了贿赂、收买、拉拢对方，也不是为了逢迎、讨好对方。我方的基本意图，从来都是而且也只能是向对方表达自己的尊重、友好与善意。

第四个“W”：“When”，即“何时送”。它要求我方在作为赠送者时，必须审慎地对待“什么时间”赠送礼品为宜的问题。一般而言，在外事活动中，宾主双方处理这一问题的具体做法有所不同。充当客人时，外事人员通常应当在宾主双方相见之初，或者首次正式拜会主人时即向主人奉上礼品。充当主人时，外事人员则应在饯行宴会上、主方领导会见来宾时或前往客人下榻之处为其送行时，向客人赠送礼品。

第五个“W”：“Where”，即“何地送”。它要求：外事人员必须认真确定“什么地点”适宜向外方人士赠送礼品。按照国际惯例，处理这一问题应讲究“公私有别”：因公交往赠送礼品，应该在办公地点或大庭广众之前赠送，以示郑重其事或光明正大。因私交往赠送的礼品，则应在私人居所或并无他人在场之际赠送，以示双方关系密切，私交甚深。

第六个“W”：“Which”，即“何种方式送”。它要求外事人员应当充分考虑礼品赠送的具体方式，即采用何种赠送礼品方式的问题。就我方人员而言，在这方面应着重注意三点：一是要关注赠送者的身份。若有可能，在官方活动中向外方人士赠送礼品时，最好由当时到场的我方身份最高者亲自出马，以提高赠送活动的档次。二是要重视礼品的包装。在国际交往中，礼品的包装一向被视为礼品的有机组成部分。对礼品认真地加以包装，不但可以提升其档次，而且还意味着赠送者郑重其事的态度以及对受赠者的尊重。对礼品不加任何包装，或者不认真加以包装，则往往会使之自行贬值，或令受赠者感到不受重视。三是要进行礼品介绍。有关礼品的产地、特征、用途以及寓意，应尽可能地当面向受赠者进行必要的说明。

二、接受礼品

在国际交往中，外方人士也经常会向我方人员赠送礼品。在这种情况下，外事人员的临场表现与反应是十分令人关注的。

在正常情况下，外事人员在收受外方人士的礼品时，需要注意如下四个问题：

1. 欣然接受

当外方人士向我方人员赠送礼品时，我方人员通常应当场予以接受。此时此刻，我方人员最得体的表现是：高高兴兴、落落大方地将外方人士馈赠的礼品当即接受下来。切不可忸怩作态地推来推去、躲躲闪闪，或者言行不一地跟对方过分客套。

具体而言，当场接受外方人士的礼品时，我方人员应面含微笑、起身站立，首先以双手接过礼品，随后与对方握手，并正式就此向对方表达自己由衷的谢意。在接受外方人士的礼品时，我方人员若面无表情、畏缩不前、使用左手去接礼品，或者不向对方口头道谢，都是十分失礼的。

2. 启封赞赏

在国外，特别是在许多西方国家里，人们在接受礼品时大都习惯于当场立刻拆启礼品的外包装，将其取出仔细欣赏一番，然后再对其略表赞赏之意。此种为中国人以往所难以接受的具体做法，早已在国际社会里逐渐演化为受赠者接受礼品时必须遵循的一项重要礼节。

在国际交往中接受外方人士赠送的礼品时，外事人员若不当即将其启封，或者对其不置一词，会被理解为对其完全不屑一顾，从而会使赠送者受到极其严重的伤害。

3. 拒绝有方

在日常交往中，对外方人士所赠送的礼品，我方人员并非都应当来者不拒。一般而言，外方人士赠予我方人员的违法、违禁、违规物品，有辱我方国格、人格的物品，有伤风化、有悖社会公德的物品，有碍我方正常执行公务的物品，有害于双方关系的物品，我方人员均应坚辞不受。

需要指出的是，在拒受外方的礼品时，我方人员应阐明其具体原因，并有礼有节、不卑不亢。若发现对方确无恶意，则还须在拒收礼品的同时向对方致以必要的感谢，此亦人之常情。

4. 有来有往

一旦接受了外方人士的礼品之后，切莫忘记有来有往。方法之一，应在适当之时，回赠给对方适当的礼品。礼品的性质与档次，大体上可与对方的礼品相近或相仿。方法之二，在接受礼品后，尤其是在接受较为珍贵的礼品后，应真诚地向对方道谢。除应当场向赠送者正式道谢之外，还可在事后再度表达此意。常规的做法是，在一周内致信、发电子邮件或打电话再次感谢对方。此外，亦可在此后再次与对方相见时，提及自己很喜欢或经常使用对方所赠送的礼品。

第十二节　奉献鲜花

在社交活动中赠送鲜花，是馈赠的一种特殊的形式，而且是人们最为欢迎的一种馈赠形式。送人鲜花，既可以表达感情，歌颂友谊，也可以提升其整个馈赠行为的品位和境界。因此，在职场交际中以花为赠，是最保险而又易于皆大欢喜的一种馈赠选择。

以花为礼时，既要遵守基本的馈赠礼仪，同时也要掌握其自身相沿成习的一些独特做法。一般来说，学习送花礼仪，需要明确的主要有：送花的形式、送花的时机、鲜花的寓意，等等。

一、送花的形式

送花的形式，即应如何将鲜花送人的问题。具体而言，送花的形式既可以以人而区分，也可以以花来区分。

1. 以人区分

以人来区分送花的形式，通常可将其区分为本人亲送、亲友转送、雇人代送三种。它们又分别适用于不同的情况和场合。

第一，本人亲送。本人亲送鲜花，是送花的最基本形式。它可使赠送者在身临其境时，见机行事。不但可以与受赠者一同分享当时的喜悦，而且还可以亲自现场解说自己送花的缘由与其含意，不致使送花的行为“词不达意”。

第二，亲友转送。由亲友转送鲜花，一般是赠送人本人因故不能到场时所作的一种选择。在大多数情况下，它是不得已而为之的。尽管如此，由亲友转送鲜花有时也有其独到的好处。比如说，由于代送鲜花的亲友通常与受赠者并不陌生，所以他可一身二任，同时担任赠送者的最佳信使，细致周详地向受赠者传递有关信息，有时甚至可以能言赠送者所难言之事。

第三，雇人代送。有时，自己难以分身，或是为了刻意制造一种气氛，可以按有关标准支付费用，委托鲜花店的“花仙子”、“花仙女”，或是邮政局的“礼仪小姐”、“礼仪先生”，代替自己上门送花。这种送花的形式越来越受欢迎。

2. 以花区分

依照送人的鲜花或者组合的形式的不同，送花又可以分为送束花、篮花、盆花、插花、饰花、花环、花圈，等等。

需要强调的是，在绝大多数情况下，送人之花以鲜花为佳，尽可能不要将凋零、衰败、发蔫的鲜花送人。

第一，束花。束花，又叫作花束。它是以新鲜的数枝切花，捆扎成束，精心修剪或包装而成的一种鲜花组合。在以花区分的送花的具体形式中，它是适用面最广、应用最多的一种。

第二，篮花。篮花，又叫花篮。它是以形状各异的精编草篮，按一定的要求，盛放一定数量花大色艳的新鲜切花的鲜花组合。与赠送束花相比较，赠送篮花显得更隆重、更高档。其最适宜的场合，有开业、开展、演出、祝寿，等等。

第三，盆花。盆花，即栽种在专门的花盆里，主要用作观赏的花草。送人的盆花，可以是自养的心爱之物，也可以是特意买来的珍稀品种。送盆花的最佳时机，有登门拜年、祝贺乔迁，以及至交互访，等等。赠送的对象，最好是老年人、爱花人以及兼具时空条件者。

第四，插花。插花，指的是采用一定的技巧，将各种供观赏的鲜花在精心修剪之后，经过认真搭配，然后插放在花瓶、花篮、花插之中。将插花放置于室内案头，可使花香弥漫，花色宜人，春色满眼。插花主要适用于装饰居室，布置客厅、会议室，同时也可以赠予亲朋好友。

第五，饰花。在日常生活里，往往可以以单枝的鲜花进行装饰，这就是所谓饰花。按其装饰部位的不同，最常见的饰花有襟花、头花，等等。在二者之中，襟花可使用于各类社交场合，而头花则仅限于非正式场合使用。除亲朋好友外，饰花一般不宜送人。但是，襟花在某些庆典、仪式中，则可以统一发放。

第六，花环。花环，此处所指的是用新鲜的切花编扎而成的环状物，可以手持，也可以佩戴于脖颈、头顶或手腕上。它多用于自我装饰、表演舞蹈、迎送贵宾，有时亦可以此赠人。其受赠对象，通常是贵宾或友好人士。

第七，花圈。花圈，指的是用鲜花扎成的固定的圆状祭奠物。它仅能用在悼念、缅怀逝者的场合，例如，参加追悼会、扫墓、谒陵，等等。

二、送花的时机

在职场交际中，适合以花相赠的机会不少。不过在下述时机赠人以鲜花，或许更容易大见成效。

1. 例行的时机

在人际交往中，在以下场合以花赠人，早已成为被很多人所采用的方式。

第一，喜礼。碰上亲朋好友结婚、生子、作寿、乔迁、升学、晋职、出国诸般喜事，自可赠送鲜花作为喜礼，去恭喜对方。

第二，贺礼。参与某些应表祝贺之意的活动，例如，企业开张、展览开幕、大厦奠基、新船下水、周年庆典、演出成功，等等，可赠送鲜花作为贺礼。

第三，节庆礼。逢年过节，遇到诸如春节、中秋节、国庆节、重阳节、母亲节、父亲节、妇女节、情人节、教师节、护士节、青年节之类的节庆日，可向亲友赠送鲜花。

第四，嘉奖礼。对于先进、模范、英雄、义士以及在各类比赛中的获胜者，或者为国家、为单位赢得荣誉者，可赠送鲜花表示嘉奖鼓励。

第五，慰问礼。当亲友、邻里、同事、同学、同乡或其家人碰到不幸、挫折时，例如，失学、失业、失恋、生病，或是遭到其他一些天灾人祸时，应前去慰问，并赠以鲜花。

第六，丧葬礼。当关系密切者，或者其家人亲属举办丧事、葬仪时，可送以鲜花，以寄哀思。

第七，祭奠礼。当自己为他人祭祀、扫墓时，可以花为礼，追思、缅怀故人，或表示自己的一番敬意。

2. 巧用的时机

在如下一些情况下，用鲜花赠送于人，不仅独出心裁，富有创意，令人耳目一新，而且往往会有助于赠送者与受赠者双方之间关系的发展或者改善。

第一，做客。前往他人居所做客时，选择何种礼品经常让人颇费思量。其实，此时若以鲜花为礼，是既脱俗，又不至于让对方为难或产生猜忌的。

第二，迎送。当关系密切者即将远行，或者远道归来之际，向其赠送一束鲜花，可以巧妙地向对方委婉地表达自己的亲情、友情、爱情，而不会令其无所附丽。

第三，纪念。每逢重要的私人纪念日，例如，与恋人初识之时，与配偶定情之日，以及对方生辰和双方结婚日时，送花给对方，可略表寸心，显示自己“我心依旧”地珍爱对方，并一如既往。

第四，示爱。向自己的意中人吐露自己的爱慕之意，对不少人都是一桩“心思好动口难开”的难事。此时，不妨以花为媒，借花开道，通过向对方献花来袒露自己的心扉。

第五，回绝。拒绝别人，往往也是一大难题。有时，直截了当地以实言相告是不行的，而且也难于开口。例如，拒绝他人求爱、打算中止双方关系时，就是这样。遇上这类情况，可以试一试用约定俗成的、对方知晓的送花的方式去回绝对方。没准儿能够“化险为夷”，渡过难关。

第六，致歉。有些时候，因为阴差阳错，而与其他人产生了矛盾、误解甚至严重的隔阂，可后来才知道责任却在自己一方。如果不想将错就错，彻底失去对方的话，比较可行的一个办法，是赠送鲜花给对方，以花致歉。必要时，还可附以道歉卡。这时，鲜花就会充当自己的“和平使者”，忠实地替自己“言难言之事”，犹如自己当面向对方“负荆请罪”一般。

三、鲜花的寓意

鲜花在常人眼里之所以美丽可爱，除了它自身的先天条件比较优越之外，一个重要的因素，是因为人们往往“借物抒怀”，在鲜花身上附加了种种美好的寓意。

鲜花的寓意，是送花予人时非要正视不可的一个问题。它的本意是指按照人们的一般看法，某一种鲜花依其品种、色彩、数目、搭配的不同，而表示什么意图，或具有何种含意。假如事先不了解鲜花的寓意，或者在选择鲜花时不顾及这一点，那么送人的鲜花往往就会出大差错。

上面主要讨论的是应当怎样送花的问题。而在此，则要讨论应当送什么样的花的问题。从本质上讲，本节讨论的实际上是送花的内容问题。就送花而言，内容与形式相互关联、相互作用，二者都是非常重要的。

下面所要讨论的主要问题，是鲜花的通用寓意和鲜花的民俗寓意。

1. 通用寓意

在世界上，有一些鲜花的寓意是相传已久、人所共知、广为沿用的。这就是所谓鲜花的通用寓意。在许多情况下，人们习惯把鲜花的通用寓意叫作花语。准确地说，所谓花语，乃指借用花卉来表达人类某种情感、愿望或象征的语言。简言之，花语，就是借花所传之意，以花类比之情。

根据礼仪规范，花语一旦形成，并被众人接受之后，便流传开来，须人人了解，个个遵守。不能自造花语，也不许篡改花语。在国外，花语相当普及。

人世间鲜花无数，花语也因此成千上万。事实上，任何人没有必要，也不太可能能够对全部花语一清二楚，熟练掌握。不过，对常用的花语，特别是下述三类花语，却有必要人人做到基本精通。在国际社会里，它们尤受重视。

第一，表示情感。在全部花语之中，有相当数量的一部分，是被用来“寓情于景”，表达人之常情的。

例如，玫瑰表示爱情，橄榄表示和平，百合表示纯洁，石竹表示拒绝，等等。

有时，还可以将几种花语相近的鲜花搭配在一起送人。那些搭配、组合相对比较固定的鲜花，往往又共同形成了新的花语。

比如，用表示勤勉的红丁香、表示谨慎的乌不宿和表示战胜困难的菟丝子组合而成的花束赠予友人，可表示：“君如奋斗，必将成功!”

第二，表示国家。有一些国家目前已拥有自己的国花。所谓国花，指的是以某种鲜花来表示国家，用它来作为国家的标志和象征。

确定国花，有些国家采用的是由议会立法决定的方式，另外一些国家则是依据本国文化传统和绝大多数人的意愿协商选定的。还有一些国家，为慎重起见，迄今尚未明确选定国花。

在正常情况下，各国的国花大都具有下列三个特点：

其一，一个国家只有一种国花。

其二，各国国花都是本国人民最喜爱的花。

其三，国花通常代表国家形象，人人对它必须尊重、爱护。既不宜滥用国花，也不可失敬于国花。在国际交往中，这一点尤其重要。

第三，表示城市。与许多国家拥有国花一样，世界上的许多城市也拥有自己的市花。所谓市花，指的是用来代表本市，作为本城标志或象征的某一种鲜花。

中国的许多城市都有自己的市花。例如，北京市的市花是月季和菊花，上海市的市花是白玉兰，天津市的市花是月季，重庆市的市花则是山茶花。

在中国香港特别行政区和澳门特别行政区的区旗里，则分别以紫荆花和荷花作为其主要图案。

根据常规，凡属市花均具有下列五个特点：

其一，全市人民对它最为喜爱。

其二，它在本市易于生长，并且兼具城市特色。

其三，它由全市人民公开选定。

其四，它被作为本市标志，在美化城市和城市之间的交往中被广泛使用。

其五，它作为本市化身，对其只能倍加尊重，绝不可予以轻视或损坏。

2. 民俗寓意

同一品种的鲜花，在不同的国家和地区，往往会被赋予大不相同的含意。这在多半情况下是民俗不同使然，故可称之为鲜花的民俗寓意。如果说，鲜花的通用寓意指的是鲜花寓意的共性问题的话，那么可以说，鲜花的民俗寓意指的则是鲜花寓意的个性问题。在任何情况下，事物的共性与个性都是相辅而行的。共性寓于个性之中，没有个性就没有共性可言。研究个性，将有助于更加充分地认识共性。

在选送鲜花时，尤其是在跨地区、跨国家的职场交际中欲以鲜花赠人时，不但要看其通用寓意，而且也要看其民俗寓意，二者应当并行不悖。

就选送鲜花而言，应注意的鲜花的民俗寓意主要体现在鲜花的品种、色彩、数量三个问题上。

第一，品种。在不同的风俗习惯里，同一品种的鲜花往往在寓意上大为不同。不懂的话，难免就要犯忌。

例如，中国人所普遍喜爱的菊花，送给西方人是万万要不得的。在西方，菊花通常代表死亡，仅能供丧葬活动使用。

中国人赞赏荷花，是因其“出淤泥而不染，濯清涟而不妖”。可是到了日本，平白无故是不能用它来送人的。因为荷花在日本代表着死亡。

在中国的广东、海南、港澳地区，送人金橘、桃花，会令对方笑逐颜开。而以梅花、茉莉送人，则必定会招人反感。原来，在那里的人们爱“讨口彩”。金橘有“吉”，桃花“红火”，所以让人来者不拒。而梅花、茉莉则音同“霉”、“没利”，故而令人避之不及。

第二，色彩。鲜花的一大特点，是其万紫千红，色彩缤纷。但是，在不同的习俗里，对于鲜花的色彩却有着不同的理解。

举例而言，在国内，人们最喜爱红色的鲜花，因为在中国民俗里，红色象征大吉大利，兴旺发达。新人成婚时，赠以红色鲜花，方为得当。在西方人眼里，白色鲜花象征着纯洁无瑕，将其送予新娘，是对她的至高奖赏。然而西方人未必知道，在老一辈的中国人来看，送给新人白色鲜花则是象征着“不吉利”的。

再如，在很多国家，人们送花时多以多色鲜花相组合，很少会送人清一色的红花或黄花。原来，在那里以纯红色的鲜花送人意味着向对方求爱，而以纯黄色的鲜花送人则暗示决定分道扬镳。

第三，数量。送花的具体数量，在不同国家、地区的民俗中，是大有说道的。

在中国，在喜庆活动中送花要送双数，意即“好事成双”。在丧葬仪式上送花则要送单数，以免“祸不单行”。

在西方国家，送人的鲜花则通常讲究是单数。比方说，送 1 枝鲜花表示“一见钟情”，送 11 枝鲜花则表示“一心一意”。只有作为凶兆的“13”，才例外。

有些数字，由于读音或其他原因，在送花时也是忌讳出现的。比如，在欧美国家，送人鲜花绝对不能是“13”枝。在日本、韩国、朝鲜，以及中国的广东、海南、香港、澳门、台湾地区，送“4”枝鲜花给人，则是招人白眼的，因其发音与“死”相近。

第十三节　涉外文书

在国际交往中，尽管通信技术十分发达，各种新形式、新技术日新月异，但涉外文书仍然具有不可替代的重要作用。在国际交往中，涉外文书作为对外联络、对外交流的一种重要手段，经常为外事人员所广泛使用。

所谓涉外文书，在此指在国际交往中所使用的各类文书。具体而言，它指的实际上是在外事活动中以书面文字形式进行的国际交往。有时，它又被叫作涉外文件或外事文书。从本质上讲，涉外文书是国际交往的一种基本途径。

从总体上进行分析，涉外文书通常具有如下五个基本特征：

第一，形式多样。就具体形式而言，涉外文书的种类可谓纷繁复杂。它们在实践中用途不一、适用对象各异，发挥着各自不同的作用。因此，在草拟、使用涉外文书时，一定要对其名称、用途、对象及其具体的写作要求有所区别。

第二，内容丰富。从宏观上看，无论何种外事活动都难以离开涉外文书的使用。自从我国实行全方位、多层次、多领域的对外开放以来，外事工作所涉及的对象与问题几乎无所不包。这一状况，决定了涉外文书在其具体内容上必然十分丰富。

第三，要求严格。涉外文书总是以成文的形式面世，可以说是名副其实的“君子一言，驷马难追”，不容其出现任何纰漏。在任何情况下，它都不同程度地代表着国家、政府、党派、单位、法人，因此更不允许它语不通顺、句不流畅、词不达意、失敬于人，进而有碍对外沟通。

第四，时效性强。任何文书的写作与使用，都受到一定的时间限制。在瞬息万变的国际舞台上所正式使用的涉外文书，则更是具有极强的时效性。不论在什么情况下，涉外文书的写作都必须“应运而生”、限时完成。因此，涉外文书的使用必须把握时机，不得延误。

第五，讲究礼仪。涉外文书必须遵守礼仪规范。具体而言，大到其适用场合、适用时机、适用对象，小到其格式、用语、文字、用纸、印章，无不有着既定之规。对此，外事人员必须认真学习并严格遵守。

以下将从可操作性的角度，着重对涉外文书的常见的类型与写作的要求进行简略介绍。

一、常见的类型

涉外文书的种类不胜枚举。对外事人员而言，最重要、最紧迫的任务，就是要对涉外文书中最为常见、常用的几种基本类型有所了解。它们主要有以下几种：

1. 协议

在国际交往中，中外双方往往会就某些彼此所关心的问题进行谈判、协商，并力求在某种程度上达成一致的意见。所谓协议，就是当有关各方的权利、义务在原则上达成一致意见后，以具体的书面形式对其加以表述，并在上面进行签字的正式文件。一般而言，它对有关各方都具有一定的约束力。有时它也叫作协定。

在正常情况下，协议乃是针对有关各方某一较长时期之内的相互关系的原则性意见。在协议签署后，其具体项目往往还需要有关各方进一步进行商洽。它的各项条款通常只是一些原则性的规定。

协议的正规内容一般是：首先将有关各方为何目的、在何地、经过何种形式或规格的协商的情况进行一番阐述；接下来的正文，乃是达成协议的具体内容；最后的部分，则是协议签署时间与签署者姓名。它要求有关各方代表正式签字，并注明该协议文本一式几份，各种文体同时生效。

2. 意向书

所谓意向书，一般是指一种表达有关各方基本意向的文件。它多用于涉外经济交往。其基本内容，通常都是对有关各方欲达到的目标或者所能产生的结果进行的原则性表述。

从本质上讲，意向书仅仅是有关各方的意向表达而已，因此它不具有法律效力，在实践中对有关各方并无约束力。其写作的规范性，也不是很强。

3. 照会

照会，是一种极其重要的外交文件。一般而言，它指的是一个国家在其国际交往中以外交通信为形式所采取的外交行动。在正常情况下，照会可分为正式照会与普通照会两种。

第一，正式照会。它是一种最为正式的以个人名义进行的外交通信，是主要用于处理重大外交事务、交涉重要问题时所进行的礼仪性表示，或是体现对某一事件的特别关注。正式照会，一般由国家元首、政府首脑、外交部长、大使、公使、代办或临时代办发给与其身份对等者。它应当在行文时使用第一人称，并签署本人姓名，但不加盖机关印章。

第二，普通照会。它是一种以外交机构名义进行的较为正式的外交通信，通常使用于一般性交涉、行政性通知、日常性事务处理以及重要的交际往来。随着涉外文书的日益简化，目前普通照会的使用范围已越来越广泛。各国政府间一些有关重要国际问题的交流，现在也已逐渐开始使用普通照会。有时，若普通照会以相同内容普遍发给当地各外交代表机构，亦可称其为通告照会。在一般情况下，普通照会使用于各国外交部之间、驻外代表机构之间以及外交部与驻外代表机构之间。因其正式程度低于正式照会，故行文时应采用第三人称，加盖发文机构印章，但不需要负责人签署本人姓名。

4. 备忘录

所谓备忘录，实际上是照会的一种较为简要的形式。它的简要之处主要表现在：无头无尾，没有多余的客套话，所以也有人形象地称之为“无头无尾的普通照会”。

在行文时，备忘录通常采用第三人称。其书写格式较为灵活、随便，其具体篇幅通常没有限制。

在一般情况下，备忘录主要是作为某次正式口头交谈的书面记录，以防止有关各方遗忘、曲解，或用做礼貌的提醒。在涉外交往中，它多用于一国政府就某一问题阐明立场、观点，或者澄清某种事实。

平时，它既可以与普通照会一样广泛地被用来处理各类涉外事务，也可以在特殊情况下被用作一种书面协议。

备忘录的具体传递方式可以是当面呈交，也可以是派员致送。

5. 贺函（电）

在外事活动中，为使中外双方增进友谊、加深彼此之间的联系，经常有必要对外方致以节日的问候或者其喜庆之事的祝贺。例如，遇到国家独立日、国庆日、领导就职、机构建立、企业开业、会议开幕、工程竣工时，以贺函或贺电向对方表示祝贺，往往是最为常用的祝贺方式。通常，此种祝贺方式称为贺函（电）。

撰写贺函（电）时，行文应当简练流畅，遣词造句应当热情礼貌，具体格式应当规范，一些约定俗成的套语应当被酌情采用。从总体上讲，贺函（电）应给人以愉快、温馨、振奋之感。具体来讲，它应当包括如下两项基本内容：一是说明祝贺或问候对方的缘由；二是向对方进行诚挚的祝贺。

贺函（电）的接受者既可以是有关的机构，也可以是机构的具体负责人。根据国际惯例，国家领导、外交部长、驻外使节所发的贺函（电），既可以通过其驻外使团转递，也可以直接通过电报局或以电传直接拍发。至于其他部门、团体负责人所发的贺函（电），则一般应当直接发送。有时，它还可以正式照会的形式发出。

6. 感谢函（电）

在国际交往中，有时需要向外方发出正式的信函或电报，对其致以正式的感谢。在正式场合，这种方式被称为感谢函（电）。有些时候，还可采用公告的方式向外方公开致谢，此种方式则被称为感谢公告。

感谢函（电）多使用于收到贺函（电）、慰问函（电）之后，获得友人帮助、馈赠之后，或者是访问结束、赴宴之后。在上述情况下，使用感谢函（电），乃是一种国际惯例。

感谢函（电）的主要内容，必须既简明扼要，又具有热情与诚意。它大致应当包括：感谢对方的理由；对方对自己的帮助、关心、爱护、支持所起到的巨大作用；对双边关系的赞颂；再次正式致谢；等等。

7. 邀请函（电）

在正式的国际交往中，凡是对外方人士进行邀请时，通常都须使用正式的邀请函（电）。仅对外方人士口头上进行邀请，往往被视为不够正式。

正规的邀请函（电）的使用，常见于以下场合：一是邀请外宾前来我国进行友好访问；二是邀请外宾前来参加国际会议；三是邀请外宾出席庆典或仪式；四是邀请外宾来华讲学或考察；五是邀请外宾参加商贸活动；六是邀请外宾前来演出；七是邀请外宾参加各类展会等。

在一般情况下，邀请函（电）均应简明扼要、热情诚恳。除行文一定要符合礼仪规范外，它通常须包括下述几部分内容：一是向邀请对象进行问候与寒暄；二是说明邀请对方参加何种活动及邀请对方的原因；三是介绍活动的具体安排与细节，诸如邀请对象、活动方式、活动时间、活动地点、所需费用及其支付方式等；四是如有必要请被邀请者确认其应邀与否。

8. 慰问函（电）

当外方机构或个人遭遇不幸时，通常可向对方致函或致电，以示安慰与问候，这就是所谓的慰问函（电）。如果慰问函（电）使用得当，将会进一步密切有关各方之间的相互关系。

慰问函（电）多用于外方发生天灾、人祸时，例如，外方遭遇各类自然灾害、发生重大事故，或者对方及相关人员突生重病、突然去世等。

慰问函（电）的接收者，既可以是政府、机构、团体、个人，也可以是相关单位的负责人以及有关人士的代表或者亲属。其主要内容，应包括下列三方面：一是说明致函（电）慰问的原因；二是向有关方面进行诚挚的慰问；三是表达我方对对方的衷心期望或良好祝愿。

二、写作的要求

一般而言，每一名外事人员在其具体的工作实践中都有可能需要亲自撰写涉外文书。从某种意义上讲，写作涉外文书应当是外事人员所具备的基本功。

在写作涉外文书时，应当认真遵守格式规范、文字通畅、内容得体、译文正确四项基本要求。

1. 格式规范

在国际交往中，涉外文书的写作格式必须中规中矩，符合有关规范。倘若在这方面出现哪怕是很小的差错，都有可能令外方人士产生误解，并将直接有损于双方的关系。

一般来讲，外事人员在写作涉外文书时应当参照既定的规范化格式行文，令其标题、抬头、落款、日期以及礼仪用语等细节之处完全符合规范化的要求。对以下几点，在写作涉外文书时尤须重视：

第一，国名。在涉外文书中所出现的外国国名，通常应采用其正式全称。特别是在国名出现于文书封套或正文抬头之处时，一律应当使用其全称。若同一国名出现数次，则至少应在第一次出现时使用全称。若该国习惯使用简称，则可使用其正式简称。对有些特殊的国名，任何时候都不宜使用简称。

第二，称呼。在涉外文书抬头部分所出现的受文人的姓名、职衔，一律应当使用其全称。若以有关机构、组织、团体作为抬头，亦应采用其全称。当个人或机构、组织、团体的名称第一次在正文中出现时，一般都要使用全称，此后方可使用简称。

第三，人称。涉外文书中所使用的人称，应当与其格式相适应。一般而言，正式照会、涉外函件（电报）等均应以签署者的口气用第一人称写成。普通照会、备忘录等则应以机构的名义采用第三人称写成。在称呼对方时，亦应采用第三人称。凡是以机构名义发出的涉外函件（电报），通常均应采用第三人称。

第四，印章。凡是需要加盖印章的涉外文书，一定要认真地盖好。印迹端正而清晰，是其基本要求。盖印的位置应当适当，一般以骑年压月、上大下小为宜。如果印章带有国徽，则应令国徽端端正正地处于机构名称之上。

2. 文字通畅

在书写涉外文书时，因其事关国家形象、单位形象以及我方对待外方的立场与态度，因此必须做到文字通顺、表达流畅、语言优美、用词准确。具体来说，应当注意如下六点：

第一，逻辑严密。在书写涉外文书时，务必要在形式逻辑上前呼后应、一气呵成，使之无懈可击。为此，必须遵守思维规律，概念要规范，判断要客观，推理要正确，表述要严谨。

第二，文字精确。涉外文书的文字，必须力求精确。不论运用何种文字，一定要由专业人士经手。尤其对有关的国名、人名、职称、时间、地点、数据、事件、史实以及法律、外交政策等，不允许出现任何文字性错误。为此，在写作完毕之后，还应对其进行严格的校对。

第三，字斟句酌。在具体写作涉外文书的过程中，必须字斟句酌、反复推敲、三思而行，既要做到不失礼貌、符合规范，又要做到用词恰到好处。

第四，注意标点。标点符号在涉外文书中虽然所占篇幅不大，但其作用却十分重要。倘若写作中标点符号当用未用或者使用不当，往往就会产生歧义，导致重大失误。因此，在涉外文书的写作中必须高度重视标点符号的使用。

第五，言简意赅。一般而言，涉外文书的篇幅大都不长。即便如此，在遵守规范、讲究格式的同时，仍须对其删繁就简，力求使之言简意赅、短小精悍。

第六，书写工整。在撰写涉外文书时，不论手书还是打印，均应做到通篇干净整齐、字迹美观清楚，以便于阅读。在任何情况下，都不允许对其涂改或污损。

3. 内容得体

在写作涉外文书时，对其具体内容同样应予以重视。对下列四点，尤其不容忽略：

第一，语态庄重。涉外文书不同于文学作品，其语态应庄重而严肃，与涉外文书正式程度相一致。

第二，语气礼貌。在涉外文书中，自始至终都要以礼待人，不失自尊与敬人之意。

第三，层次清楚。涉外文书必须条理清楚、层次分明，使所言之事一目了然。

第四，一文一事。在一般情况下，涉外文书的基本内容讲究单一性，即应力求一文一事。

4. 译文正确

在国际交往中，涉外文书通常均应以本国官方文字为正本，必要时还应附以外文译本。外文译本所使用的具体文种，既可以是交往对象国的官方文字，也可以是国际社会所通用的英文、法文。但若非另有规定，则外文译本一般只应使用一种外文。

附在正本之后的外文译本，通常采用不带机关名称的白纸，但应在其右上角注明“译文”字样。

我国涉外文书的译文，通常不必套用中文格式，而应采用外文的习惯格式。按照常规，我国驻外机构的一般事务文书，可以直接使用其驻在国的官方文字或国际通用的外文。

需要使用外文时，应确保其正确无误。这一要求，在任何情况下都不能改变。

第十四节　升挂国旗

国旗是一个国家的象征与标志。它是由一个国家法律规定的、具有一定正式规格与式样的旗帜，用以在正式场所进行悬挂。目前，世界上的大多数国家都拥有自己正式的国旗。

在正式活动中，人们往往通过升挂本国国旗来表达自己的民族自尊心、自豪感以及对祖国的无比热爱。在国际交往中，恰如其分地升挂本国国旗或外国国旗，不仅有助于维护本国的尊严与荣誉，而且还有助于对外国表示应有的尊重与友好。

出于维护国旗崇高地位的目的，各国对升挂本国或外国的国旗大都自有一套通行的做法，并且逐渐形成了一些有关国旗使用的惯例，此即所谓国旗礼仪。外事人员在面对或者使用国旗时，必须对国旗礼仪严格地加以遵守。

一、悬挂国旗

在正式场合悬挂本国国旗，不仅是一种国际惯例，而且也是人们向祖国致敬的一种常规方式。目前，悬挂国旗的基本礼仪主要包括下述三个方面：

1. 原则性规定

各国对本国国旗的制作、使用以及升挂，一般都有明确的规定，有的国家还特意以立法的形式正式加以颁布。对我国有关国旗的一切规定，外事人员均必须遵守。

第一，国旗的标准。作为国家的标志与象征，各国国旗大都具有标准的固定式样。《中华人民共和国宪法》规定："中华人民共和国国旗是五星红旗。"① 依照权威部门的解释，在五星红旗上，旗面的红色象征着革命；旗上的五颗黄色的五角星及其相互关系，则象征着中国共产党领导下的革命人民大团结。

根据规定，我国国旗的形状、颜色应两面相同，旗上五星两面相对。旗面应为长方形，其长与高的比例为 3∶2。旗杆套为白色。

根据中国人民政治协商会议第一届全体会议主席团公布的《国旗制法说明》，我国国旗的通用尺寸应为以下五种：其一，长 288 厘米，高 192 厘米。其二，长 240 厘米，高 160 厘米。其三，长 192 厘米，高 128 厘米。其四，长 144 厘米，高 96 厘米。其五，长 96 厘米，高 64 厘米。②

第二，国旗的维护。每一名参加外事活动的外事人员，在其日常工作中均应自觉地维护我国国旗。《中华人民共和国国旗法》规定："中华人民共和国国旗是中华人民共和国的象征和标志。每个公民和组织，都应当尊重和爱护国旗。"③ 对国旗的维护，包括下面两个方面的具体内容：

一方面，外事人员必须明确，我国国旗及其图案至高无上。根据惯例，悬挂国旗，应以正面面向观众，不准随便将其交叉悬挂、竖挂或反挂，更不得倒挂。有必要竖挂国旗或使用其反面时，必须按照国家的有关规定办理。

在室外升挂国旗时，通常不宜令其角触及地面，尤其是不得将其直接弃置于地面之上。遇有恶劣天气时，可以不升挂国旗。夜间通常不在室外升挂国旗，倘若有此必要则必须将其置于灯光照射之下。在任何情况下，我国"国旗及其图案不得用做商标和广告，不得用于私人丧事活动"④。

另一方面，不得升挂破损、污损、褪色或者不合格的国旗，在公共场合，凡故意以焚烧、毁损、涂划、玷污、践踏等方式侮辱我国国旗均属违法行为，均应被依法追究刑事责任。

2. 升挂的要求

对于升挂我国国旗的地点与时间，《中华人民共和国国旗法》均有十分具体、详尽的要求。外事人员对升挂我国国旗的有关要求必须认真遵守。

第一，升挂国旗的时间。升挂我国国旗，一般应当早晨升起，傍晚降下。

国内在举行重大庆祝、纪念活动与大型文化、体育活动及大型展览会时，可以升挂我国国旗。

凡国庆节、国际劳动节、元旦和春节，我国各级国家机关和各人民团体均应当升挂国

---

① 《中华人民共和国宪法》，4 版，71 页。

② 参见《中华人民共和国宪法·国旗法·国徽法》，41 页，北京，中国法制出版社，1999。

③ 同上书，36 页。

④ 同上书，38～39 页。

旗；企业事业组织，村民委员会、居民委员会，城镇居民院（楼）以及广场、公园等公共活动场所，有条件的可以升挂国旗。不以春节为传统节日的少数民族地区，春节是否升挂国旗，由民族自治地区的自治机关规定。民族自治地方在其成立纪念日和主要传统民族节日，可以升挂国旗。

第二，升挂的地点、机构。《中华人民共和国国旗法》规定，下列场所或者机构所在地应当每日升挂国旗：其一，北京天安门广场、新华门。其二，全国人民代表大会常务委员会、国务院、中央军事委员会、最高人民法院、最高人民检察院、中国人民政治协商会议全国委员会。其三，外交部。其四，出境入境的机场、港口、火车站和其他边境口岸、边防海防哨所。

《中华人民共和国国旗法》还规定：国务院各部门，地方各级人民代表大会常务委员会、人民政府、人民法院、人民检察院，中国人民政治协商会议地方各级委员会，应当在工作日升挂国旗。各省、自治区、直辖市人民政府外事办公室，如与省、自治区、直辖市人民政府不在同一建筑物内办公，可在其工作日升挂国旗。我国驻外使领馆以及其他常驻外交代表机构，我国在外国的投资企业，我国旅居外国的公民，则应根据其所在国的规定或习惯升挂我国国旗。我国国家领导人和各种代表团出国访问或者参加各种国际会议时，亦应如此。我国的各类全日制学校，除寒假、暑假和非工作日外，应当每日升挂国旗。

3. 升挂的方式

升挂国旗时，有一些规范性的做法是外事人员必须认真予以遵守的。

第一，升旗的做法。在直立的旗杆上升挂国旗时，应将其徐徐升起。升挂国旗时，一定要将其升至杆顶。在同一旗杆上，不得升挂两面国旗。亦不可将一面国旗与另外一面其他旗帜升挂于同一旗杆之上。

必须同时升挂国旗与其他旗帜，或者同时升挂我国国旗与外国国旗时，通常应当首先升挂我国国旗。

第二，降旗的做法。降下国旗时，应将其缓缓降下。不允许降旗时令国旗落地。

必须同时降下国旗与其他旗帜，或者同时降下我国国旗与外国国旗时，一般应当最后降下我国国旗。

第三，下半旗惯例。按照国际惯例，下半旗，即将国旗降下一半的做法，意在向某些人士志哀。因此，平时不得随意下半旗。在有些国家，有以在国旗上方加挂黑纱代替下半旗的志哀方法，但在我国不允许在国旗上方挂任何物品。

《中华人民共和国国旗法》规定：当中华人民共和国主席、全国人民代表大会常务委员会委员长、国务院总理、中央军事委员会主席、中国人民政治协商会议全国委员会主席、对中华人民共和国作出杰出贡献的人士、对世界和平或者人类进步事业作出杰出贡献的人士逝世时，应下半旗志哀。发生特别重大伤亡的不幸事件或者严重自然灾害造成重大伤亡时，可下半旗志哀。①

我国下半旗的日期和场所，依法应由国家成立的治丧机构或者国务院决定。

下半旗的正规方法是：应首先将国旗升至旗杆杆顶，然后将其降至旗顶与杆顶之间的

---

① 参见《中华人民共和国宪法·国旗法·国徽法》，38页。

距离为旗杆全长的 1/3 处。在将其降下时，亦应首先将国旗升至杆顶，然后再将其降下。

二、升旗仪式

在实际工作与生活中，外事人员时常有可能参加升旗仪式。所谓升旗仪式，一般是指在正式场合里以一系列的规范化程序郑重其事地升挂本国国旗的整个动作过程。

《中华人民共和国国旗法》规定："升挂国旗时，可以举行升旗仪式。"[①] 按照国际惯例，我国驻外使领馆及外交代表机构在其开馆时，应当举行升旗仪式。出于对国旗表示无比尊重的考虑，外事人员对升旗仪式务必要慎重对待。

1. 仪式的操作

负责具体操作升旗仪式的外事人员，对有关基本程序与主要环节必须一清二楚，并应认真遵守相应的操作规范。

首先，升旗的程序。在举行正式的升旗仪式时，通常应包括以下五项基本程序：

第一，全场肃立。

第二，宣布仪式正式开始。

第三，出旗。出旗，通常是指国旗正式出场。出旗应由专人负责，其负责操作者通常由一名旗手与双数的护旗手组成。出旗时，通常为旗手居中，护旗手在其身后分列两侧随行，大家一起齐步走向旗杆。

第四，正式升挂国旗。升旗者可以是旗手，亦可由事先所正式指定的各界代表担任。

第五，奏国歌或唱国歌。升旗时若演奏国歌，宜与升旗同步进行。一般讲究旗升乐起，旗停乐止。若演唱国歌，则也可以在升旗之后进行。

其次，降旗的要求。作为升旗仪式最重要的后续环节之一，降旗必须为外事人员所重视。此处的降旗，特指降下升旗仪式中所升挂的国旗。唯有做好此点，升旗仪式才谈得上有始有终。正式的降旗活动，往往称为降旗仪式。

一般而言，降旗的具体形式不限，并不需要组织专门仪式，但仍须由训练有素的旗手、护旗手负责操作。届时，所有在场者均应肃立。无论有无他人在场，降旗时其具体操作者均应态度认真，对国旗毕恭毕敬。降旗完毕，旗手、护旗手应手捧国旗，列队齐步退场，然后将其交由专人保管，切不可将其乱折、乱叠、乱揉、乱拿、乱塞、乱放。

2. 临场的表现

在出席升旗仪式时，所有外事人员均应有意识地对自己的行为加以约束。对以下三点尤应重视。

第一，肃立致敬。《中华人民共和国国旗法》规定："举行升旗仪式时，在国旗升起的过程中，参加者应当面向国旗肃立致敬。"[②] 因此，当国旗升降之时，任何在场者均应停止走动、交谈，并且停下手中的一切事情，面向国旗立正，并向其行注目礼。届时，戴帽者应脱帽，唯有身着制服者可以例外。

第二，神态庄严。参加升旗仪式时，每个人均应以庄重、严肃的态度与表情来表达对

---

① 《中华人民共和国宪法・国旗法・国徽法》，37 页。

② 同上书，38 页。

国旗的敬意。此时此刻，绝对不应当态度漠然，或者嬉皮笑脸。

第三，保持安静。在升旗仪式上，所有在场的外事人员均应自觉保持绝对安静。不允许在升旗过程中交头接耳、打打闹闹，更不许接打移动电话、收发手机短信。

三、国旗排序

外事人员在实际工作中接触或使用国旗时，往往需要面对具体的排序问题。在正式场合，这一问题通常被视为最敏感、最关键的问题。

在实际操作中，国旗排序是指我国国旗与其他旗帜或外国国旗同时升挂时顺序的排列。具体而言，它应被分为中国国旗与其他旗帜的排序、中国国旗与外国国旗的排序两个具体问题。这两个具体问题，一般又分别体现在内部活动排序和国际交往排序中。

1. 内部活动排序

国旗与其他旗帜排序，具体来说就是指国旗与其他组织、单位的专用旗帜或彩旗同时升挂时的顺序排列。在国内所举行的内部活动中，此种情景时有所见。《中华人民共和国国旗法》规定："升挂国旗，应当将国旗置于显著的位置。"① 在一般情况下，升挂我国国旗与其他旗帜时，主要有下列两种常见的排序。

第一，前后排列。当我国国旗与其他旗帜呈前后队列状态进行排列时，必须使我国国旗处于前列。

第二，并排排列。国旗与其他旗帜并排升挂时，存在以下三种具体情况：

其一，一面国旗与另外一面其他旗帜并列。其标准做法是：应使国旗位居右侧。

其二，一面国旗与另外多面其他旗帜并列。在此种情况下，必须将国旗居于中央的位置。

其三，国旗与其他旗帜呈高低不同状态并排排列时，则应使国旗处于较高的位置。

2. 国际交往排序

在某些特殊情况下，我国境内可升挂外国国旗。这样一来，客观上就出现了中外国旗的排序问题。在处理这一问题时，外事人员一定要遵守有关的国际惯例与中国外交部的明文规定。

第一，升挂外国国旗的规定。只有在下述情况下，外国国旗才有可能在中华人民共和国境内升挂使用：

一是外国驻我国的使领馆和其他外交代表机构及其主要负责人的寓邸与乘用的交通工具。

二是外国的国家元首、政府首脑与副首脑、议长与副议长、外交部长、国防部长、总司令或总参谋长、率领政府代表团的正部长、国家元首或政府首脑派遣的特使，以其公职身份正式来华访问之际所举行的重要活动。

三是国际条约和重要协定的签字仪式。

四是国际会议、国际性文化与体育活动、国际性展览会与博览会等的举行场所。

五是民间团体所举行的双边和多边交往中的重大庆祝活动。

---

① 《中华人民共和国宪法·国旗法·国徽法》，38页。

六是外国政府经援项目的签字仪式、大型三资企业的重要仪式、重大庆祝活动。

七是外商投资企业、外国其他常驻中国机构。

此外，在一般情况下，只有与我国正式建立外交关系的国家的国旗方能在我国境内的室外或公共场所按规定升挂。若有特殊原因需要升挂未建交国国旗，必须事先经过省、自治区、直辖市人民政府外事办公室批准。但不论任何时候，均不得升挂台湾当局的所谓“中华民国”的旗帜。

第二，升挂外国国旗的限制。为维护我国的国家主权，外国国旗即使在我国境内合法升挂时亦应受到一定的限制。这些限制具体包括：

一是在我国升挂的外国国旗，必须规格标准、图案正确、色彩鲜艳、完好无损，为正确而合法的外国国旗。

二是除外国驻华使领馆和其他外交代表机构之外，凡在我国境内升挂外国国旗时，一律应同时升挂中国国旗。

三是在中国境内，凡同时升挂多国国旗时，必须同时升挂中国国旗。

四是外国公民在中国境内平日不得在室外和公共场所升挂其所属国国旗。唯有其所属国的国庆日可以例外，但届时仍必须同时升挂中国国旗。

五是在中国境内，中国国旗与多国国旗并列升挂时，中国国旗应处于荣誉地位。外国驻华机构、外商投资企业、外国公民在同时升挂中国和其本国国旗时，必须将中国国旗置于上首或中心位置。外商投资企业同时升挂中国国旗和企业旗时，必须把中国国旗置于中心、较高或者其他突出的位置。

六是中国国旗与外国国旗并挂时，各国国旗均应按其本国规定的比例制作，并尽量做到面积大体相等。

七是多个国家的国旗并列升挂时，旗杆高度应该统一。在同一旗杆上，不能升挂两个国家的国旗。

第三，中外国旗并列时的排序。中国国旗与外国国旗并列时的排序，主要分为双边排列与多边排列两种具体情况。

一是双边排列。我国规定：在中国境内举行双边活动需要悬挂中外国旗时，凡由中方所主办的活动，外国国旗应置于上首。凡由外方所主办的活动，则中方国旗应置于上首。下面以中方主办活动为例，来具体说明三种常用的排列方式。

常用方式之一，并列升挂。中外两国国旗不论在地面上升挂，还是在墙上悬挂，皆应以国旗自身面向为准，以右侧为上位。

常用方式之二，交叉悬挂。在正式场合，中外两国国旗既可以交叉摆放于桌面上，又可以悬空交叉升挂。此时，仍应以国旗自身面向为准，以右侧为上位。

常用方式之三，竖式悬挂。有时，中外两国国旗还可以进行竖式悬挂。此时也应以国旗自身面向为准，以右侧为上位。竖挂中外两国国旗，又有两种具体方式：或二者皆以正面朝外；或以客方国旗反面朝外，而以主方国旗正面朝外。应当注意的是，某些国家的国旗因图案、文字等原因既不能竖挂，也不能反挂。有的国家则规定，其国旗若竖挂须另外制旗。

二是多边排列。当中国国旗在中国境内与其他两个或两个以上国家的国旗并列升挂时，按规定应使我国国旗处于以下荣誉位置：按一列并排时，以旗面面向观众为准，中国国旗则应处于最右方。按单行排列时，中国国旗应处于最前面。按弧形或从中间往两旁排列时，中国国旗应处于中心。按圆形排列时，中国国旗则应处于主席台（或主入口）对面的中心位置。

第十五节　国徽国歌

在国际交往中，国徽与国歌都是最重要的国家标志之一。作为主权国家的象征，它们不仅在国际交往中被频繁地使用，而且也理应受到普遍的、无条件的尊重。

外事人员在其国际交往中，不仅要尊重本国的国徽与国歌，而且也要尊重交往对象国的国徽与国歌。有鉴于此，对于有关国徽与国歌的礼仪，外事人员必须认真地予以掌握。

一、使用国徽

世界上的各个主权国家，一般都拥有其正式颁布使用的国徽。所谓国徽，是指正式场合代表本国的式样图案标准专用的徽记。如同国旗、国歌一样，国徽也是一国最重要的标志之一，并被广泛地使用于其国内事务与国际事务之中。

《中华人民共和国国徽法》规定："中华人民共和国国徽是中华人民共和国的象征和标志。"[①] 因此，外事人员不但要尊重爱护本国国徽，而且在国际交往中还必须依照相互尊重的国际惯例，对交往对象所在国家的国徽表示同样的尊重。参加正式的官方活动时，尤其不应对此疏忽大意。

外事人员若要真正做到尊重、爱护国徽，就必须认真学习并自觉遵守有关的国徽礼仪。国徽礼仪，通常是指人们在制作、使用、维护国徽时必须严格恪守的种种成规与戒条。为了体现国徽的神圣与尊严，世界上有很多国家均以正式立法的形式对本国国徽礼仪进行了明确的规范。例如，我国现行的《中华人民共和国国徽法》，就是根据《中华人民共和国宪法》于 1991 年 3 月 2 日制定，并于 1991 年 10 月 1 日起正式施行的。

1. 国徽的成规

使用国徽的有关规定，是外事人员所必须遵守的。这方面的具体成文规定，主要涉及国徽的制作、国徽的悬挂、国徽的其他用途等。

第一，国徽的制作。各国为了维护本国国徽的尊严，均对其具体制作作出了许多明确而具体的规定。此类规定，是国徽礼仪中十分重要的内容。

制作国徽时，通常应由国家指定的企业统一负责，并应特别关注如下四点：

其一，国徽的图案。各国国徽的图案，均经过精心的设计。其主体图案，一般均由国家正式规定。例如，美国国徽的主体图案是一只白头雕，加拿大国徽的主体图案是枫叶，墨西哥国徽的主体图案则是其国鸟雄鹰与国花仙人掌。

根据《中华人民共和国宪法》的规定，我国的国徽图案："中间是五星照耀下的天安

---

① 《中华人民共和国宪法·国旗法·国徽法》，44 页。

门，周围是谷穗和齿轮。”①

其二，国徽的形状。为统一规格，对国徽的具体形状必须有所规定。根据中央人民政府委员会办公厅1950年9月20日颁布的《中华人民共和国国徽图案制作说明》，我国国徽的具体形状应为：两把麦稻组成正圆形的环。齿轮安在下方麦稻秆的交叉点上。

其三，国徽的尺寸。对于通用的国徽尺寸，《中华人民共和国国徽法》有着明文规定。其直径的通用尺度为100厘米、80厘米、60厘米三种。在特定场所需要悬挂非通用尺寸国徽的，应报经我国国务院办公厅批准。

其四，国徽的色彩。我国正式规定：国徽之涂色为金红二色：麦稻、五星、天安门、齿轮为金色，圆环内之底子及垂绶为红色；红为正红（同于国旗），金为大赤金（淡色而有光泽之金）。

第二，国徽的悬挂。在一般情况下，各国国徽均主要用于悬挂。按照国际惯例，在我国国境之内通常不得悬挂外国国徽，而只能悬挂我国国徽。对于悬挂机构、悬挂场所、悬挂办法，我国均有明确而具体的规定。

其一，悬挂国徽的机构。《中华人民共和国国徽法》规定，下列机构应悬挂我国国徽：一是县级以上各级人民代表大会常务委员会；二是县级以上各级人民政府；三是中央军事委员会；四是各级人民法院和专门人民法院；五是各级人民检察院和专门人民检察院；六是外交部；七是国家驻外使馆、领馆和其他外交代表机构。此外，乡、镇的人民政府也可悬挂国徽。

其二，悬挂国徽的场所。《中华人民共和国国徽法》规定，下列场所应悬挂国徽：一是北京天安门城楼、人民大会堂；二是县级以上各级人民代表大会及其常务委员会会议厅；三是各级人民法院和专门人民法院的审判庭；四是出境入境口岸的适当场所。

其三，悬挂国徽的办法。对悬挂国徽的办法，我国也有具体的规定。机关悬挂国徽时，通常应将其悬挂在机关正门上方正中处。场所悬挂国徽时，也要将其悬挂于室内外的正墙正中处。在任何情况下，均不得将用于悬挂的国徽直接置于地面。

第三，国徽的其他用途。除制作成徽记用于悬挂之外，国徽的图案还可用于国家规定使用的印章、文书、出版物、火漆印、界碑及专用服装上。我国国徽使用的具体现状是：

其一，用于印章。我国规定，下列机构的印章应刻有我国国徽。

一是全国人民代表大会常务委员会、国务院、中央军事委员会、最高人民法院、最高人民检察院。

二是全国人民代表大会各专门委员会和全国人民代表大会常务委员会办公厅、工作委员会，国务院各部、各委员会、各直属机构。

三是县级以上地方各级人民代表大会常务委员会、人民政府、人民法院、人民检察院、专门人民法院、专门人民检察院。

四是国家驻外使馆、领馆和其他外交代表机构。

五是外交部办公厅和有关业务部门，国务院各有关部、委的外事司（局），各省、自治区、直辖市人民政府的外事办公室，计划单列市、经济特区和沿海开放城市人民政府的

① 《中华人民共和国宪法》，4版，71页。

外事办公室。

六是国家驻外使馆和常驻联合国代表团的有关业务主管部门。

七是国家办理签证的机关和签发出入境证件的机关。

其二，用于文书、出版物。我国规定，下列文书、出版物应印有我国国徽图案。

一是全国人民代表大会常务委员会、中华人民共和国主席和国务院颁发的荣誉证书、任命书、外交文书。

二是中华人民共和国主席和副主席、全国人民代表大会常务委员会委员长和副委员长、国务院总理和副总理及国务委员、中央军事委员会主席和副主席、最高人民法院院长、最高人民检察院检察长、外交部部长和副部长、国家和政府的特使、驻外使领馆和其他外交代表机构的馆长以职务名义对外使用的信笺、信封、请柬、贺卡、赠礼卡以及外交文书等。

三是全国人民代表大会常务委员会公报、国务院公报、最高人民法院公报和最高人民检察院公报的封面。

四是国家出版的法律、法规正式版本的封面。

五是全国人民代表大会常务委员会、国务院、中央军事委员会、最高人民法院、最高人民检察院、外交部、国家驻外使领馆和其他外交代表机构使用的外交文书、信笺和信封。

六是以国家、政府或政府部门的名义缔结的条约之批准书、接受书、加入书、文件夹的封面。

七是我国正式颁发的护照签证及其他发给外籍人员的正式证件。

八是外交信使、领事信使的有关证件。

九是驻外使领馆颁发的船舶国籍临时证书。

其三，用于火漆印。以国家、政府或政府部门的名义缔结的条约、协定，可加封刻有国徽的火漆印。

其四，用于界碑。在边境重镇及边境重要交通干线等地竖立的界碑上，可使用国徽图案。

其五，用于服装。中国体育代表团、代表队参加国际体育比赛时，可身着带有国徽图案的服装。某些部门的制服，也可使用国徽。

2. 国徽的维护

在参加外事活动时，外事人员对有关我国国徽及外国国徽具体使用的一系列规定，不但要认真了解，而且还必须认真遵守。

第一，尊重国徽。具体涉及我国国徽与外国国徽的使用问题，首先要求外事人员必须尊重国徽。这里尤为重要的是，不允许滥用国徽、错用国徽，不允许对国徽乱作解释。

其一，不滥用国徽。为了维护我国国徽的尊严，外事人员不得随意滥用我国国徽及其图案。根据《中华人民共和国国徽法》的规定，我国国徽及其图案不得用于下列四种情况：一是商标、广告；二是日常生活的陈设布置；三是私人庆吊活动；四是国务院办公厅规定不得使用国徽及其图案的其他场合。

为了维护我国的国家主权，除外国驻华使馆及其他外交代表机构外，不允许任何外国组织或公民在中华人民共和国境内悬挂外国国徽，或随便使用外国国徽的图案。

其二，不错用国徽。在具体使用国徽及其图案时，要谨防出现差错。在使用中做到正确无误，也是对国徽应有的尊重。外事人员在实际工作中应特别注意防止出现下述四种错用国徽的情况：一是将其他徽记或图案错认为国徽或其图案；二是将国徽或其图案错认作其他徽记或图案；三是使用国徽及其图案时出现颠倒、歪斜、不清洁或重叠的情况；四是使用残缺、变形、褪色或存在其他不规范情况的国徽或其图案。

其三，对国徽不乱作解释。各国对本国国徽均有口径统一的规范化解释。不允许外事人员对我国国徽或外国国徽乱作解释。正规的解释是："我国国徽象征中国人民自'五四运动'以来的新民主主义革命斗争和工人阶级领导的以工农联盟为基础的人民民主专政的新中国的诞生。"①

第二，爱护国徽。在日常工作与生活中，外事人员必须以自己的实际行动爱护我国国徽。即便就一名中华人民共和国普通公民的身份而言，外事人员也应当对我国国徽自觉地加以爱护。爱护国徽的具体表现有：

其一，珍惜国徽。外事人员在具体使用或接触我国国徽及国徽图案时，必须对其发自内心地珍惜。在交谈中涉及国徽及国徽图案时，不允许对其失敬，尤其不得对其出言不逊。

在具体使用国徽及国徽图案时，要努力保持其完好、清洁，不允许对其拍拍打打、乱扔乱放。

在悬挂、摆放国徽及其图案时，应毕恭毕敬、小心谨慎，不允许马马虎虎、毛手毛脚。

加盖刻有国徽的印章时，应认真地将其加盖于规定之处，不允许将其盖得歪斜不清。

接触印有国徽图案的文书、出版物时，不准对其乱撕、乱丢、乱写、乱画，或将其乱用。穿着带有国徽的服装时，必须令其干净、端正。

其二，保护国徽。外事人员在其日常工作与生活中，必须有意识地保护我国国徽及其图案。在任何情况下，都不允许外事人员侮辱我国国徽及其图案。

目前，侮辱国徽在我国已被视为一种违法行为。《中华人民共和国国徽法》明确规定："在公众场合故意以焚烧、毁损、涂划、玷污、践踏等方式侮辱中华人民共和国国徽的，依法追究刑事责任；情节较轻的，参照治安管理处罚条例的处罚规定，由公安机关处以十五日以下拘留。"②

参与外事活动时，外事人员均不得以个人言行有意无意地对外国国徽及其图案加以侮辱。任何焚烧、毁损、涂划、玷污、践踏外国国徽及其图案的行为，不仅会直接破坏中外双方之间的交往，而且还往往会严重损害两国政府之间的关系。

二、奏唱国歌

国歌，一般是指被某一国家正式确定并对外公布的用以代表本国的歌曲。因此，国歌

---

① 《中华人民共和国宪法·国旗法·国徽法》，47页。

② 同上书，46页。

与国旗、国徽一样，历来被视为一个国家拥有的最重要的标志与象征。我国外事人员理当义不容辞地热爱本国国歌，尊重本国国歌，并且自觉地维护其尊严。不仅如此，在其国际交往中，本着相互尊重与平等的原则，外事人员还须有意识地对其交往对象所在国的国歌表示应有的尊重。尊重对方的国歌，实际上就意味着尊重对方所代表的国家。

国歌礼仪，通常指的是对国歌表示尊重的一系列规范性做法与国际惯例。鉴于国歌在国内外交往中发挥的难以替代的重要作用，外事人员应对国歌礼仪全面加以掌握。

1. 运用国歌

作为歌曲，国歌或用于演奏，或用于演唱。在演奏或演唱国歌时，外事人员都必须认认真真、规规矩矩，千万不可马虎大意。

第一，熟悉国歌。无论演奏还是演唱国歌，都必须以对国歌的熟悉掌握为前提。离开了这一基本前提，往往难以确保奏唱国歌时的正确无误。

其一，掌握本国国歌。作为外事人员，不论自己的具体职务级别是高是低，都必须首先熟练掌握本国国歌，既记准它的每一句歌词，又记清它的每一个音符。

必须指出的是：熟练掌握本国国歌，不仅是对外事人员的一种职业要求与岗位要求，而且也是每一位外事人员所应有的爱国的具体表现。我国现行的正式国歌，是由田汉作词、聂耳作曲的《义勇军进行曲》，这是在 1982 年 12 月 4 日由我国第五届全国人民代表大会第五次会议决定的。2004 年 3 月 14 日，第十届全国人民代表大会第二次会议所通过的《中华人民共和国宪法修正案》则明确规定："中华人民共和国国歌是《义勇军进行曲》。"① 在此之前，《义勇军进行曲》曾是我国的"代国歌"，并曾经发生过一些变化。

其二，了解外国国歌。在对外活动中，外事人员应当尽可能地对其交往对象所在国家的国歌有一定程度的了解。这样做的好处是，既可以开阔眼界、增长知识，减少外事工作中不必要的困扰与麻烦，又可以更为充分地、更加合乎礼仪地对对方表示我方的友好与善意。

同我国一样，世界上的绝大多数国家对于本国国歌都有明确规定。有许多国家的国歌一经制定便未曾发生过任何变化。但是，也有一些国家由于政治上发生变动，或者发生了这样或那样的变化，从而使本国国歌随之发生了变化，或者出现了不同的版本。由于某种原因，有的国家尚无正式国歌，或者仅拥有代国歌、准国歌。在世界上，有一些国家同时拥有两首国歌。此外，还有一些国家共同使用一首相同的国歌。

各国国歌通常都有曲有词，然而也有少数国家的国歌仅仅有曲而无词。

根据常规，各国国歌均采用庄重、雄浑的进行曲曲调，但其长度则往往有所不同。有个别国家国歌的乐曲极短，因此在升挂其国旗时，必须将其国歌反复加以演奏。

第二，演奏国歌。各国国歌的演奏，均有其具体的规定。国歌通常只适合在正式的场合或规定的场合进行演奏，不宜随意演奏。在正式场合，国歌的演奏者既要熟悉国歌，又要具备一定的演奏技巧。演奏国歌时，不允许滥竽充数，不允许出现任何人为的失误。各国对本国国歌的曲调与配器一般都有不少严格的规定，我国也不例外。因此，在正式演奏国歌时，不允许擅自改动其正规的曲调，不允许为其重新配器，更不得以不严肃的方式

① 《中华人民共和国宪法》，4 版，71 页。

演奏。

依据国际惯例，我国举行欢迎正式到访的国宾仪式时，应先后演奏两国国歌。其顺序是首先演奏来宾国的国歌，然后再演奏我国国歌。

第三，演唱国歌。就一般情况而论，各国国歌只适合在本国境内演唱，而且只适合在正式场合演唱。对此，外事人员应当谨记。在演唱国歌时，外事人员必须注意下列三点：

其一，全体起立。除身体欠佳者之外，在公共场所正式演唱国歌时，任何人都不得或坐或卧，而应起身站立。

其二，态度认真。演唱国歌时，每一个人都必须认真对待，确保演唱得正确无误。在众人齐唱国歌时，还必须力求节奏适当，与大家保持一致。不允许演唱国歌时丢三落四、自由发挥、更改歌词。也不允许发出怪声怪调，含糊不清，或者有意拖腔。

其三，放声歌唱。演唱国歌时，一般均应放声高唱。不要闭口不唱，或者吐字发声时不清晰、不大方、不准确。演唱我国国歌时，不应任意使用外语或土语、俗语。

在正式场合演奏或演唱国歌时，在场人员必须全体肃立，神情庄重、严肃。

2. 维护国歌

在演奏或演唱国歌时，人们往往会更深切地感觉到它的尊严。具体而言，国歌的尊严不仅体现在国歌自身，而且还体现在演奏、演唱的整个过程之中。

在国际交往中，外事人员有必要自觉地以自身的实际行动维护我国国歌的尊严，并要做到慎用国歌与尊重国歌。

第一，慎用国歌。为了确保本国国歌的尊严不受人为的侵害，各国对本国国歌演奏、演唱的具体场合一般都有不同程度的规定。在一般情况下，按照国际惯例，任何非正式场合，特别是娱乐场合或其他不够严肃、正规的场合，均不得演奏、演唱国歌。例如，我国规定，在商业活动、舞会联谊活动以及婚丧庆悼活动中，一律都不准演奏或演唱国歌。

在我国，目前对于演奏演唱我国国歌或外国国歌的具体场合，都有着不尽相同的规定。

其一，适用我国国歌的场合。在一般情况下，在一个主权国家的管辖范围之内，只准许演奏或者演唱本国国歌。在我国，规定可以正式演奏或演唱的场合大致包括下列几种：一是举行正规的升挂我国国旗的仪式时；二是举行隆重的庆典活动时；三是举行国际性的大型政治性集会时；四是举行重大的外交活动时；五是举行大型体育运动会或进行重要的体育比赛时；六是举行特殊的维护国家尊严与荣誉的活动时。

其二，适用外国国歌的场合。根据国际惯例与我国有关规定，其他任何国家的国歌均不允许在我国境内随意演奏或者演唱。仅有以下四种情况属于例外：一是举行正式的官方外交活动时；二是举行重要的国际会议时；三是举行形式严肃的国际性文艺演出时；四是举行国际性体育运动会或国际性体育比赛时。

应当指出的是，外事人员在外事接待中或因公、因私出国活动时，必须自觉地入国问禁、入乡问忌、入门问讳，严格遵守所在国有关演奏或演唱国歌的一切正式规定，切莫自以为是、随意而为。

第二，尊重国歌。在任何时候，外事人员均应主动维护我国国歌，并对其表示应有的尊重。在外事活动中，外事人员还须对外国国歌表示同样的尊重。

其一，尊重我国国歌。尊重我国国歌，是对外事人员所提出的起码要求。外事人员必须时时对我国国歌表示应有的尊重。当国歌演奏或演唱之际，不允许走动、嬉戏打闹、交头接耳，或接打移动电话、收发手机短信、查阅微博或微信；不允许鼓掌、击节、吼叫、蹦跳或者手舞足蹈、摇头晃脑。演奏国歌时，在场的任何外事人员均应肃立致敬。具体做法是：起身端立，目视前方，双手下垂，神态庄严，聚精会神。不允许稍息、端臂、弯腰、垂首或者瞻前顾后、东张西望。除身着制服之外，一律应当脱帽，并摘下太阳镜。若升国旗与奏国歌同步进行，当演奏国歌时，还应目视徐徐上升的国旗，向其行注目礼。按惯例，身着制服的军人和公安干警应向国旗行举手礼。

一般而言，演奏本国国歌时，应同时默唱或放声高唱国歌。

其二，尊重外国国歌。在国际交往中，各国的国歌均神圣不可侵犯。对建立外交关系的国家的国歌，理当表示尊重。外事人员对别国表示尊重的最好办法之一，就是对对方的国歌表示尊重。而有意或无意地对别国国歌表现出不恭不敬，通常都会被理解为对对方的失敬，或是对对方的蓄意冒犯和挑衅。

外事访问礼仪

重点问题

- 外事访问的总体要求
- 外事访问的主要环节
- 外事访问的操作重点
- 外事访问的科学规划
- 突发事件的及时应对

自从实行改革开放政策以来，已经有越来越多的中国人走出国门，走向了世界各地。因此，当代中国人多有机会涉足于出国访问。

与一般的出国旅游、探亲、留学有所不同，所谓外事访问，简称外访，通常是指因公出访外国。在外事访问中，每一位中国人既代表自己所在的单位，又代表自己的国家。有鉴于此，参与外事访问的有关人员必须对相关的礼仪规范有所了解。所谓外事礼仪，在此具体是指外事人员在其出国访问期间所应具体遵守的行为规范。它的基本要求是：客随主便；入乡随俗；严于律己；好自为之。

从总体上讲，外事访问礼仪主要包括下列三个方面的内容：一是与出访相关的事务性问题；二是出访对象国所特有的礼俗；三是国际社会活动的主要规则。只要掌握了这三个方面的礼仪规范，出访人员就应该能够堂堂正正地“有礼走遍天下”了。

考虑到外事人员的实际需求，以下将着重对与出访相关的事务性问题及国际交往的主要规则两方面的具体内容进行介绍，以期使外事人员在其出访时能够明辨“大是大非”，不至于出现重大失误。

第一节　外交特权

在国际交往中，作为本国中央政府的正式代表，职业外交官向来都备受人们的尊重与各国的优遇。为了确保职业外交官得以合法有效地行使职责，并维护其人身安全，国际法规定：给予职业外交官特定的外交特权与豁免。

外交特权与豁免，简称外交特权，又称外交优遇。站在外事礼仪的角度上来看，外交特权与豁免在本质上属于一种外交礼遇。它是为了使职业外交官以及外交使团作为派遣国的代表能够独立、合法、有效地履行职务，从而使其在接受国之内享有特殊的、规范的国际法地位，即给予其一定的特殊权利，并免除其接受国本国公民所应尽的某些义务。从本质上看，豁免亦为特权，故此外交特权也包括豁免在内。

在外交实践中，职业外交官以及外交使团之所以享有外交特权与豁免，主要是为了使其得以独立、合法而有效地履行职务；同时也是因为作为国家与政府的正式代表，其尊严理当被维护。在此需要明确的是：除职业外交官与外交使团外，其他人通常并无多少机会享有外交特权与豁免。

在正常情况下，职业外交官以及外交使团享有外交特权与豁免都必须基于相互与对等的原则。同时应当指出的是，按照外交特权与豁免的规定，职业外交官以及外交使团免于适用其接受国的属地管辖权，并不意味他们可以完全无视其接受国国内的法律秩序，可以在接受国国内无法无天、为所欲为。实际上，不论派遣国还是接受国，都不会允许职业外交官以及外交使团滥用外交特权与豁免。在接受国内，职业外交官与外交使团均须恪守成规。在一般情况下，外交特权与豁免不得由其享有者个人放弃，而只能由其派遣国决定是否放弃。

从外事礼仪的角度来讨论外交特权与豁免，关键是需要界定其明确的适用范围，并了解其主要内容。

一、适用范围

为保证外交特权与豁免不被滥用，必须明确其特定的适用范围。根据国际法的相关规定，外交特权与豁免的适用范围非常明确。只有在规定的适用范围内，外交特权与豁免方可生效。

具体而言，外交特权与豁免的适用范围包括适用对象、适用时间、适用地点三个方面。在这三个方面，国际法都有着明确而具体的规定。

1. 适用对象

外交特权与豁免的适用对象，在此具体是指哪些人员享有外交特权与豁免。

根据1961年所签订的《维也纳外交关系公约》的规定，外交特权与豁免的主要适用对象是外交代表。按照该公约所作出的具体解释，外交代表特指使馆馆长和其他具有外交官级位的使馆外交职员。而使馆外交职员，则是指具有外交官职位的使馆职员。

除此之外，依照国际惯例，下述人员亦可完全或部分地享有外交特权与豁免：

第一，与使馆馆长或使馆外交职员构成同一户口之家属，即其配偶及未成年的子女。

第二，主权国家的国家元首、政府首脑以及外交部长出国之时。

第三，使馆行政与技术职员。但其进行职务范围以外的行为时，不能豁免民事和行政管辖。对其关税的豁免，也仅限于其赴任时所运入的物品。

第四，使馆事务职员。他们是指派遣国政府所雇用的司机、厨师等人。除其执行公务的行为豁免管辖外，其受雇所得报酬免除捐税和免于使用接受国保险办法。

第五，使馆职员的私人仆役。该类人员的受雇所得报酬免除捐税。至于其他方面，仅在接受国批准的范围内享有特权与豁免。

第六，使馆行政与技术职员的家属。他们可分别享有与行政及技术职员相同的特权。但承认这一特权，应以他们不是接受国国民为前提。

除上述常驻使馆人员之外，由派遣国与接受国双方同意，临时派遣的代表一国就特定任务进行交涉的特别使团人员、派往国际组织的各国代表团成员、国际组织的高级职员等，也可根据有关国际公约享有类似的外交特权与豁免。

2. 适用时间

外交特权与豁免的适用时间，又称适用期限，在此是指享有外交特权与豁免的有效时间。

《维也纳外交关系公约》规定，外交特权与豁免的适用时间为：外交特权与豁免享有者自其赴任进入接受国之时起，至其职务终止离开接受国之时止。

该公约进一步规定：在接受国内尚未享有外交特权与豁免者，自派遣国将其委任通知送达接受国外交部之时起，即享有外交特权与豁免。

倘若外交代表和其他使馆人员死亡，其家属应继续享有所应享有的外交特权与豁免，直至其离开接受国国境的合理期限终了为止。

3. 适用地点

外交特权与豁免的适用地点，一般是指其合理生效的具体空间。在其适用地点之外，外交特权与豁免便会成为一纸空文，变得没有任何意义。

依照国际惯例，对外交代表及其家属而言，外交特权与豁免的适用地点主要是在接受国国境之内。但在一般情况下，他们在第三国境内通常亦可享有外交特权与豁免。

对在外交级别上高于外交代表的一国国家元首、政府首脑、外交部长而言，他们在国外活动时一般均享有外交特权与豁免。

应当指出的是，为了维护国家主权，各国大都对外交特权与豁免及其适用范围有着各自的解释与特别的规定。

中国规定，经中华人民共和国外交部核准，下述人员在我国境内可享有若干外交特权与豁免：

第一，外国政府派来中国的高级人员。

第二，外国政府派来中国参加国际会议的代表。

第三，途经中国或临时停留于中国境内的各国驻第三国的外交代表。

第四，依照国际公约享有外交特权与豁免的人员。

第五，上述各类人员的配偶及其未成年之子女。

此外，对根据民间协定而设立的外国驻华商务代表机构，中国也予以有限度的外交特权与豁免。

二、主要内容

在《维也纳外交关系公约》等一系列重要的国际法有关文献中，对外交特权与豁免的具体内容做出了正式、全面而明确的规定。这些规定，早已为国际社会普遍接受。

从操作层面上来讲，依据其具体对象的不同，外交特权与豁免的基本内容又有给予职业外交官的外交特权与豁免、给予外交使馆的外交特权与豁免之分。

1. 职业外交官的外交特权与豁免

总的来看，给予职业外交官的外交特权与豁免的基本内容，主要包括确保其人身安全，并给予其经济上的适度照顾。

具体而言，职业外交官所享有的外交特权与豁免主要有如下六项基本内容：

第一，职业外交官的人身不可被侵犯。它的基本含义是：接受国当局对别国职业外交官不得加以逮捕或拘留，不得对其施加直接的强制措施。但此项原则并不排除由于职业外交官本人的挑衅行为而引起他人的正当防卫，或在其破坏法律规章以及进行犯罪活动时采取必要的措施予以制止。

第二，职业外交官的安全必须被确保。凡有证据表明某一职业外交官的个人安全受到威胁，其派遣国均可要求接受国提供特别的保护。至于具体的保护措施，则应由双方视具体情况而酌定。

第三，职业外交官享有行动及旅行自由。行动及旅行自由，与职业外交官的本职工作直接相联系，并且是其履行职务的必要条件。《维也纳外交关系公约》规定：除接受国为国家安全设定禁止或限制进入区域另订法律规章外，接受国应确保所有外国职业外交官在其境内行动及旅行自由。

第四，职业外交官享有管辖豁免。此处的管辖豁免主要包括：一是刑事管辖豁免，它是完全的，即接受国法院在任何情况下都不得对职业外交官进行审判或惩罚；二是民事管辖豁免；三是行政管辖豁免。后两项豁免，通常都附加一定的条件。此外，职业外交官无出庭作证的义务。

第五，职业外交官可免除个人捐税。《维也纳外交关系公约》规定：接受国应对职业外交官免征一切对人或对物的国家、区域或地方性捐税。至于职业外交官被免征的个人捐税的具体内容，通常则应由国际公约、双边条约与接受国国内法来调整。

第六，职业外交官可免除关税和免受查验。在一般情况下，职业外交官的私人财物、供个人使用或消费的物品，在其接受国均可免纳关税。职业外交官的个人行李、邮购或寄运的物品，通常亦可在接受国免受查验。

2. 外交使馆的外交特权与豁免

一般而言，给予外交使馆的外交特权与豁免的基本内容，总体上来说是要维护其国家尊严，并有利于其执行公务。

具体而言，外交使馆所享有的外交特权与豁免的基本内容包括如下六项：

第一，使馆馆舍不可侵犯。《维也纳外交关系公约》规定：使馆馆舍，具体是指供使馆使用及供使馆馆长寓邸之用的建筑以及所附属之土地。使馆馆舍不可侵犯的具体含义包括：未经同意，接受国当局不得进入使馆馆舍；接受国负有特殊责任保护使馆馆舍；使馆馆舍免予征用。

第二，使馆档案与文件不得侵犯。外交使馆的档案与文件涉及国家机密，亦为国家财产，故此不得侵犯。不论在使馆之内、外交邮袋之内，还是在其他地方，使馆档案与文件都应得到保护。接受国当局无论在何时何地，均不得对其搜查或抽查，不得开拆、检查、扣留、查封或毁坏使馆的来往公文。但非官方文件、物品，亦不得存放于使馆档案与文件之内。

第三，通信自由。没有通信自由，使馆便无法进行正常工作，故使馆必须享有通信自由。它的具体含义有：接受国应准许使馆为一切公务目的开展通信活动；使馆可使用一切适当的通信方法；接受国应保护使馆通信自由。

第四，使用国旗与国徽。外交使馆有权使用本国的国旗与国徽。外交使馆所使用的国旗、国徽以及馆牌被视为使馆尊严的象征，接受国应当予以保护。

第五，免税。在一般情况下，所谓外交使馆免税具体是指：使馆不动产免税；使馆动产免税；若干规费和手续费收入款项免税。

第六，免除关税和免受查验。在一般情况下，接受国应依照本国法律规章，准许使馆公用物品入境，并免除一切关税和其他捐税。对于使馆运进运出的公用物品，各国通常按照对等原则可对其免除查验，但使馆免税运进的物品原则上不得转让。

3. 职业外交官与外交使馆所承担的义务

在明确上述职业外交官与外交使馆外交特权与豁免基本内容的同时，还必须明确职业外交官与外交使馆所应承担的下列义务：

第一，尊重接受国的法律与规章。

第二，不得干涉接受国的内政。

第三，使馆馆舍不得用于与其职务不相符的用途。

第四，使馆人员不得为私人利益从事任何职业或商业活动。

第二节 乘坐飞机

飞机是现代化的交通工具。它的优点是快速方便、安全可靠、轻松舒适，为其他交通工具所难以比拟。在现代生活中，尤其是在出国访问时，乘坐飞机已成为绝大多数人的选择。

外事人员在乘坐飞机时，必须遵守有关的乘机礼仪规范。唯有如此，才能使自己的旅行既不减兴致，又不会有失身份。外事礼仪有关乘坐飞机的具体规范，主要涉及先期的准备、登机的手续与乘机的表现三个具体方面。

一、先期的准备

出国访问选乘飞机时，为了确保平安、舒适、顺畅、准时地抵达目的地，必须具有一定的乘坐飞机的知识，并据此提前做好准备。为乘坐飞机而提前进行的准备工作，主要有选择航班、购买机票、打点行李等。

1. 选择航班

航班，在此是指飞机定期从始发地点按照规定航线起飞并到达目的地的运输飞行。飞行于国内航线上的航班，叫作国内航班。飞行于国际航线上的航班，则称为国际航班。在选择自己所乘飞机的航班时，在可能的前提下应当考虑如下几点：

第一，选择直达的航班。为了节省时间、费用，减少中转飞机所带来的人力、物力的消耗，在选择航班时，应尽量选择直达自己目的地的航班，而不要选择异地中转的航班。

第二，选择白天抵达的航班。在绝大多数城市，飞机场都设在远郊区，因此应尽量挑选白天抵达目的地的航班，并在时间上为自己留下余地，从而保证自己顺利到达所要前往的地方。如果航班是在晚上，尤其是半夜抵达目的地，往往会带来诸多不便。

第三，选择安全舒适的航班。选择航班时，自然应当兼顾安全与舒适。要做到这一条，一方面是要选择声誉好的大航空公司的航班，另一方面则是要选择拥有大型、先进机型的航班。一般说来，大型、先进机型的客机空间大、科技含量高，所以相对来说就会更舒适、更安全。

2. 购买机票

机票一律按其座位数售票，并预先售票。购买飞机票，既可以预订，也可以临时购买。购票时，应注意的主要事项有以下六条：

第一，持证件购票。在我国国内购买飞机票时，必须出示居民身份证或其他有效证件。无证件或证件不合乎要求者，不能购票。购票时，按规定还要填写《旅客定座单》。在一些国家，往往也有类似规定。

第二，分等级购票。机票通常分为三个等级，它们的价格各有不同。其中，经济舱机票最便宜，头等舱机票最贵，公务舱机票的价位则介于二者之间。它们售价不同的原因主要是其舒适程度不同，而与安全无关。在购票时，最好量力而行。目前，国内外一些航空公司的机票都可打折销售，有的折扣还较大。但应注意的是，折扣机票通常都会带有许多附加条件，例如，不准退票、不准签转等。故此，购买时应再三斟酌，并谨慎从事。

第三，机票有效期。很多国家都明文规定：标价的机票有效期为一年。在此期限内，一般可按规定变更旅行日期或者退票。一旦过期，机票将被视作无效。在有效期内，机票可以进行变更，但以一次为限，并应在航班规定离站前 24 小时提出。

第四，机票忌转让。在机票上均有旅客的姓名，按规定它只供旅客本人使用，不得擅自涂改或转让他人。

第五，机票再证实。旅客持有定妥座位的联程或回程机票，如果在该联程或回程地点停留 72 小时以上，则必须在该联程或回程航班离站前两天中午 12 点以前，办理座位再证实手续。否则，原定座位将不予保留。

第六，退票的规定。中国民航规定，在机票上列明的航班规定离站时间前 24 小时之前退票，收客票价 5%的退票费。在航班规定离站时间 24 小时之内、2 小时之前退票，收取客票价 10%的退票费。在航班规定离站时间前 2 小时以内退票，收取客票价 20%的退票费。在航班规定离站时间后退票，按误机处理，收取客票价 50%的退票费。误机，通常是指旅客未按规定时间办理乘机手续，或是因其旅行证件不符合规定而未能乘机。

3. 打点行李

飞机载重有限，故此对旅客所携带的行李往往都有明文规定。在收拾行装时，对此应有所了解并比照规定办理，以防届时手忙脚乱，因不合规定而耽误行期。有关旅客所携行李的现行规定，主要有以下四条：

第一，随身携带的行李。持头等舱票的旅客，每人可随身携带两件物品，持公务舱或经济舱票的旅客，每人只能随身携带一件物品。每件物品的总重量不得超过 5 千克，其大小则限制在长 55 厘米、宽 40 厘米、高 20 厘米之内，否则不准带入机舱。

第二，免费托运的行李。乘坐飞机时，每位旅客可以免费托运一定数量的行李。若将随身携带的行李重量包括在内，其免费额为：头等舱 40 千克，公务舱 30 千克，经济舱 20 千克。超额的行李应付费托运。可能的话，行李最好交付托运。这样可使自己行动方便，省时、省力、省心。

第三，托运行李的规格。交付托运的行李，每件重量不得超过 50 千克。其大小应限制在长 100 厘米、宽 60 厘米、高 40 厘米以内。此外，还应将其包装完好、捆扎牢固、锁闭严实，并使之能承受一定压力。

第四，禁止托运的物品。按照相关规定，国家规定的禁运物品、限制运输物品、危险物品以及具有异味或容易污损飞机的其他物品，均不准托运或随身携带。重要的文件资料、外交信袋、证券、货币、汇票、锂电池、贵重物品、易碎和易腐蚀物品，以及其他需要专人照管的物品，也不宜交付托运。枪支、弹药、刀具、利器等，不准随身携带乘机。不准随身携带登机的物品，通常还有动物、磁性物质、可聚合物质、放射性物质等。

二、登机的手续

中国民航规定：旅客必须在机票上列明的航班规定离站时间前 90 分钟到达指定机场，办理登机手续。在航班规定离站前 30 分钟，登机手续将停止办理。此刻抵达机场者，将难以登机。外航也大都有此类规定。

办理登机手续，既要早些抵达机场，留出充裕时间，又必须处处符合有关规定，以保证按时登机。除托运行李之外，需要办理的登机手续主要有缴纳机场建设费、换取登机牌、接受安全检查等几项。

1. 缴纳机场建设费

每位乘坐飞机的旅客按规定都必须缴纳机场建设费，否则不准登机。

机场建设费，是指中国各地机场向所有飞机旅客普遍征收的，用以建设、维护机场的一种为国家所批准的特种附加费。其收取金额是全国统一的：乘坐国内航班的旅客，每人应缴纳 50 元人民币；乘坐国际航班的旅客，每人则应缴纳 90 元人民币。在国外机场登机时，一般亦应支付类似的费用。有时，它也被称为机场税。

目前，在国内购买机票时，机场建设费已一并征收，不需要另行缴纳。但在一些国家里，它则需要单独缴纳。

2. 换取登机牌

每位需要乘坐飞机的旅客在登上飞机之前，都必须在机场内的指定之处换取登机牌，然后凭登机牌登机。直接持机票登机是不允许的。在换取登机牌的时候，应当注意下述几个具体环节：

第一，所需凭证。换取登机牌时，必须向工作人员出示机票、身份证或其他有效证件、机场建设费缴纳凭据，此三者缺一不可。使用电子机票的旅客，在其换取登机牌时则不需要出示机票。换取登机牌后，应对其加以妥善保存。若丢失，将难以登机。应当牢记的是，切勿使用假冒或过期的身份证，也不得使用假冒或无效的机票。

第二，确定座位。换取登机牌的实际意义有三个：其一，确认旅客的身份，严防冒名顶替。其二，清点最终将要登上飞机的实际人数。其三，替旅客确定其在本等级客舱内的具体座位。

旅客在换取登机牌时，可根据本人的实际情况与座位的剩余情况，提出自己的要求，这些要求通常都会被满足。喜欢欣赏苍茫云海的人，可以要求紧靠舷窗的座位。乐于活动的人，可以要求过道两侧的座位，或是靠近应急出口的座位。害怕晕机的人，则可要求尽可能靠前一些的座位。在要求具体座位时，应当诚恳、客气，切勿要求过高。

第三，托运行李。在换取登机牌的同时，还可办理托运行李的手续。此处不再重复有关事项，但有必要强调的一点是，托运行李的票据一定要保存好，否则提取行李时就会出现麻烦。

3. 接受安全检查

为确保飞机的飞行安全与全体旅客生命财产的安全，每位旅客在登上飞机之前，均须接受例行的安全检查。安全检查的具体对象，是所有旅客及其随身携带的行李物品。接受安全检查时，应注意以下三点：

第一，接受技术检查。接受此种检查时，旅客必须通过特制的安全门，或接受手提金属探测器的检查。在接受检查前，应取出自己身上全部的金属制品，以保证检查的顺利进行。

第二，接受手工检查。手工检查，即旅客人身或其随身携带的行李由专门的安全检查人员进行手工触摸。进行人身检查时，通常由同性别的安检人员担任。此种检查，目前多为技术检查的辅助形式。

第三，自觉进行配合。在接受例行的安全检查时，务必主动、自觉地予以合作。不要拒绝配合，或是态度粗暴、表现得极不耐烦；不要对安检人员冷嘲热讽、恶语相伤。在接受检查时，若态度不耐烦或胡言乱语，弄不好还会吃官司。

三、乘机的表现

乘坐飞机期间，尤其是在国外乘坐飞机期间，外事人员一定要注意约束个人行为、检点个人表现，在严格要求自己、尊重乘务人员、善待其他旅客等诸方面做到合乎礼仪规范。

1. 严格要求自己

在任何情况下，严于律己、宽以待人都是做人的一种美德，乘机之时自然也不例外。特别要在以下几方面好自为之：

第一，不侵占别人位置。上飞机后，应在属于自己的座位上就座。不要前去高档座舱或空闲的座位抢占不属于自己的位子。坐好之后，腿、脚不要乱伸，尤其是不要伸到通道上或别人的座位上。不要将自己的行李放到他人的行李箱里，或是他人的座位底下。

第二，不贪占任何便宜。不要贪图任何小便宜、顺手牵羊，偷拿不属于自己的公用物品。例如，进餐所用的刀叉、阅读用的书刊、洗手间里的卫生纸、座位底下的救生衣、座位上方的氧气面罩等，均不可擅自带走。否则既不讲公德，还有可能触犯法律。

第三，不四处乱动乱摸。对飞机上的一切禁用之物、禁动之处都要“敬而远之”，不可出于好奇而乱摸乱动，甚至因此而危及飞机上全体旅客的生命安全。此点尤为重要。

第四，不使用违禁物品。在飞机上切勿吸烟。此外，还要牢记飞机上禁用移动电话、激光唱机、手提电脑、调频收音机、电子游戏机以及电子玩具等有可能干扰无线信号的物品。切勿铤而走险，危害自己和他人的生命安全。

第五，不破坏环境卫生。在飞机上绝不能乱扔、乱吐东西。万一因晕机而呕吐，应使用专用的清洁袋。不要当众更换衣服，不要脱去鞋袜。一般的国际航班，通常都禁止吸烟。

2. 尊重乘务人员

登上飞机之后，每一位旅客均应对乘务人员平等相待。要尊重、支持、配合对方的工作，不要为对方制造难题。

第一，回答乘务人员的问候。上下飞机时，均有机组乘务人员在机舱门口列队迎送。在对方主动打招呼、道问候时，不要置之不理，而应予以友善的回应。

第二，感谢乘务人员的服务。每逢乘务人员送来饮料、食物、报刊或是引导方向、帮助搬放行李时，都要主动向对方说一声“谢谢”，不要熟视无睹。当飞机安全着陆后，应当鼓掌以示对全体乘务人员的感谢之意。

第三，服从乘务人员的管理。在飞机升空或降落前，乘务人员都要巡视、检查每位旅客的安全带是否扣好，座位是否调直，身前小桌板是否收起，机窗的遮光板是否打开，此刻务必要服从其指挥。对其他方面正确的管理，也要无条件地服从。

第四，体谅乘务人员的难处。万一遇上飞机晚点、停飞、返航或改降其他机场，应从大局着眼，不要拿乘务员出气。尤其是不要骂人、打人、侮辱人，更不要动辄聚众闹事，甚至拦截飞机起飞，或是飞机降落后拒绝下飞机。不要因为一些细枝末节的小问题，向乘务人员大发脾气或使用武力。

第五，尽量不为之增添麻烦。乘务人员的工作很辛苦，因此要尽量少给他们增添麻烦。不要动不动就摁呼叫按钮，让他们跑来跑去。不要跟漂亮的空中小姐插科打诨、动手动脚，尤其是不宜用手直接拍打对方的身体。对乘务人员信口开河、危言耸听，有时会触犯法律。

3. 善待其他旅客

在飞机上，与其他旅客应和睦相处、友好相待，不要妄自尊大、目中无人。

第一，不破坏秩序。在上下飞机以及使用卫生间时，假如人数较多，应自觉排队等候。不要不守秩序、不讲先来后到。下飞机后领取本人行李时，也要注意这一点。使用公用物品时，要尽量快一些，以方便后来者。

第二，不高声谈笑。在飞机飞行期间，尤其是在飞机夜间飞行或身边有人休息时，切勿喋喋不休、高谈阔论，影响其他旅客休息。

第三，不吓唬别人。与周围的人交谈片刻是允许的，但不宜谈论有关劫机、撞机、坠机一类的不幸事件。不要对飞机的性能与飞行信口开河，从而增加他人的心理压力或制造恐慌。

第四，不有碍他人。不要在飞机上反复打量、窥视其他旅客，对外国人以及女士尤其不应当这样做。此种失礼的做法，往往会令对方感到不适。没事的时候，不要到处乱走。

第五，不随意摇晃。在座位上休息时，不要晃动不止、摇摇摆摆，因其很可能妨碍他人。不要把椅背调得太靠后，从而使自己身后的人活动不便。不要把身前的小桌板反复支起来、放下去，让身前的人为此大受“牵连”。

第三节　下榻酒店

酒店，又叫饭店、宾馆，一般是指规模较大、设备较好、档次较高的旅馆。外事人员不论去酒店访友、娱乐、用餐，还是去酒店办公、住宿，都必须遵守酒店所通行的特殊礼仪。

从广义上讲，酒店属于公共场所，因为它拥有广大的公众活动的空间。从狭义上讲，酒店也可算做私人居所，因为每间客房仅供住宿者专用，他人概莫能入。下榻酒店时，对这两种不同的活动空间的具体行为规范，外事人员均应予以遵守。

一、客房内的休息

客房是酒店的基本组成单位，它是指供客人付费享用的、主要用于其个人休息的房间。虽然客人在其客房内休息时拥有极大的个人自由，无需在意外人的反应，但是依然不能忘乎所以。

外事人员在其客房内所应当遵守的礼仪，主要包括如下三个方面。遵守这些礼仪，既有助于展示个人的良好教养，也有助于使个人更好地享用酒店所提供的服务。

1. 协调人际关系

外事人员在客房这一私人空间休息时，仍须面临种种特殊的人际关系。它主要包括外事人员有可能与之相处或接触的酒店服务员、同屋室友、来访客人、周围邻居等。在处理这些人际关系时，应勿忘敬人为先、克己自律。

第一，服务人员。在进入客房的前前后后，肯定会遇到提供不同服务的酒店服务人员。对他们应注意平等相待，并时时处处尊重其人格。

其一，出入酒店大门时，经常会碰上门童、保安人员。当门童为自己开启大门或向自己问好时，要表示感谢或予以回应。保安人员因职责所在，往往会对每位进入酒店的人士倍加关注。遇到对方打量或者盘问自己时，要积极合作，不应怒目而视、口有微词，或者拒绝合作、扬长而去。

其二，在总服务台登记客房或咨询问题时，不必低声下气、战战兢兢，但也不要趾高气扬、咄咄逼人。届时应当出示完备的证件，并表现出友善与耐心。若要求住某间客房或换房时，应以协商的方式与对方进行沟通。

其三，搭乘有人服务的电梯时，应口齿清晰地报出自己欲去的楼层，并随后道一声“谢谢”。不要自己下手去操作，无视对方的存在。当行李员到自己房间送行李或取行李时，应对其表示谢意，不要对对方不屑一顾，或提出过高要求。

其四，当客房服务员进入客房打扫卫生，送开水、报刊时，应表示欢迎，并且道谢。在走廊里遇上了客房服务员，尤其是对方首先向自己打招呼时，应向对方问好。

其五，打总机人工接转的电话时，要记住向接线员小姐问好或者道谢，不要口气生硬粗暴，或忽略使用礼貌用语。

其六，万一客房内个别设备出现故障，应表现大度。当维修工人出现后，要得理让人，不要刁难对方或是小题大做。

其七，需要送餐服务时，可打电话通知餐厅。当自己所订的餐饮送到后，不要对其吹毛求疵。

第二，同屋室友。有些时候，有可能会与家人、同事同住于一间客房之内。在与他人同住一间客房时，要注意相互适应、相互理解，切勿以我为尊、目中无人。

其一，与配偶一起住宿时，要相互关心、相互爱护。不要打打闹闹、无事生非。带小孩一起住宿时，要对其严加管束。不要听任其自由行动，免得损坏酒店设施或造成自伤。不要在客房内打孩子或任其大哭大叫，更不要让孩子跑出房门去东跑西窜。

其二，与长辈一起住宿时，对对方要倍加照顾。使用客房设备、用具时，应请长辈优先。在作息时间上，应以长辈的个人习惯为准。

其三，与同事一起住宿时，最重要的是要互谅互让、尊重对方。有事要彼此商量，作息时间应大体与对方保持一致。

其四，万一因特殊原因而必须与不相识者或不大熟悉的人同住于一室时，要主动与对方打招呼、相互关心，不可视若路人。但也不必倾心相交、乱侃胡吹。此时特别要注意，不要因自己的原因而妨碍对方休息。

其五，若非配偶、家人，与其他异性同住一间客房有悖伦理道德，故应禁止。在一些西方国家里，成年同性同居一室被视为有同性恋之嫌，亦应予以避免。

第三，来访客人。所租客房倘若不是公司、企业作为办公之用，一般不提倡在客房内会晤来访的客人。若有必要，酒店大堂与咖啡厅是接待访客的最佳之所。在一般情况下，偶尔在客房内见一见来访的客人也是允许的，但对以下几个戒条万万不要忽视：

其一，接待的客人数目不宜过多。若其数量太多、人声鼎沸，就会破坏酒店的肃静，并影响他人。

其二，待客的时间不宜过久，否则宾主双方都会疲劳，而且还会让外人产生误会。

其三，不要让来访的客人在客房内留宿，或使用客房内的各项设备。此种占小便宜的做法，是酒店不允许的。

其四，不要接待普通关系的异性客人。万一确有必要，不要关闭房门，时间也不宜长于半小时。

其五，不要邀请刚结识的人前往自己所住的房间做客，以免造成不必要的麻烦或损失。

其六，不要请来历不明、态度暧昧的异性到自己房间玩，尤其是夜间切勿那么做。

第四，周围邻居。在进出自己客房之际碰上周围的邻居，可以向对方先打招呼。若对方向自己打了招呼，应予回应。一旦与对方相识，则此后再度与其见面时应先向对方问候。

周围邻居万一因故求助于自己，如有条件应尽力相助，不要事不关己、高高挂起，懒于相助。

一般没有必要请刚认识的周围邻居来自己客房里做客，自己也不宜前去打扰。有必要前去时，不要推门而入。要先按门铃，一定要得到允许再入内。晚上 10 点之后，早上 9

点之前，一般不应前去打扰。午休时刻，也不要贸然登门拜访对方。在拜访对方时，若已有他人在座，应改时再去。不要主动介入，免得有碍主人的其他交际。

经过周围邻居的客房时，不要窥视。对不认识的人的房间，则更不能这么做。

2. 享受常规服务

在国外，住宿酒店自然主要是为了能够享受它所提供的高档次的服务。国外的高档酒店，一般都标有星级。星级越高，档次越高，费用亦随之水涨船高。而要充分享受酒店为客人所提供的常规服务，其前提是必须对其有一定程度的了解。要想做到这一点，一是要进行学习；二是要不懂就问。千万不要自以为是、不懂装懂、冒充内行，以免贻笑大方。

在一般情况下，要享受酒店为其客人所提供的常规服务时，需要注意如下几点：

第一，遵守规章。每家酒店为了严格管理，往往都制定有自己的规章制度。因此在入住酒店以后，一定要首先了解这些事关个人利益的规章制度，并且认真自觉地遵守。例如，在酒店客房内做饭、聚赌、吸毒、嫖娼，都是被严禁的。

第二，阅读介绍。客房内大都备有客人须知、业务介绍等各种资料。入住以后一定要对此详细阅读，以便全面地了解酒店为客人所提供的各项业务，并酌情享用。不懂这一条，往往会使自己在酒店里疑难丛生、“举步维艰”。

第三，爱护公物。对酒店里的公共财产要自觉爱护，不要有意加以损坏。若无意中损坏了，则要主动声明并进行赔偿。对于酒店提供给客人使用的物品，要注意节约使用。不要在离开酒店时偷带不准带走的物品。

第四，注意安全。在每间客房正门背后，通常都张贴着酒店内部构造示意图。一定要抽出时间认真阅读，并对此有所了解。要熟记应急通道的具体位置，以备发生紧急情况时逃生。万一在住宿期间遭遇突发事件，要服从酒店工作人员的安排，不要东躲西藏、乱冲乱撞。

第五，财物存放。在一般情况下，均不应将贵重物品、现金、有价证券存放于客房内。酒店大都有为住宿的客人免费提供存放贵重物品的业务，因此一定要在入住之后，将自己的贵重物品交予酒店方面代为存放，不要因为怕麻烦而造成财物损失。一旦发现个人物品丢失或被盗，应尽快通知酒店保卫部门或公关部门，请求对方协助查找。

第六，不耻下问。不论遇到何种疑问、难题，客人都可以向客房服务人员、客房服务中心、总服务台或公共关系部门咨询或求助，对方一般都会鼎力相助，尽一切可能为客人排忧解难。可以毫不夸张地说：只要客人不耻下问，绝大多数的疑问、难题都会迎刃而解。

第七，利用电话。酒店的客房里一般都设有电话。利用电话，将会对自己帮助极大。不论有事找客房服务员、总服务台还是找其他部门，都不必亲自前去，打一个电话即可。需要早些起床或是需要帮助提醒某件事情，均可告知酒店电话总机，届时对方一定会进行电话提示。当总服务台有客人的信件、留言时，总服务台也会通过电话进行及时的通知。

第八，避免打扰。进入客房后，一般均应立即关闭房门。休息时，还须拴上保险栓或保险链。若不想被酒店工作人员打扰，可以在门外把手上悬挂专用的“请勿打扰”告示牌，或者开启“请勿打扰”指示灯。但在离开房间时，应取下此牌，或关闭此灯。必要时，还须在门外把手上悬挂“请打扫房间”的告示牌，或开启“请打扫房间”的指示灯，以便客房服务员进行工作。

第九，衣物洗涤。入住酒店后，如需清洗衣物，最好交付洗衣房代劳。具体做法是：将衣物装入专用的洗衣袋放在客房内，或交给客房服务员。若需要快洗，不仅要事先说明，而且还需要多付费用。在国外，通常不允许在客房内洗衣服。即便洗了衣服，也不许将其挂在窗外、屋内、走廊上或晒到阳台上，而只许晾在浴室里面。

第十，预约预订。如果需要购买物品、递发信件、购买演出票，可请总服务台代为办理。如果需要预订出租车、机票、船票，也可请其代办。

3. 保持卫生

入住客房后，理应自觉保持卫生。这不仅对自己有益无害，而且也是对客房服务员辛勤工作的一种尊重。要做到保持客房卫生，应该注意的事项大致有下列几项：

第一，放好个人物品。客房好比客人临时的家一样。在这个“家”里，个人物品一定要分类、定点摆放。这样用起来方便，看起来也舒服。大件物品最好放在壁橱里，小件物品则最好放在抽屉里。尽量不要将小件物品，例如，钱包、钢笔、手机、电子记事簿等，乱扔在桌子上，或放在枕头下面、毛毯之中，否则它们就有可能被客房服务员当作无用的物品扔掉。

第二，保持房间整洁。休息完毕后，应将被子、毛毯叠好并摆放整齐。脱衣休息时，衣服、鞋袜亦应分别放好，不要信手乱抛、乱丢。在客房内食用水果、糖果、点心时，不要将果皮、纸屑乱扔一地，最好是将其装入果盘或倒入垃圾桶内。离开酒店前，亦应抽时间对房间略作整理。

第三，讲究浴室卫生。在浴室内洗脸、洗澡时，要采取必要的措施，如使用防水帘、减小水量等，以防止地上水流成河。洗脸、洗澡之后，要将水放掉，不要留待客房服务员前来处理。大小便之后，一定要立即放水冲洗干净。切勿不拘小节，对此不管不顾。

第四，防止空气污染。在客房内，尤其是在使用空调的客房内，最好不要吸烟。即使吸烟，也要避免乱弹烟灰、乱扔烟头，搞得地上肮脏无比，甚至烧毁地毯。住在禁烟的酒店或楼层时，则切勿吸烟。不要在室内吃气味难闻的食物、水果，不要存放腐烂的食物、水果。衣服要勤换，身体要保持清洁。不要让衣服味、体味浓重混杂，令人窒息。

第五，禁止开火做饭。在国外，一般的酒店都不准在客房内自行开火做饭。需要用餐的话，既可以请餐厅派人前来送餐，也可以自己前往餐厅用餐。之所以禁止客人在客房内开火做饭，主要是因其有碍环境卫生。而在使用电炉、电热杯等工具做饭时，还有可能使电路超过正常负荷，从而造成火灾、短路等危险或不便。

二、酒店内的活动

在现代化酒店内，均建有许多娱乐、餐饮、购物、通信、办公设施。住宿于酒店的客人可享受酒店所提供的此类便利，非住宿者往往也可到此会友、娱乐、休闲。但不论是谁，在酒店内活动时都应遵守下述礼仪规范：

1. 着装

在酒店内活动时，着装既要与周围环境相协调，又要文明得体、不失身份。在此方面，对住宿者与非住宿者的具体要求略有不同。

第一，对住宿者的要求。住宿者在客房内活动时，着装可相对自由一些。但无论如何，住宿者都不允许身着睡衣、内衣、拖鞋之类的室内装束，出现在酒店的公用、共享空间之内。至于光着膀子出行，则更在禁止之列。

第二，对非住宿者的要求。对来酒店访友或消费的非住宿者，在着装方面总的要求是着装文明，力戒衣冠不整。具体而言，酒店不欢迎衣衫不整、不修边幅者入内。穿背心、短裤、拖鞋的男士，穿泳装、三点式、睡衣的女士，均会被拒绝入内。

2. 活动

在酒店内活动时，既要不超出规定的活动范围，又要注意使自己的行为举止不妨碍别人。

第一，禁区。在酒店内部活动的主要范围，对一般人而言，主要是指酒店所划定的公用、共享空间，例如，大堂和餐饮、娱乐、购物、通信场所。在此类地方，一般人均可遵照指路牌的引导畅行无阻。

非公用、共享的内部空间以及危险之处，例如，公司或企业的办公室、其他客人的客房、酒店服务人员的休息室、配电室、楼顶等处，均是一般客人的禁区。除有必要外，均不宜前往。

第二，走动。在酒店内部走动时，要保持一定的正常速度，并要显得落落大方、不忙不慌。若无特殊原因，不要在酒店内乱跑、乱窜，以免让人觉得形迹可疑。

不要尾随其他人，在无人之处尤其要注意这一点。单身的女士最好不要长时间独自一人在酒店内的公共场所久久停留。在国外，具有此种行为的女士往往会被人当成非良家妇女。走动的时候，尽量不要有意无意地弄出声响。穿硬底鞋的人，穿钉有金属鞋钉、鞋掌的鞋的人，对此则更应切记。

第三，交谈。在酒店内的走廊、电梯、楼梯等处，除打招呼之外，均不适合逗留过久，更不宜在此与人交谈。若打算与他人在客房外、酒店内找个地方好好聊聊，最佳的地点则首推大堂、酒吧或咖啡屋。在娱乐场所虽允许交谈，但其氛围并不适合深谈。

在大堂、酒吧或咖啡屋与其他人交谈时，应注意压低音量，不要大吵大闹、大声说笑，免得影响别人。一边与熟人交谈，一边窥视陌生人，也是很不合适的举动。它极易给人以轻浮之感。

3. 用餐

酒店内，通常都设有专供客人使用的餐厅。在大一些的酒店里，餐厅通常还不止一个。除餐厅之外，酒吧、咖啡屋也可以向客人提供餐饮。在酒店内用餐时，应注意以下几点：

第一，保持耐心。有些热门的餐厅，因其名声在外，往往宾客如云。要想前去这些地方用餐，最好提前打电话预订座位。如果临时决定前去，碰上人多的情况，则要遵守先来后到的顺序，耐心地排队等候，绝不要以任何理由搞特殊化。

在进入有空座的餐厅时，应在引位员的指定之处就座。有特殊要求可向其提出，但不应与其他人争座、抢座。酒吧里的座位往往不甚讲究。与其他人可以同坐一桌，但在就座前先要征得对方的同意。

第二，尊重侍者。在点菜、用餐、要饮料时，对待侍者的态度要平等、和蔼，不要拿腔拿调，有意显得高人一等。当对方是年轻女性时，讲话要文明得体，不要调侃、取笑对方，或是纠缠、刁难对方。故意为难、捉弄对方，或过分支使对方，只会显得自己少调失教。

倘若对菜肴、酒水有要求、有意见，可向侍者提出，但不要要求过高。当自己的要求难以满足时，要保持克制态度，不要怒发冲冠，拍桌子砸碗，或辱骂侍者。

第三，禁止酗酒。在餐厅、酒吧内饮酒时，应注意控制酒量，不要酗酒，更不能在那里发酒疯。

不要在饮酒时与人猜拳行令，大声喧哗，有意招摇，更不能借此机会聚众赌博。

4. 娱乐

设施完善的酒店之内，通常都设有歌厅、舞厅、酒吧、球厅、游泳池、桑拿浴等娱乐、健身场所。在此类地方进行娱乐时，亦须遵守相关礼仪。

第一，打扮。在酒店内娱乐、健身时，没有必要穿着打扮得像是前去办公、赴宴，否则不仅自己不舒服，而且别人看着也不顺眼。总的说来，娱乐、健身时的打扮只要行动方便、便于娱乐、吻合环境，即为得体。此处有两点应予以强调：

其一，娱乐、健身场合的着装只适用于娱乐、健身场合，切勿穿着它去其他地方招摇过市。

其二，娱乐、健身时的打扮不宜过于怪异。例如，女士不要化艳妆，或穿黑皮短裙、黑色网眼丝袜，男士不要打扮得不男不女或像“暴走族”一样。那些行头往往会让人觉得着装者身份可疑，因为在常人的印象里，此类打扮的人，往往会与娼妓、窃贼、吸毒者联系在一起。

第二，合作。在娱乐、健身时，有时需要与他人共同使用某种设施，有时则需要与其他人进行合作。

使用某种设施时，不要一人独霸。若他人打算加入合用，应表示欢迎。若打算与他人合用则不要一厢情愿，应事先礼貌地征得对方的同意。

需要与他人合作时，发出的邀请要彬彬有礼，不要勉强对方。若他人邀请自己合作时，有可能的话，最好不要拒绝。万一打算拒绝，要先讲“对不起”，并说明具体理由，让对方有台阶可下。

第三，异性。在娱乐、健身场所，邀请异性合作无可厚非，但对对方必须尊重，不可调戏、逗弄。

男士对女士要有绅士风度，要多加优待与关照。但是，对初次相识者，则要保持适当的距离。不可一见如故、口无遮拦，不可讲下流话、开黄色玩笑，更不可动手动脚。

女士对男士要保持适当的距离。不可利用男士对自己的照顾而发嗲撒娇、耍贫耍赖，不可索要他人钱财。占此种小便宜者，往往要吃大亏。

5. 购物

酒店里大都设有商品柜台，供客人选购。一些大型、高档的酒店里，还设有商场、超市和著名品牌的专卖店。在此类地方购物时，有四点注意事项：

第一，存包。在进入自选超级市场购物时，如果有提示要求存包，则应自觉遵守。没有必要的话，不要携带其他商品进入自选商场，省得生出麻烦。

第二，挑选。挑选商品时，不要漫无目标、随手乱指，不要过分苛刻、百挑不厌。对未选定的商品不要乱动、乱拆、乱试、乱抠、乱摸，以免造成其损坏。

第三，付款。在付款时，要当面与售货员做到货款两清。接过找回的钱款，一定要进行清点。由于酒店内的商品大都较贵，所以在付款前一定要首先看清楚其具体标价，以免届时捉襟见肘、当众出丑。

第四，退货。购买商品后，应保留发票或其他有效凭证，以供退、换商品之用。退、换商品时，理由要充分，说明要客气，不要因此而指责售货员或是冤枉对方。

6. 办公

前往公司、企业设在酒店的办公地点洽谈公务时，应当遵守必要的礼仪规范，因为它与一般的私人拜会毕竟有着很大的不同。

第一，预约。在此处洽谈公务，一般都应提前进行电话预约，以便对方有时间接待，并为此早做准备。切勿不约而至，充当干扰对方工作的不速之客。

第二，守时。拜会的时间一经约定，就必须严格遵守。通常，应当正点抵达约定地点，或稍晚两三分钟到达。不要迟到太久或提前到达，更不能私自取消约定而又不通知对方。

第三，通报。到达约定地点后，应采用适当的方法，例如，打电话、按门铃、请秘书转达或递名片等，向被拜访者通报自己的到来，令其有所准备。届时不要不打任何招呼便推门而入。

第四，告退。由于位于酒店内的办公地点一般都不大，因此一般在此不宜久留。一般的拜访，均不应超过半小时。不要企图在那里消磨时间。

第四节 出席宴会

宴会，通常指的是一种正式而且隆重的宾主在一起用餐的集会。根据礼仪规范，宴会应被视为一种高层次的社交活动形式。

在国际交往中，外事人员经常会以宴会的形式款待客人，同时也经常会有机会被邀请赴宴。不论去吃中餐还是去吃西餐，不论宴会的具体形式是庄严隆重还是轻松随意，外事人员都应当牢记：此刻自己是置身于一种社交场合，而不是在自己的家中与家人一道用餐。出国在外，前去出席外方宴会时尤须切记此点。在宴会上勿忘交际，勿忘以礼仪严于律己，才是我方所应取的正确态度。

一、餐前的表现

所谓餐前的表现，在此泛指赴宴者在接到邀请后直至用餐前一切与宴会相关的所作所为。注意自己餐前的一切表现，努力使之文明礼貌、大方得体，这是宴会礼仪的一项重要要求。对下述各点，外事人员务必予以注意。

1. 应邀赴宴

依照惯例，正式的宴会应以请柬邀约客人。在一般情况下，请柬至少应当提前 10 天以上到达客人手上，以便对方提前进行安排。

如果宴会是专门为某些特定对象而举行的，例如，洗尘宴会 、庆贺宴会、生日宴会、饯行宴会等，则主人在确定宴会的具体时间、地点与邀请对象时，需要与对方进行友好协商，并且在原则上应讲究“主随客便”。假如不征求对方意见，便自作主张地先把请柬寄给了对方的“对头”，即便想要充当双方之间的“和事佬”，也不会有谁领情。

接到邀请自己赴宴的请柬后，通常不论能否出席，都应当尽快确定下来，并应尽早向主人通报。在正式的宴会上，主人需要为全体出席者排定桌次与位次。若届时有人临时缺席使座位空置、酒菜浪费，对主人是极不尊重的。

一旦通知主人决定赴宴，此后便不宜再作变动。反反复复，或是告之以“定不下来，到时候再说”，都是不礼貌的。

同一切正式约会一样，事先告诉主人自己决定赴宴，到时候却又炮制各种借口缺席，会让主人十分寒心。绝对不要再说什么“临时有其他重要的事情要办”。出席宴会，会见主人，谁能说不是一件重要的事情呢？要是再讲自己还有其他更“重要的事情”，那就等于告知主人：他的盛情邀请并不重要。

假如真的不能如约赴宴，也务必要早日告诉主人，并为此诚心诚意地进行道歉。如果临时不能出席的话，亦须尽快告诉主人。事后，还应当“负荆请罪”，登门向主人亲口道歉。

主人在邀请客人出席宴会时，如果在请柬上或口头上通知了一些具体要求，诸如是否携带配偶、要不要穿礼服、应当何时到场等，客人均应予以遵守。

规模盛大的宴会，尤其是西餐宴会，往往都约请客人夫妇一同参加。假定客人的配偶不在本地或是尚未成婚，应当提前告知主人。如果有必要进行应酬，请自己的子女、兄妹或秘书一同出席宴会也是可以的，但是需要提前征得主人的同意。

比较正式的宴会，特别是举行于晚间的盛大宴会，对出席者的服饰大都有所规定。如果要求赴宴者穿礼服，通常男士应着黑色或其他深色的西装、中山装套装，女士则应穿旗袍、唐装或者其他应时、应景的高雅端庄的裙式服装。尽管这么穿与国际上公认的礼服式样还有一定的不同，但从我国的国情出发也不算为过。

在普通的宴会上，对着装可能没有明确的规定。即便如此，赴宴者也绝不可对维护自我形象一事掉以轻心。赴宴时的着装，切勿过于随便。在此种场合穿着T恤配牛仔裤、跨栏背心配西式短裤、宽松式上衣配紧身裤等，在风格上显得过于散漫、休闲，都是不合时宜的。

在请柬上，对举行宴会的具体地点与时间多有明确的通知。若发现无此项内容，需要打电话事先了解一下，免得到时出现差错。

2. 抵达现场

一般认为：宴会出席者抵达宴会现场的时间早晚，是与对主人和其他出席者的尊重与否密不可分的。从总体上讲，出席宴会既不宜晚到，也不宜早到。晚到会让人久等，早到则会令主人因准备未妥而措手不及、手忙脚乱。具体而言，出席宴会的主宾应正点到场。稍晚一点的话，至多也不要超过5分钟。其他的宴会出席者，如出席宴会作陪者等，按照礼仪规范不应当晚于主宾到场。通常，这些人应提前一两分钟或正点入场。

应邀赴宴时，不一定非要给主人带去礼品。如果是出席规模盛大、人数众多的宴会，则更没有必要这样去做。要是参加亲友举办的小型宴会，例如，家宴、生日宴会，则可以为主人预备上一份小礼品。此时此刻，既拿得出手又能让主人开心笑纳的礼品，当首推鲜花。除此之外，带上一瓶好一些的酒，往往也会大受欢迎。只是应当强调，即使空手前往，也不要携带糖果、点心、水果、饮料、罐头或者自己家中用不完的物品去充当赴宴的礼品。

到达宴会现场后，应首先前往专设的衣帽间去存放自己的外套、帽子与皮包。在衣帽间脱下外套时，男士有义务协助自己的配偶或其他与自己一起入场的女士。有时，当贵宾脱外套时，男主人还会亲自动手予以协助。碰上此种情况，被协助者应表现得落落大方，同时还应向协助者表示自己的感谢。

走出衣帽间后，宴会的出席者按照惯例应当主动去向主人致以问候，并感谢对方的邀请。如果男女主人同时在场，不要忘却“女士优先”，即应当首先问候女主人，随后再问候男主人。若主人当时正与主宾寒暄或正忙得焦头烂额，则对其的问候与感谢可以稍后进行。

主人或接待人员没有邀请或引导来宾入席时，切勿擅自提前闯入宴会厅。可以在宴会厅门外不远处静候，在主人指定之处集合，或是在休息厅内稍事休息。

当主人邀请大家入席时，绝不可争先恐后、一拥而上。依照宴会礼仪，首先入席的，应当是主人夫妇与主宾夫妇。在此之后，其他人方可按照由尊及卑的先后顺序井然有序地依次入席。

3. 依次就座

不论西式宴会还是中式宴会，桌次与位次的排列摆放都非常讲究。通常，在每张餐桌上居中都摆放着桌次牌。在每个人的座次前方，还摆有写着姓名的位次牌。这些细节，大都会在请柬上注明。入席的时候，一定要“客随主便”，即不要到处乱坐，不要随便提议与他人换桌或换座。

在宴会上入座时，应从自己行进方向的左侧就座。拉动座椅时，应同时使用双手，并轻挪轻放。不要一手拎起或举起座椅，让周围的人担惊受怕，也不要把桌椅搞得响声大作。

与他人一同就座时，应首先请同桌的女士、长者、职位高者或嘉宾落座。必要的时候，还须主动协助他们拉出座椅，协助其就座。

坐下时，椅面不要距离餐桌过近或过远。一般认为，二者之间保持 20 厘米左右的间隔最好。坐姿要端庄而稳重，不要仰在椅背上“歇息”，不宜双手托腮左顾右盼、双臂支在餐桌上“研究”饭菜、双腿在餐桌下面动来动去，或是双脚到处乱踩、乱蹬。此外，在进餐之前，既不要挪动餐桌上的一切器具，也不要猜测或向周围的人“咨询”：“今天将会品尝什么?”

如果现场设有衣帽间，就不要将自己的大衣、帽子、皮包带入宴会厅。如果没有衣帽间，也不能将自己带入宴会厅的东西乱放。不能把它们放在桌上、地上或窗台上。

除上述餐前礼仪之外，外事人员在赴宴时还有以下三个细节需要注意：

第一，在用餐期间，不宜随便走动、东游西逛，或是去找熟人打招呼。

第二，在宴会举行期间，如无要事不能退席，否则就会被当成是向主人表示抗议。需要中途退场，应在离去之前向主人进行解释，并为此而道歉。

第三，在用餐之后不要急于退席。只有当主人与主宾离开之后，才可以告退。在退场时，应向主人再表谢意。来不及当面讲，则可在事后打电话、发电子邮件或写信专门致谢。如果参加的是家宴，则在餐后至少应停留一刻钟以上，再与主人交谈片刻。此时若马上就走，等于向主人表明自己是专门“为吃而来”的。

二、席间的禁忌

美国的开国元勋汉密尔顿曾指出：除了律法明文禁止的之外，人们可以随心所欲地去做他们自己想做的一切事情。若将他的这句话修改成“除了不合乎礼仪规范的举止之外，人们在宴会上可以自由自在地品尝美味佳肴”，恐怕也是正确的。

宴会属于一种高层次的社交应酬，因而我方人员在宴会上的一切举止谈吐都应当做到端庄、文雅、得体。而要做到这一点，就需要对一些不良举止加以禁止。如果能够在席间牢记下列“有所不为”，就不会有大的闪失。

1. 戒响声大作

在餐桌上吃食物、喝饮料时，一定要入口少，并慢慢地享用。这样做，就不会发出过大的声音。若吃得忘乎所以、响声大作，自己可能觉得有滋有味，其实却既不雅观，又会影响他人的食欲。

2. 戒当众剔牙

在餐桌上虽然备有牙签，但却不一定非要使用不可。即使要用，也不宜当众“公演”整个过程。咧开嘴在其中捅来捅去，甚至以筷子或手指替代牙签放入嘴里连抠带扒，这些都是令人作呕的做法。万一需要剔牙时，应以一只手或餐巾挡在嘴前作为屏障遮挡。对剔出来的东西应当悄悄进行处理，切不可当众“观赏”，甚至再次入口，或是随手一弹。牙签用毕应立即取出，不要长时间将它叼在嘴里。

3. 戒乱吐废物

在餐桌上，遇到不宜下咽之物时，应以一只手或餐巾掩口将它轻轻吐在另一只手所拿的勺子或叉子上，然后再将其放入自己面前的食盘上端，待侍者取走。不要把它吐在手上，或以手去口中直接拿取。尤其是不能把它随口吐在餐桌上进行陈列展示，或是悄然吐在地上。随口吐废物、唾液飞溅，都是极其败坏他人胃口的举动。

4. 戒入口食物过多

用餐时，唯有细嚼慢咽，吃相才能好看。一次入口的食物过多，致使自己腮帮子鼓胀、眼珠子直瞪，不仅自己难受，也会令他人担心。吃食物、用饮料时，一次不要取得太多。入口时尤其应当适量，并以不妨碍咀嚼、下咽为宜。毕竟用餐不是攻取敌人的阵地，并不讲究时不我待，所以届时大可不必狼吞虎咽。

5. 戒脸面不洁

在用餐过程中，吃完一口或喝完一口之后，特别是预备与身边的“邻居”寒暄时，务必要用纸巾或餐巾先揩干净嘴角。若吃得大汗淋漓，则应随时用餐巾把汗擦干。如果吃得顺口流汤、嘴角带渣、一脸油汗，是很不雅观的。

6. 戒咳嗽、打喷嚏、吐痰

在餐桌上咳嗽、打喷嚏、吐痰，是一种极不自尊、极不自爱的表现。它不仅不卫生，有可能污染环境、传播病菌，而且还有悖于社会公德，并破坏人们的食欲，令人极其厌恶。

7. 戒吸烟

虽然并没有明文禁止，但在宴会上还是不吸烟为妙。在用餐时不吸烟，既是对在座的不吸烟者表示尊重，也是为了净化空气、有利健康，使大家能够更好地用餐。

8. 戒宽衣解带

有的人在宴会上吃到开心时，往往喜欢脱去外衣、松开领带、放松腰带、撸起袖子、敞开领口、挽起裤管、脱下皮鞋、脱下袜子，以便减少束缚、通风透气。实际上，这一系列做法都有损于自我形象，其中的个别做法还会失敬于人。

9. 戒整理发型或补妆

整理发型或补妆，应于餐前或餐后在化妆间、休息厅或洗手间内进行。让这一过程当众曝光，会让人觉得浅薄，而且还妨碍他人。在补妆时，他人是不便用餐的。当自己整理发型时，倘若发屑飞扬、发丝乱舞，则更会令人极度反感。

10. 戒口含食物与人交谈

在餐桌上与周围之人交谈时，声音宜小不宜大。此时，不应口含食物边吃边说。嘴里有东西时，说话不仅难以让人听清楚，而且搞不好还会有其中的一些残余“突围”出来。原则上，食物进口后不准再吐出来，因此吃东西应当一次一小口。注意到了此点，遇到有人找自己说话，就可以迅速将其下咽，再去与人应酬。当然，当别人口含食物时，有教养的人也是不该找对方进行交谈的。

11. 戒替人布菜

在用餐时，爱吃什么与想吃多少，讲究的是大家自己照顾自己。主人只要在口头上对来宾相劝即可，千万不要热情过了头、越俎代庖，动不动就下手替别人布菜。那样做不仅会让人勉为其难，而且还会造成餐具使用上的不卫生，实属不当之举。

12. 戒对他人不断劝酒

在饮酒时，经常有个别人口头上对人友好，讲什么“感情深，一口闷；感情浅，抿一点”，在宴会上对任何人都不宜如此，尤其是不允许几位男士联手对外方人士或某位陌生的女士“群起而攻之”。

13. 戒饮酒时找人划拳

某些国人有一大嗜好，饮酒时若不找几个人猜拳行令便觉得喝不下去。在亲朋好友聚餐时这样做或许还能使人自娱自乐，但在正式的宴会上饮酒划拳、大吼大叫、起哄争吵，往往就会破坏宴会的气氛。

14. 戒直接下手取用菜肴

不论吃中餐还是吃西餐，绝大多数菜肴均应用餐具取用。在一般情况下，切不可直接下手取。遇上某些没有吃过的菜肴，不知道该如何去取，不妨耐心等待一会儿，首先“静观”别人是怎么操作的，然后再“照此办理”。

15. 戒站起身来取菜

在有些大型宴会上，每张餐桌都很大，菜肴也很多。想取用自己够不到的菜肴时，可以请侍者或周围的人帮忙，对他们只要道一声谢就可以了。此时千万不要起身超越“万水千山”去夹菜，更不要离开自己的座位直接走过去取用。

16. 戒对食物挑三拣四

在取用公用的餐盘内所盛放的食物之前，首先要看准目标，随后再“一次到位”，又快又准地把它取过来。不论取用什么东西，只要自己的餐具夹住了，就不准再放回去。在公用的餐盘里，对食物切不可翻来翻去、挑肥拣瘦、反复“推敲”。自己已经碰过的食物，别人怎么吃呢？

17. 戒餐具铿锵作响

使用餐具时，应当小心谨慎、轻拿轻放，不要使其彼此之间无故“交战”，或是在接触碗、盘、碟时叮当乱响。在吃西餐使用刀叉切菜时，两肘应夹在腰部两侧，以控制动作的大小。若甩开膀子大干，既会让身边的人“挨打”，又会制造难听的噪声。

18. 戒以餐具指点他人

在与人交谈时，非但不宜吃东西，而且手中的餐具同时也应当放下来。准确地讲，是应当放在自己面前的食盘上。筷子应当并排竖放，勺子应当平躺，刀叉则应当呈“八”字形摆放。不要把它们摆在公用的菜盘上，或是让它们“立正”于自己的碗、盘之中。切勿一面与人高谈阔论，一面将餐具挥来舞去。用餐具直接指着交谈对象“指教”别人，则更不允许。

19. 戒乱用餐具

各种各样的餐具，都有其各自独特的使用方法，在宴会上使用它们时应当遵守成规。例如：使用筷子是为了夹取食物，而不可以挑起食物。勺子只宜取用汤或流质食物，而不宜用其舀菜。使用刀叉讲究左叉右刀，应首先以叉按住食物，再以刀将其自左而右地切割成小块。单独用叉子时，则需用右手拿着它等。如果用筷子吃西餐，用刀子取食豌豆，必定会贻笑大方。

20. 戒“品味”餐具

在宴会上，餐具只能用以取用食物。它们本身无滋无味，所以切勿当众将其抿来抿去、连舔带咬，或是长时间地含在嘴里。此类做法不但令人作呕，而且也是很不卫生的。

21. 戒同人抢菜

在取用食物时，不要不讲顺序、与人争抢。在他人尚未取好时，不要急于下手。如果与他人“一同到场”，应退让一步，示意对方先取。必须谨记，在取菜时完全没有必要在餐桌上抢来抢去。

22. 戒端着碗、盘用餐

在宴会上用餐时，应当正襟危坐。以筷子、刀叉或勺子将食物送入口中，端起碗、盘吃饭和喝汤的做法，都是不允许的。除此之外，也不宜低下头趴在餐桌上去俯就食物。

23. 戒捡食掉出来的食物

出于卫生方面的考虑，掉到桌上、椅子上、衣服上或地面上的任何食物，切勿捡起来再吃。此外，掉到餐桌上、椅子上或地面上的餐具，尤其是西餐餐具，亦不得捡起来再用。此时坐在自己两侧或对面的或许是一位异性，因此当自己低下头去桌子下面拾东西时，很可能会让对方“担惊受怕”。如果还需要使用餐具，只需叫侍者换一副上来就可以了。

24. 戒边走边吃喝

除非参加准许边吃边走的酒会或冷餐会，外事人员按固定的位次就座时，不允许一边大吃大喝、一边走来走去。

25. 戒乱吹、乱搅汤或饮料

在餐桌上，有时会为用餐者提供热汤、热菜、热咖啡。若嫌其太烫，则可稍等片刻，或用勺子搅动一下。万万不可用口去吹、用勺子乱搅，不可用两只碗或两只杯子将其折来折去。除喝汤应以勺子舀食外，对茶或咖啡都是不准用勺子舀起来咂摸滋味的。

26. 戒双手乱动、乱放

在餐桌旁坐定之后，应当把双手放在餐桌边缘，或者放在大腿上。切不可将其支在餐桌上、端在胸前、抱在脑后、插在口袋里，或是随意扶在他人所坐的椅背上。那样做，不仅不礼貌，而且还很不雅观。尤其值得注意的是，在正式场合与他人一同用餐时，千万不要对他人或饭菜指点不已，既不要掩口而笑或与人低语，也不要用手搔痒痒、摸鼻子、抓耳朵、搓泥巴，或者双手在餐桌底下动来动去。在用餐时，以手玩弄餐具是不应该的举动。

27. 戒在别人致祝酒词时表现得迫不及待

当宾主在宴会开始之初先后致祝酒词时，应目视发言者，以示认真聆听其讲话，此时如果作出与旁人聊天、闭目养神、埋头干自己的事等心不在焉的举动，都会失敬于人。只有在宾主致完祝酒词、宣布开宴后，才可开始进餐。

28. 戒不搭理任何人

既然宴会是一种社交形式，那么赴宴者在宴会上面对他人时，就不应该一言不发、麻木不仁。在许多宴会上，主人往往把身份、地位相似的人安排坐在一起。有时，还会有意将不相识者组织在一块儿，以便大家相互结识。对这样一个好机会，主动放弃实在可惜。在适当的时候，不妨主动找人攀谈几句。有人找自己攀谈时，亦应予以友好合作。当他人对自己表示友好，如敬酒之时，应起身示敬。但在宴会上说话不可太多太滥或喋喋不休。在谈话对象的选择上，切勿一味地关注于异性，而“目无”同性。

29. 戒大谈特谈令人“浮想联翩”的事物

用餐时所谈论的具体内容，应当愉快、健康、有趣。此时凡让人难以“消化”的内容，尤其是倒人胃口的内容，绝对不要提及。例如，不宜谈论死亡、疾病、凶杀、令人厌恶的动物，或在感官上让人恶心的东西。想去洗手间的话，切勿公然告之众人，也不要约人同去。确实需要告诉周围的人时，不妨告知对方自己“出去有点事情”，或是“去打一个电话”。

30. 戒非议席上的饭菜

俗话说：“萝卜白菜，各有所爱。”在任何宴会上，都难免众口难调。遇上自己不喜欢的菜肴不用即可，千万不要告之主人。当主人征求意见时，应当对饭菜好话多讲、不足莫提。对饭菜“品头论足”，喟叹其“今不如昔”，甚至说此处饭菜做得不及某处，都会使主人难堪。

第五节　享用西餐

西餐，是对西式饭菜的一种约定俗成的统称。客观地讲，所谓西餐，实际上是一个十分笼统的概念。因为从形式上或从内容上讲，西方各国的饭菜存在很大的差异。不过在中国人眼里，除了与中餐在口味上存在区别之外，西餐还具有两个鲜明的特点。第一，它源自西方国家。第二，它以刀、叉取食。久而久之，凡符合以上两个特点者，皆可以西餐相称。

根据外事礼仪规范，要吃好西餐，并不失风度，就必须对西餐的菜序、西餐的座次、西餐的餐具、西餐的品尝、西餐的要求五个方面的具体问题有一定程度的了解。

一、西餐的菜序

品尝西餐，首先需要了解西餐的菜序。西餐的菜序，在此具体所指的是西餐用餐时的先后顺序。与中餐、日餐等东方国家的餐式相比，西餐的菜序具有明显的不同。例如，享用西餐时，通常要先上汤；而在中餐里，汤则大都用来演奏用餐的“结束曲”。

了解西餐的菜序，至少有两大好处。其一，用餐时能够成竹在胸，并量力而行，依据个人食量吃好、吃饱。其二，自己点菜时能够加以比照，进行经济而适当的组合、搭配。

严格地讲，西餐的正餐与便餐的菜序是有很大差异的。

1. 正餐的菜序

西餐里的正餐，尤其是正式场合所用的正餐，其菜序既复杂多样，又讲究甚多。在大多数情况下，西餐正餐的菜序由下列八道菜肴构成。一顿内容完整的正餐，一般需要吃上一两个小时。

第一，开胃菜。所谓开胃菜，即用来打开胃口之物，它亦称为西餐的头盆。在西餐里，它往往不被列入正式的菜序，而仅仅充当其“前奏曲”。

在大多数情况下，开胃菜是由蔬菜、水果、海鲜、肉食等所组成的拼盘。它多以各种调味汁凉拌而成，色彩悦目，口味宜人。

第二，面包。在西餐正餐里所吃的面包，一般都是切片面包，或需要当时从整个的大面包上切片而食。有时，也有刚刚烤好的小面包。在吃面包时，通常可根据个人嗜好，涂上各种果酱、黄油或奶酪。

第三，汤。西餐之中的汤，大都口感芬芳浓郁，具有很好的开胃作用。按照传统说法，汤是西餐的“开路先锋”。只有开始喝汤时，才算正式开始吃西餐了。常见汤类，有白汤、红汤、清汤等。

第四，主菜。西餐里的主菜有冷有热，但应以热菜为主角。比较正规的正餐一般都要上一个冷菜、两个热菜。在两个热菜中，通常讲究一个是鱼菜，另一个则是肉菜。其中的肉菜必不可少，而且往往还代表着此次用餐的档次和水平。

第五，点心。吃过主菜后，通常要上一些诸如蛋糕、饼干、吐司、馅饼、三明治之类的小点心，供没有吃饱的人借以填满肚子。吃饱的人，则可以不吃点心。

第六，甜品。吃毕点心，接着要上甜品。最常见的甜品有布丁、冰淇淋等。

第七，果品。接下来，用餐者还可在力所能及的情况下，酌情享用干、鲜果品。常用的干果，有核桃、榛子、腰果、杏仁、开心果等。草莓、菠萝、苹果、香蕉、橙子、葡萄等则是最常见的西餐桌上之鲜果。

第八，热饮。在用餐结束之前，应为用餐者提供热饮，以此作为“压轴戏”。最正规的热饮，是红茶或什么都不加的黑咖啡。二者只能选择其一，而不能同时享用。它们的作用主要是帮助消化。西餐的热饮，可在餐桌上喝，也可以换一个地方，如离开餐桌去客厅里饮用。

2. 便餐的菜序

在一般情况下，出于节约金钱和时间的考虑，人们并不总是要去吃西餐全餐。假如不是为了尝鲜、犒劳自己，而只是为了完成“例行公事”，点上几个有特色、有代表的西菜，也就足够了。

一顿西式便餐的标准菜序应当是方便从简，由下列五道菜肴构成：第一，开胃菜。第二，汤。第三，主菜。第四，甜品。第五，咖啡。

二、西餐的座次

用西餐时，人们对座次的问题十分关注。越是正式的场合，此点就显得越是重要。与中餐相比，西餐的座次排列既有不少相同之处，也有许多不同之点。

1. 座次排列的法则

在绝大多数情况下，西餐的座次更多地表现为位次问题。除非极其隆重的盛宴，则桌次问题一般涉及较少。因此，以下将主要讨论的便是西餐的位次问题。

排列西餐的位次，一般应依照约定俗成、人所共知的常规进行。了解了这些基本法则，就可以轻而易举地处理好位次排列的问题。

第一，女士优先。在西餐礼仪里，女士处处备受尊重。在排定用餐位次时，尤其是安排家宴时，主位一般应请女主人就座，而男主人则须退居第二主位。

第二，恭敬主宾。在西餐之中，主宾极受尊重。即使用餐的来宾之中有人在地位、身份、年纪方面高于主宾，但主宾仍是主人关注的中心。在排定位次时，应请男、女主宾分别紧靠着女主人和男主人就座，以便其受到照顾。

第三，以右为尊。在排定位次时，以右为尊依旧是基本法则。就某一特定位置而言，其右侧之位理应高于其左侧之位。例如，应安排男主宾坐在女主人右侧，安排女主宾坐在男主人右侧，等等。

第四，距离定位。一般而言，西餐桌上位次的尊卑，往往与其距离主位的远近密切相关。在正常情况下，距主位近的位子高于距主位远的位子。

第五，面门为上。面门为上，有时又叫迎门为上。它所指的是：面对餐厅正门的位子，通常在序列上要高于背对餐厅正门的位子。

第六，交叉排列。用中餐时，用餐者经常有可能与熟人，尤其是与其恋人、配偶在一起就座。但在用西餐时，此种情景便不复存在了。正式一些的西餐宴会，一向被视为交际场合。在排列位次时，通常要遵守交叉排列的法则。依照这一法则，男女应交叉排列，生人与熟人也应交叉排列。因此，一位用餐者的对面和两侧，往往是异性，而且还很有可能与其不熟悉。这样做，据说最大的好处是每一位用餐者都可以因此而广交朋友。不过，它要求用餐者最好是双数，并且男女人数应当各半。

2. 座次排列的详情

在西餐用餐时，人们所用的餐桌有圆桌、方桌和长桌。有时，还会将其拼成其他各种图案。不过，最常见、最正规的西餐桌当属长桌。下面，就来介绍一下西餐排位的种种具体情况。

第一，长桌。以长桌排位，一般有下列两个主要办法：

其一，宾主在长桌中央面对而坐。此时餐桌两端可以坐人，也可以不坐人。

其二，宾主分别就座于长桌两端。

某些时候，如用餐者人数较多之时，还可以参照以上办法，以长桌拼成其他图案，以便安排大家一道用餐。

第二，圆桌。在西餐里，使用圆桌排位的情况并不多见。在隆重而正式的宴会里尤为罕见。其具体排列基本上是上述各项法则的综合运用。

第三，方桌。以方桌排列位次时，就座于餐桌四面的人数应当相等。在一般情况下，一桌共坐八人、每侧各坐两人的情况比较多见。在进行排列时，应使男、女主人与男、女主宾面对而坐；所有人均各自与自己的恋人或配偶坐成斜对角。

三、西餐的餐具

品尝不同国家、地区的菜肴时，所借助的餐具往往大不相同。有的餐式要使用筷子，有的餐式要使用刀叉，有的餐式则需要直接以手来取食。

除刀叉之外，西餐的主要餐具还有餐匙、餐巾等。以下将分别对它们进行系统的介绍。至于西餐桌上出现的盘、碟、杯、水盂等餐具，其用法与中餐大同小异，在此不再赘述。

1. 刀叉

刀叉，是对餐刀、餐叉两种西餐主要餐具的统称。二者既可以配合使用，也可以单独使用。在多数的情况之下，刀叉都是同时配合使用的。因此，人们在提到西餐餐具时，喜欢将二者相提并论。

学习刀叉的使用，需要掌握刀叉的区别、刀叉的用法、刀叉的暗示三个方面的技巧。

第一，刀叉的区别。在正规的西餐宴会上，通常讲究吃一道菜换一副刀叉。也就是说，吃每道菜时，都要使用专门的刀叉。既不可以胡拿乱用，也不可以从头至尾只使用一副刀叉。

享用西餐正餐时，在一般情况下，出现在每位用餐者面前的餐桌上的刀叉主要有：吃黄油所用的餐刀，吃鱼所用的刀叉，吃肉所用的刀叉，吃甜品所用的刀叉等。它们不但形状各异，更重要的是其摆放的具体位置各不相同。掌握后一点，对于正确地区分它们尤为重要。

其一，吃黄油所用的餐刀。它没有与之相匹配的餐叉。它的正确位置是横放在用餐者左手的正前方。

其二，吃鱼所用的刀叉与吃肉所用的刀叉。通常应当餐刀在右、餐叉在左，将其分别纵向摆放在用餐者面前的餐盘两侧。餐叉的具体位置，应处于吃黄油所用的餐刀的正下方。有时，在餐盘左右两侧分别摆放的刀叉会有三副之多。要想不把它们拿错，其实一点也不困难。关键是要记住，应依次由外侧向内侧取用刀叉。

其三，吃甜品所用的刀叉。它应于最后使用。它们一般被横向放置在用餐者面前的餐盘的正前方。

第二，刀叉的用法。使用刀叉，一般有以下两种常规方法可供借鉴。

其一，英国式。它要求在进餐时始终右手持刀，左手持叉。一边切割，一边叉而食之。通常认为，此种方式较为优雅。

其二，美国式。它的具体做法是：先是右刀左叉，一口气把餐盘里所要吃的东西全部切割好，然后把右手里的餐刀斜放在餐盘前方，将左手中的餐叉换到右手里，再来以之大吃一气。此种方式的好处，据说是比较省事。

在以刀叉用餐时，不论采用上述哪一种具体方式，均应注意以下五点：

其一，在切割食物时，最好自左侧开始，并且不可发出声响。

其二，进行切割时应双肘下沉，而切勿左右开弓。那样做，一是有碍于人；二是“卖相”不佳。

其三，被切割好的食物，应刚好适合一下子入口。切不可叉起它之后，再一口一口咬着吃。应当以叉铲着它吃，却不能用刀扎着它吃。

其四，要注意刀叉的朝向。将餐刀临时放下时，不可刀口外向。双手同时使用刀叉时，叉齿应当朝下；右手持叉进食时，则应叉齿向上。

其五，掉落到地上的刀叉切勿再用，可请侍者另换一副。

第三，刀叉的暗示。使用刀叉，可向侍者暗示用餐者是否吃好了某一道菜肴。其具体方法是：

其一，如与人攀谈时，应暂时放下刀叉。其做法是，将刀叉按照刀右、叉左，刀口向内，叉齿向下，呈“八”字形状摆放在餐盘之上。它的含义是：此菜尚未用毕。但要注意，不可将其交叉放成“十”字形。西方人认为，那是一种令人晦气的图案。

其二，如果吃完了，或不想再吃了，则可以刀口向内、叉齿向上，刀右叉左地并排纵放，或者刀上叉下地并排横放在餐盘里。此种做法等于告知侍者：本人已用好此道菜肴，请将其连刀叉一起收掉。

2. 餐匙

品尝西餐时，餐匙是一种不可或缺的餐具。有时候，餐匙也叫调羹。学习餐匙的使用，应重点掌握其区别、用法两大技巧。

第一，餐匙的区别。在西餐的正餐里，一般至少会出现两把餐匙，它们形状不同、用途不一，摆放的位置也有各自的既定之处。

其一，个头较大的餐匙叫做汤匙。它通常被摆放在用餐者右侧的最外端，与餐刀并列纵放。

其二，个头较小的餐匙叫做甜品匙。在一般情况下，它应当被横向摆放在吃甜品所用刀叉的正上方，并与其并列。如果不吃甜品、用不上甜品匙的话，它往往会被个头同样较小的茶匙或咖啡匙所取代。

一定要记住，上述几种餐匙各有各的用途，不可相互替代。

第二，餐匙的用法。使用餐匙时，有下述几点事项必须予以高度重视。

其一，餐匙除可以饮汤、吃甜品之外，绝对不可直接舀取其他任何菜肴。

其二，已经开始使用的餐匙，切不可再放回原处，也不可将其插入菜肴，或令其“直立”于甜品、汤盘、杯子之中。

其三，使用餐匙时，应尽量保持其周身的干净清洁，不要动不动就把它搞得“色彩缤纷”。

其四，用餐匙取食时，动作应干净利索，切勿在甜品、汤、咖啡或红茶之中搅来搅去。

其五，用餐匙取食时，务必不要过量，而且一旦入口，就要一次将其用完。一汤匙的东西，不应反复品尝好几次。餐匙入口时，应以其前端入口，而不是将它全部塞进嘴里。

其六，不能直接用茶匙、咖啡匙去舀取红茶或咖啡饮用。

3. 餐巾

在西餐餐具里，餐巾是一个发挥多重作用的重要角色。以下将主要介绍餐巾的铺放和餐巾的用途两个方面的技巧：

第一，餐巾的铺放。西餐里所使用的餐巾，通常被叠成一定的图案，放置于用餐者右前方的水杯里，或直接被平放于用餐者右侧的桌面上。它们在面积上有大、中、小之分，形状上也有正方形与长方形之别。

不论大或小，还是哪一种具体形状，餐巾都应被平铺于自己并拢的大腿上。使用正方形餐巾时，应将它折成等腰三角形，并将直角朝向膝盖方向。若使用长方形餐巾，则可将其对折，然后折口向外平铺。打开餐巾，并将其折放的整个过程悄悄然进行于桌下。

尤其需要注意，在外用餐时，一定不要把餐巾掖于领口、围在脖子上、塞进衣襟内，或担心其掉落而将其系在裤腰上。

第二，餐巾的用途。在正餐里，餐巾所发挥的作用主要有如下几种：

其一，用来保洁服装。将餐巾平铺于大腿之上，其主要目的就是为了“迎接”进餐时所掉落下来的菜肴、汁汤，以防止其搞脏自己的衣服。

其二，用来揩拭口部。在用餐期间与人交谈之前，应先用餐巾轻轻地揩一下嘴，免得自己“落嘴生辉”。但又不要乱涂乱抹，搞得“满脸开花”。女士进餐前，亦可以用餐巾轻印一下口部，以除去唇膏。以餐巾揩口时，其部位应大体固定，最好只使用其内侧。通常，不应以餐巾擦汗、擦脸，擦手也要尽量避免。特别需要注意的是，不要用餐巾去擦餐具。那样做，等于向主人暗示餐具不洁，要求其调换另外一套。

其三，用来掩口遮羞。在进餐时，尽量不要当众剔牙，也不要随口吐东西。万一非做不可时，应以左手拿起餐巾挡住口部，然后再以右手去剔牙，或以右手持餐巾接住“出口”之物，再将其移到餐盘前端。倘若这些过程没有遮掩，是颇为失态的。

其四，用来进行暗示。在用餐时，餐巾可用以进行多种特殊暗示。最常见的暗示有如下三种：一是暗示用餐开始。西餐大都以女主人为“带路人”。当女主人铺开餐巾时，就等于宣布用餐可以开始了。二是暗示用餐结束。当主人，尤其是女主人把餐巾放到餐桌上时，意在宣告用餐结束，请各位告退。其他用餐者吃完了的话，亦可用此法示意。三是暗示暂时离开。若中途暂时离开，一会儿还要返回，继续用餐，则可将餐巾放置于本人座椅的椅面上。见到此种暗示，侍者就不会马上动手“撤席”，而会维持现状不变。

四、西餐的品尝

西餐里的各道菜式，在具体的品尝方法上均有所不同。不了解各种菜肴的具体品尝方法，同样也吃不好西餐。以下将扼要介绍西餐里常见的开胃菜、面包、汤、主菜、点心、甜品、果品等的具体吃法，供作参考。

1. 开胃菜

在一般情况下，开胃菜多以色拉为主。在个别时候，也会上一些海鲜或果盘。

第一，色拉。吃色拉时，通常只宜使用餐叉。因为色拉在上桌前已被切割完毕，故不应再煞有介事地去持刀大切。

第二，海鲜。开胃菜里的海鲜，主要有鲜虾、牡蛎、蜗牛等。

吃小虾时，可以叉取食。吃大虾的话，则应先用手剥壳，再送入口内。有时亦可以叉取食，但不必切割。

吃牡蛎时，应采用专门的餐叉，一只一只地吃。

吃带壳的蜗牛，可先用专门的夹子将其夹住，再以餐叉将肉取出食之，然后再吮吸壳内的汤汁。若蜗牛已去壳，则可直接以餐叉取用。

2. 面包

在西餐中所吃的面包，主要有鲜面包、烤面包两种。二者在吃法上略有差别，对此应予以注意。

第一，鲜面包。吃未烤过的鲜面包，不可一下拿得过多。正确的吃法是：用左手拿大小适当、刚好可以一次入口的一小块，涂上黄油、果酱或蜂蜜后，再送入口中。不要像吃汉堡包那样双手捧着吃，或拿着一大块，一口接一口地咬着吃。吃未烤的切片面包，则可以一小块、一小块地撕着吃。

第二，烤面包。吃已烤过的面包，是不能撕食的，否则将使面包屑乱飞。在吃的时候，可慢慢地咬着吃。吃的时候，可配以黄油、鱼子酱。挤些柠檬汁则味道会更佳。不论吃哪种面包，都不能用它蘸汤或擦盘子。

3. 汤

不论喝哪一种汤，均须了解应如何“有所为”与“有所不为”。在西餐里，汤乃是一道菜，故对其不可轻视。

第一，正确之法。喝汤时，讲究以右手持握汤匙，由近而远，向外侧将汤舀起，然后就嘴而饮之。

倘若以盘盛汤，盘内之汤所剩无几时，可以左手由内侧托起盘子，使其外倾，然后以右手持匙舀之。

第二，错误之法。在喝汤时，一定要做到三不：其一，不端起汤来直接喝。其二，不趴到汤盆、汤盘上去吸食。其三，不用嘴吹汤，也不用盆、盘或汤匙去反复折汤降温。否则就大错特错了。

4. 主菜

西餐的主菜花样甚多。冷菜里的冻子、泥子与热菜里的鱼、鸡、红肉最为多见。

第一，冻子。冻子，即用煮熟的食物和汤汁冷却凝结而成的一种菜肴。最常见的冻子，有肉冻、鱼冻和果冻。吃冻子时，必须以刀切割，并以叉取食。

第二，泥子。泥子，通常指的是以虾、蟹或动物的肝、脑为主料，配以鸡蛋、芹菜，加上佐料，搅拌而成的一种菜肴。吃泥子时，通常应使用餐叉。

第三，鱼。西餐中所吃的鱼，往往骨、刺很多。必要的时候，可先用餐刀将其切开，轻轻将骨、刺剥出后，然后再把它切成小块，以餐叉入口。对不想吃的鱼皮，则可移置一侧。要是鱼的腥味太重，可吃前用手挤上一点柠檬汁。

第四，鸡。吃鸡的时候，切勿直接下手。应首先设法去骨，接着以刀叉将其切割成小块，最后分而食之。

第五，红肉。在西餐里，肉菜往往指的是猪肉、牛肉、羊肉。它们做好之后多为红色，故称红肉。平常所说的西餐主菜，往往只与肉菜画等号。在肉菜里，牛排、羊排、猪排，尤其是牛排，经常处于“重中之重”的位置。吃肉菜时，一般要从左往右，以大小一次入口适度为宜，将其以刀叉切割后进食。

5. 点心

在西餐里，经常吃的点心有饼干、馅饼、三明治、通心粉、土豆片、烤土豆等。

第一，饼干。吃饼干时，应用右手单独拿着吃。吃蛋糕时，亦须如此。

第二，馅饼。吃馅饼时，应首先用刀叉切成大小适当的小块，然后再用右手托着吃。

第三，三明治。吃三明治，一般应用双手捧着吃。如果它不太大，则亦可仅用右手捏着吃。

第四，通心粉。通心粉又叫意大利面条。吃它的时候，不应一根一根挑着吃。标准的方法是：右手握叉，在左手所握的汤匙的帮助下，把它缠绕在餐叉上，然后入口而食。吸食它的做法肯定是不对的。

第五，土豆片。油炸土豆片，在西餐里多被用作点心。吃它的时候，应以手取食。但数量不要过大，也不要先捏碎再吃。

第六，烤土豆。烤土豆，大都是连皮一起上桌的。吃的时候，应用左手持叉轻按住它，右手持刀先在其上切一个口子，令其散热。过一会儿，再用餐叉从口子里取而食之。必要的话，还可略作切割之后再吃。吃时，还可浇上一些专用的肉汁。

6. 甜品

在西餐里，最常见的、最受欢迎的甜品有布丁、冰淇淋等。

第一，布丁。西餐里上桌的布丁一般是流质的，故不应直接以手取食，或以刀叉助餐。正确之法，是以专用的餐匙取食。

第二，冰淇淋。在西方国家里，冰淇淋是正餐所必备的主要甜品，而非可有可无的一种冷饮。冰淇淋上桌时，通常被置于专用的高脚玻璃杯内，并应以餐匙食之。

7. 果品

吃西餐时，所提供的果品有干果、鲜果之分，不过鲜果则是最常备的。以下分别介绍草莓、菠萝、苹果、香蕉、橙子、葡萄等最受喜爱的果品的食用方法。

第一，草莓。普通的草莓，可用手取食，蘸些糖或酸奶油也可以。吃带调味汁的草莓，则必须使用餐匙。

第二，菠萝。吃菠萝时，首先应将其切割成小块，然后再以餐叉进食。不要用手抓食，或举而咬食。

第三，苹果。最正规的吃苹果的方法是：取过一只苹果，先切成大小相仿的四块，然后逐块去皮，再以刀叉食之。不过，现在绝大多数人都已习惯于用手拿着去皮的小块苹果直接吃了。

第四，香蕉。对付整只的香蕉，应先剥除其外皮，再用刀叉切成小段，逐段食之。不应当一边用手拿着剥皮，一边慢慢咬着吃。

第五，橙子。吃橙子有两种方法。正规的吃法是：首先用餐刀除去其外皮，再用刀叉将其内皮剥离，然后用刀叉分瓣而食。大众的吃法，则是在用刀去皮后，切成几小块，然后用手取食。

第六，葡萄。吃葡萄时，可取过一小串，一粒一粒用手揪下来吃。其皮、核，可先悄然吐入手中，再转移至餐盘内。吃果盘内不成串的单粒葡萄时，则宜以餐叉相助取食。

五、西餐的要求

吃西餐时，尤其是参加正式的西餐宴会时，礼仪方面的具体要求既繁多又严格。扼要而论，吃西餐时，一般必须谨记如下四条基本要求：

1. 举止高雅

正统的西餐礼仪出自古代宫廷，并相沿已久，故此其程式化的规定甚多。其中最重要的是要求用餐者严格约束个人举止，并力求高雅动人。有人曾说：吃中餐，主要是吃其美味佳肴。而吃西餐，则主要是在“吃”其风度与气氛。

对外事人员而言，在用餐时检点个人举止，重点是要注意在下述诸方面表现良好。

第一，进食无声。用餐之际，不论有意还是无意，吃东西还是喝东西，绝对都不要弄出声来，更不要搞得铿锵作响。西方人认为，只有缺乏教养者，才会在进食时出声作响。

第二，防止异响。除用餐外，体内的任何声响，不论咳嗽、打喷嚏，还是打嗝、放屁，都应自觉控制，不要当众出丑。此外，在就座、用餐时，也不要把座椅、餐桌、餐具弄出怪异之声来。

第三，慎用餐具。用餐时，务必要正确地使用各种餐具。不懂的话可现场观摩他人，尤其是女主人的具体做法，不要自以为是、贻笑大方。不要把餐具挪作他用，尤其是不要以之相互敲击，或指点别人。

第四，正襟危坐。就座时，应从左侧进入，并使身体与餐桌保持 20 厘米左右的距离。上身要呈挺拔之态，不要东倒西歪。双手不要支在桌上或藏于桌下，而应扶住桌沿。双腿切勿乱伸，掉在地下的东西不宜拾取，别忘记自己的对面与两侧通常皆为异性。

第五，吃相干净。用餐时，要自觉维护环境卫生，并注意个人卫生。不要吃得自己“四处开花”，身上、脸上到处“留痕”，也不要把餐盘、餐桌和地面弄得一塌糊涂。

2. 衣着考究

吃西餐时，特别是赴宴时，西方人非常讲究个人的穿着打扮。若不谙此道，或明知故犯，既会失礼于人，也会为人轻视。

根据用餐规模、档次的不同，用餐时的衣着也不尽相同。大体上说，一般有礼服、正装、便装之分。

第一，礼服。西式的礼服，男装为黑色燕尾服，扎黑色领结；女装则为拖地长裙，并配长筒薄纱手套。其他国家的人士，可以本民族的盛装，如我国的中山装、旗袍、唐装等，来代替西式礼服。目前，在隆重的宴会上，往往要求必须穿礼服。

第二，正装。在普通的宴会上，通常要求穿正装。在一般情况下，正装指的是深色，特别是黑色或藏蓝色的套装或套裙。需要注意的是，男装不要色彩过淡、过艳，女装则切勿过短、过小。

第三，便装。参加一般性的聚餐，可以穿便装。此处所谓的便装是有严格界定的。男士可穿浅色西装，或仅穿单件的西装上衣。女士则可以穿时装，或是以长西裤代替裙装。但是，绝对不能随心所欲地乱穿一通。

不论穿什么服装，在用餐时都不允许当众整理衣饰，例如，不准脱外套、换衣服、松领带、卷袖子、挽裤腿、解腰带、拉袜子、脱鞋子等。

3. 尊重妇女

如果说中餐礼仪讲究尊重长者的话，那么可以说，尊重妇女则是西餐礼仪的一大特点。西餐礼仪中所讲究的尊重妇女，并非纸上谈兵，而是广泛地融入了具体的可操作的层面。通常，尊重妇女在西餐礼仪之中主要具体体现于下列三个方面：

第一，礼待女主人。在西餐宴请中，女主人往往处于“第一顺序”。其具体表现是：女主人要坐主位，要由女主人“宣布”用餐开始或结束等。用西餐时，让女主人忙里忙外、到处张罗甚至难以入席的情况是绝对见不到的。

第二，照顾女宾客。吃西餐时，不论是否相识，男士都要处处积极、主动地对女士多加照顾。例如，在用餐之前，要帮助其存外套，或寻位就座。在用餐期间，要帮助女士取菜、拿调味品并陪其交谈。

第三，忌用女侍者。在正规的西餐馆里，绝对讲究“女尊男卑”。在那里只能见到清一色的男侍迎来送往、忙忙碌碌，却绝对难以见到一名女侍。根据传统，正规的西餐馆是概不使用女侍的。

4. 积极交际

参与西餐宴会时，除品尝美食之外，不要忘记进行适当的交际活动。根据西餐礼仪，西餐宴会的主旨就是要促进人们的社交活动。

第一，宾主的交际。应邀赴宴时，不要忘记抽空向主人致意，并最好找个时间与其叙一叙旧，联络联络感情。不要吃了就走，不能不把主人放在眼里。

第二，来宾的交际。在用餐时，中餐礼仪不提倡多讲话，西餐礼仪却要求人们非要谈上几句不可。不仅要与老朋友寒暄，而且还要借机多交一些新朋友。不要只吃不说，或是只找老朋友、年轻貌美的异性交谈而对其他人不置一词。与周围之人都交谈上几句，才比较理智。

第六节　品尝酒水

酒水，在一般情况下，是对于用来佐餐、助兴的各种酒类的一种统称。简单一些说，酒水指的就是酒。

自古以来，在世界各国，酒水在社交场合，尤其是在宴请、聚餐活动中都发挥着重要的作用，久而久之，有关酒水的选择、饮用以及待客、佐餐等一系列方面的具体做法，业已形成了一整套规范、完备的礼仪。酒水礼仪的基本内容，主要牵涉酒水的种类、酒水的饮用以及酒会的规则三大问题。以下就对这三个主要问题，分别进行适当的解说。

一、酒水的种类

就目前而言，在国内所见最多的酒水主要有白酒、啤酒、葡萄酒、香槟酒、白兰地酒、威士忌酒，以及鸡尾酒，等等。它们既是各种酒水之中的佼佼者，同时也颇有一定的代表性。

为了便于掌握这些主要酒水的主要特性，以便对其正确地、有益无害地加以饮用，下面对它们先各作一些介绍。

1. 白酒

在这里所介绍的各种酒水，除白酒之外，都是从西方国家次第传入的舶来品。这些西洋的酒水，眼下有一个颇为摩登的大名，叫做洋酒。只有白酒，才是地地道道的中国货。

第一，白酒的特点。白酒，亦名烧酒、白干。它是用高粱、玉米、甘薯等粮食，或某些果品，发酵、蒸馏制成的一种酒类。它通常没有任何颜色，而且酒精含量大都比较高，属于典型的烈性酒。白酒在中国各地均能生产，但因工艺的不同，而分成各种香型。当前，最著名的白酒有茅台酒、五粮液酒、剑南春酒，等等。

第二，白酒的饮用。白酒可以净饮干喝，也可以用来帮助吃菜下饭，有时候甚至还可以泡药作引。不过，白酒一般不能与其他酒类和汽水、可乐等软饮料混合同饮，否则极易醉酒。

在正式场合喝白酒，讲究以专用的瓷杯或玻璃杯盛酒。它的容积不大，所以喝白酒讲究“酒满敬人”与“一饮而尽”。喝白酒时，通常不必加温、加冰，或以水对其稀释。

2. 啤酒

啤酒，是由外国人发明的一种历史悠久的酒类。严格地说，在国外，人们主要把啤酒当成是一种日常饮料，而并不把它当作真正的酒来看待。不过，对绝大多数中国人来讲，它却是一种最知名、最受欢迎的“洋酒”了。

第一，啤酒的特点。啤酒，又叫麦酒。它是一种用大麦和啤酒花为主要原料发酵制成的酒类。它含有大量的泡沫和特殊的香味，味道微苦，酒精含量较低，一般在 10 度左右。

目前，世界各国都出产啤酒，但它主要分为德国式、捷克式、丹麦式三大类型。根据工艺的不同，又有生啤、熟啤之分，黄啤、黑啤、红啤之别。较为知名的啤酒品牌有德国的贝克，荷兰的喜力，丹麦的嘉士伯，美国的百威，日本的朝日，中国的青岛、燕京、雪花，等等。

第二，啤酒的饮用。饮用啤酒，一般应采用专用的倒三角形或带把的啤酒杯。饮用它的最佳温度为 7 摄氏度左右，所以不要加冰或久冻。喝啤酒时，讲究大口饮用。

在国外，啤酒是上不了宴席的。然而在国内，它却在公务聚餐中频频露面。此外，它还可充当消暑解渴的最佳饮品。

3. 葡萄酒

目前，国人在饮酒时尚方面与国外同步的，恐怕只有对葡萄酒的欣赏了。作为正式宴会中的佐餐酒，葡萄酒一直地位至尊。近年来，它在国内也大行其道。

第一，葡萄酒的特点。葡萄酒，即以葡萄为主要原料，发酵酿制而成的一种酒类。它的酒精含量不高，味道纯美，富含营养。根据其色彩的不同，葡萄酒有白葡萄酒、红葡萄酒、桃红葡萄酒之分。根据其糖分含量的不同，又可将葡萄酒分为干、半干、微干、微甜、半甜、甜等几种。现在干葡萄酒最流行。这里所谓的“干”，意即它基本不含糖分。葡萄酒酒精含量在 12 度左右。在世界上，最有名气的葡萄酒产在法国的波尔多地区。

第二，葡萄酒的饮用。葡萄酒不仅可以佐餐，而且也可以单独饮用。喝不同的葡萄酒，温度上有不同的要求。白葡萄酒宜在 13 摄氏度左右喝，故应当加冰块。而红葡萄酒则在 18 摄氏度左右饮用最佳，故不宜加冰块。喝葡萄酒时，要用专门的高脚玻璃杯。但是喝白葡萄酒时，要捏着杯脚；而喝红葡萄酒时，则讲究握住杯身。喝葡萄酒时，加话梅、兑可乐、兑雪碧的做法，都是不正确的。

桃红葡萄酒，又叫玫瑰红葡萄酒。它的口味、喝法与白葡萄酒略同，而且因其色泽柔美，多为妇女所喜爱。

4. 香槟酒

在国内，香槟酒的知名度一直比较高，其实际应用也较为广泛。

第一，香槟酒的特点。香槟酒，也叫发泡葡萄酒，或者“爆塞酒”。实际上，它是一种以特种工艺制成的、富含二氧化碳的、起泡沫的白葡萄酒。因其以法国香槟地区所产最为有名，故有是称。它的酒精含量约在 10 度左右，口感清凉、酸涩，且有水果香味。

第二，香槟酒的饮用。香槟酒以在 6 摄氏度左右饮用为佳，故在饮用之前须将其暂时冷藏于冰桶之内。开瓶时，可稍事摇晃，然而再起去瓶塞。届时，它就会连泡带酒一同奔涌而出，为人平添欢快的气氛。饮用香槟，须用郁金香形的高脚玻璃杯，并应以手捏住杯脚。香槟酒可用来佐餐、祝酒，也可以单独饮用，或者是在庆典、仪式上为人助兴。

5. 白兰地酒

在所有洋酒中，白兰地是最为名贵的。过去，它曾一度与威士忌酒和茅台酒被并称为“世界三大名酒”。

第一，白兰地酒的特点。白兰地酒，亦为葡萄酒大家族里的特殊一员，它是用葡萄汁发酵之后蒸馏精制而成的，故又叫作蒸馏葡萄酒。它的酒精含量约为 40 度，色泽金黄，香甜醇美。世界上知名的白兰地酒的品牌有马爹利、轩尼诗、人头马、拿破仑等，并以产于法国干邑地区、贮藏时间较长者为佳。

第二，白兰地酒的饮用。与白酒有所不同，以白兰地为代表的洋酒大都是以盎司计量的，故此它并不讲究“酒满敬人”。饮白兰地酒的最佳温度为 18 摄氏度以上。故应将其盛在专用的大肚、收口、矮脚杯内，先以右手托住杯身观其色彩，并以手掌为其加温。随后，待其香味洋溢时，闻过之后，再慢慢小口品味。若将其一饮而尽，只会被视为没有品位的“草莽英雄”。

6. 威士忌酒

假如讲白兰地酒是洋酒之中的“贵族”，那么相对来说物美价廉的威士忌酒则是雅俗共赏的。

第一，威士忌酒的特点。威士忌酒，是一种用谷物发酵酿造而成的烈性蒸馏酒。它的口味浓烈、刺激，酒精含量约为 40 度。在世界各国生产的威士忌酒中，首推英国苏格兰地区生产的威士忌酒最为有名。其知名品牌有尊尼获加、芝华士、威雀、老伯、添宝，等等。

第二，威士忌酒的饮用。威士忌酒可以干喝，不过加入冰块、苏打水或姜汁后，其味道更好。喝威士忌酒时，最好采用专门的平底小玻璃杯，耐心细致地慢慢品尝。威士忌酒不但可以自斟自酌，而且也可以去酒吧里喝。

7. 鸡尾酒

鸡尾酒，是目前中国人在社交场合接触较多的一种酒水。对于鸡尾酒，不少人都有一定程度的了解。

第一，鸡尾酒的特点。准确地讲，鸡尾酒并非某一种类的酒，而是一种混合型的酒。它是用各种不同的酒，以及果汁、汽水、蛋清、糖浆等其他饮料，按照一定的比例，采用专门的技法调配而成的。它的口味有浓有淡，酒精的含量有多有少，但其共同特点，则是异彩纷呈，层次分明，闪烁不定，好似雄鸡之尾，故被叫作鸡尾酒。鸡尾酒中的知名者，有好几千种。其中大名远扬的有马提尼、曼哈顿、红粉佳人、血腥玛丽、亚历山大、螺丝起子、天使之吻、长岛冰茶，等等。

第二，鸡尾酒的饮用。饮用鸡尾酒，可以去酒吧，也可以是在聚餐之时。为便于观赏其独具特色的丰富色泽，最好用高脚广口的玻璃杯去盛鸡尾酒。讲究的人，往往不会把数种不同的鸡尾酒混杂在一起乱喝。

二、酒水的饮用

善于饮酒的人，不仅能饮，而且会饮。要真正做到善用酒水，饮酒时的表现要合乎礼仪，一般需要特别注意搭配的菜肴、敬酒与干杯和酒量适度三大问题。

1. 搭配的菜肴

酒水的主要功能，是在用餐时开胃助兴。然而欲使酒水正确地发挥这一作用，就必须懂得酒菜搭配之道。唯有如此，二者才会相得益彰。不然，就很有可能会事倍功半，甚至坏人食欲。

下面分别就中餐与西餐聚餐、宴请时，酒水与菜肴的正确搭配方法，略作一些介绍。

第一，中餐中酒菜的搭配。若无特殊规定，正式的中餐宴会通常都要上白酒与葡萄酒这两种酒。因为饮食习惯方面的原因，中餐宴请中上桌的葡萄酒多半是红葡萄酒，而且一般都是甜红葡萄酒。选用红葡萄酒，是因为红色充满喜气。而选用甜红葡萄酒，则是因为不少中国人对口感不甜、微酸的干红葡萄酒不太认同。

通常在每位用餐者面前餐桌桌面的正前方，排列着大小不等的三只杯子，自左而右，它们依次分别是白酒杯、葡萄酒杯、水杯。

具体来讲，在搭配菜肴方面，中餐所选的酒水讲究不多。爱喝什么酒就可以喝什么酒，想什么时候喝酒亦可完全自便。

正规的中餐宴会一般不上啤酒。只有在便餐、大排档中，它的身影方才更为多见。客观地讲，以之搭配凉菜，效果要更好一些。

第二，西餐中酒菜的搭配。在正式的西餐宴会里，酒水绝对是主角。不仅它最贵，而且它与菜肴的搭配也十分严格。一般来讲，吃西餐时，每道不同的菜肴需要配不同的酒水，每吃一道菜便要换上一种新的酒水。

西餐宴会中所上的酒水，一共可以分为餐前酒、佐餐酒、餐后酒三种。它们各自又拥有许多具体种类。

其一，餐前酒。它的别名是开胃酒。显而易见，它是在开始正式用餐前饮用，或在吃开胃菜时与之配伍的。在一般情况下，人们喜欢在餐前饮用的酒水有鸡尾酒、味美思和香槟酒。

其二，佐餐酒。它又叫餐酒。毫无疑问，它是在正式用餐期间饮用的酒水。西餐里佐餐酒均为葡萄酒，而且大多数是干葡萄酒或半干葡萄酒。

在正餐或宴会上选择佐餐酒，有一条重要的讲究不可不知，即“白酒配白肉，红酒配红肉”。此处所说的白肉，即鱼肉、海鲜、鸡肉。吃它们时，须以白葡萄酒搭配。此处所说的红肉，即牛肉、羊肉、猪肉。吃这类肉时，则应配以红葡萄酒。鉴于西餐菜肴里的白肉多为鱼肉，故这一说法有时又被改头换面地表述为：“吃鱼喝白酒，吃肉喝红酒。”其实二者的本意完全相同。不过，此处所说的白酒、红酒，都是葡萄酒。

其三，餐后酒。它指的是在用餐之后，用来以助消化的酒水。最常见的餐后酒是利口酒，它又叫香甜酒。最有名的餐后酒，则是享有“洋酒之王”美称的白兰地酒。

在一般情况下，饮不同的酒水，要用不同的专用酒杯。在每一位用餐者面前桌面上右边餐刀的上方，大都会横排放置着三四只酒水杯。取用它时，可依次由外侧向内侧进行，亦可“紧跟”女主人的选择。在它们之中，香槟杯、红葡萄酒杯、白葡萄酒杯以及水杯，往往必不可少。

2. 敬酒与干杯

在较为正式的场合，饮用酒水颇为讲究具体的程式。在常见的饮酒程式之中，斟酒、祝酒、干杯应用最多。下面分别对其各作一些说明。

第一，斟酒。通常，酒水应当在饮用前再斟入酒杯。有时，男主人为了表示对来宾的敬重、友好，还会亲自为其斟酒。

在侍者斟酒时，勿忘道谢，但不必拿起来酒杯。但在男主人亲自来斟酒时，则必须端起酒杯致谢，必要时，还须起身站立，或欠身点头为礼。有时，亦可向其回敬以“叩指礼”，即以右手拇指、食指、中指捏在一起，指尖向下，轻叩几下桌面。这种方法适用于中餐宴会上，它表示的是在向对方致敬。

主人为来宾所斟的酒，应是本次宴会上最好产酒，并应当场启封。斟酒时要注意三点：

其一，面面俱到。应一视同仁，而切勿有挑有拣，只为个别人斟酒。

其二，注意顺序。可以依顺时针方向，从自己所坐之处开始，也可以先为尊长、嘉宾斟酒。

其三，斟酒适量。白酒与啤酒均可以斟满，而其他洋酒则无此讲究，要是斟得过满乱流，显然未必合适，而且也是浪费。

除主人与侍者外，其他宾客一般不宜为他人斟酒。

第二，敬酒。敬酒，亦称祝酒。它具体所指的是，在正式宴会上，由男主人向来宾提议，为了某种事由而饮酒。在敬酒时，通常要讲一些祝愿、祝福之言。在正式的宴会上，主人与主宾还会郑重其事地发表一篇专门的祝酒词。因此，敬酒往往是酒宴上必不可少的一项程序。

敬酒，可以随时在饮酒的过程中进行。频频举杯祝酒，会使现场氛围热烈而欢快。不过，要是致正式的祝酒词的话，则就在特定的时间进行，并以不影响来宾用餐为首要考虑。

通常，致祝酒词最适合在宾主入席后、用餐前开始。有时，也可以在吃过主菜之后、甜品上桌之前进行。

不管是致正式的祝酒词，还是在普通情况下祝酒，均应内容愈简练愈好，千万不要喋喋不休，让他人等候良久。

在他人敬酒或致词时，其他在场者应一律停止用餐或饮酒。应坐在自己座位上，面向对方认真地洗耳恭听。对对方的所作所为，不要小声讥讽，或公开表示反感对方的啰嗦。

第三，干杯。干杯，指的通常是在饮酒时，特别是在祝酒、敬酒时，以某种方式，劝说他人饮酒，或是建议对方与自己同时饮酒。在干杯时，往往要喝干杯中之酒，故称干杯。有的时候，干杯者相互之间还要碰一下酒杯，所以它又被叫作碰杯。

干杯，需要有人率先提议。提议干杯者，可以是致祝酒词的主人、主宾，也可以是其他任何在场饮酒之人。提议干杯时，应起身站立，右手端起酒杯，或者用右手拿起酒杯后，同时以左手托扶杯底，面含笑意，目视他人，尤其是自己祝酒的对象，口诵祝颂之词，如祝对方身体健康、生活幸福、节日快乐、工作顺利、事业成功以及双方合作成功，等等。

在主人或他人提议干杯后，应当手持酒杯起身站立。即便滴酒不沾，也要拿起水杯装装样子。在干杯时，应手举酒杯，至双眼高度，口道“干杯”之后，将酒一饮而尽，或饮去一半，或适当的量。然后，还须手持酒杯与提议干杯者对视一下，这一过程方告结束。

过去，中餐中喝白酒，干杯必须一饮而尽，杯内不剩残酒，现在则不必非得如此。目前在用西餐时，祝酒干杯只用香槟酒，而绝不可以啤酒或其他葡萄酒滥竽充数。饮香槟干杯时，应饮去一半杯中之酒为宜，但也要量力而行。

在中餐里，还有一个讲究，即当主人亲自向自己敬酒并干杯后，应当回敬主人，与他再干一杯。回敬时，应右手持杯，左手托底，与对方一同将酒饮下。

有时，在干杯前，可稍为象征性与对方碰一下酒杯。碰杯时，不要用力过猛，非听到响声不可。出于敬重之意，可使自己的酒杯较对方为低。与对方相距较远时，可以“过桥”之法作为变通，即以手中酒杯之底轻碰桌面。这样做，也等于与对方碰杯了。

但是，这一方式只是中式的。在西餐宴会上，人们是只祝酒而不劝酒，只敬酒而不真正碰杯的。使用玻璃酒杯时，尤其不能彼此碰杯。

在西式宴会上，越过身边之人，而与相距较远者祝酒干杯，尤其是多人交叉干杯，也不允许。

3. 酒量宜适度

不论在哪一种场合饮酒，都要有自知之明，并要好自为之，努力保持风度，做到“饮酒不醉为君子”。

第一，饮酒限量。在任何时候，饮酒都不要争强好胜，故作潇洒，非要“一醉方休”不可。饮酒过多，不仅易伤身体，而且容易出丑丢人，惹是生非。我国的古语里，早就有“酒是伤人物”、“酒乃色媒人”之说，饮酒时勿忘以之自警。

不仅高兴之时需要如此，心情不佳之时也需要如此，万万不可借酒浇愁。至于存心酗酒，是更不应该的自残行为。

在饮酒之前，应根据既往经验，对自己的酒量心知肚明。不管碰上何种情况，都不要“超水平”发挥。在正式的酒宴上，特别要主动将饮酒限制在自己平日酒量的一半以下，免得醉酒误事。

第二，拒酒有礼。若因生活习惯或健康等原因而不能饮酒，可采用下列合乎礼仪的方法，拒绝他人的劝酒：方法之一，申明不能饮酒的客观原因。方法之二，主动以其他软饮料代酒。方法之三，委托亲友、部下或晚辈代为饮酒。方法之四，执意不饮杯中之酒。

应当注意的是：不要在他人为自己斟酒时又躲又藏，乱推酒瓶，敲击杯口，倒扣酒杯，偷偷倒掉。把自己的酒倒入别人杯中，尤其是把自己喝了一点的酒倒入别人杯中，也是不对的。

第三，移风易俗。在饮用酒水时，不要忘记律己敬人之规。特别是要抛弃下列既有害于人，又有损于己的陋习恶俗。

其一，不要酒疯。极个别的人，在饮酒时经常“酒不醉人人自醉”，借机生事，装疯卖傻，胡言乱语。这一做法，实在令人厌烦。

其二，不要酗酒。有的人嗜酒如命，饮酒成瘾。这不仅有碍身体健康而且也有损个人形象。

其三，不要灌酒。祝酒干杯，需要两相情愿。要学会祝酒不劝酒，千万不要强行劝酒，说什么“感情深，一口闷。感情浅，抿一点”，非要灌倒他人，看对方笑话不可。

其四，不要划拳。有人饮酒时喜欢猜拳行令，大吵大闹，哗众取宠。这种做法，也是非常失礼的。

三、酒会的规则

酒会，是便宴的一种形式。起初，它兴起于西方。而今，酒会在国内也极其多见。它实际上是一种形式比较简单的，略备酒水、点心款待来宾的招待会。

在一般情况下，正规的酒会均以鸡尾酒来唱主角，所以它又叫作鸡尾酒会。酒会，不过是鸡尾酒会的简称而已。酒会上所提供的酒水、点心、菜肴均以冷的东西为主，因此它有时也被称作冷餐会。

在社交活动中，人们参加酒会的机会和主办酒会的机会都是很多的。因此，了解酒会的特点和用餐的形式，对每个人而言都有其必要性。

1. 酒会的特点

除以酒水为主角、以冷食为主菜两大特征之外，酒会还具有以下几个方面的明显特点。不了解这些特点，就不容易理解酒会何以如此迅速普及和大受欢迎。

第一，不必准时。出席酒会时，来宾到场与退场的时间一般掌握在自己手中，完全没有必要像出席正规宴会那样，非要准时到场、退场不可。

第二，不限衣着。参加酒会时，若无特别要求，则穿着打扮上不必刻意修饰，只要做到端庄大方、干净整洁、不似“生猛海鲜”般吓人即可。

第三，不排席次。在酒会上，通常不为用餐者设立固定的座位，也就是说，它是不排桌次、位次的。用餐者在用餐时，一般均须站立，找一个座位稍作休息也未尝不可。

第四，交际自由。与上一特点相关，因无席位限定，所以在酒会上用餐者完全可以自由自在地随便选择自己所中意的交际对象，自由组合，随意交谈。这样一来，就不必非与不喜欢的人进行周旋了。

第五，菜肴自选。与正式宴会上依选定的菜单次第上菜大不相同，在酒会上，用餐者所享用的酒水、点心、菜肴均须根据个人口味和需要自己去餐台选，吩咐侍者代劳。所以，酒会也被叫作自助餐。因此，用餐时完全有可能“择善而行”，而不必“来者不拒”或墨守成规。

2. 用餐的形式

酒会虽然礼仪从简，但是也非完全没有礼仪可讲。参加酒会时，至少有以下八个方面的具体礼仪规范，是绝对不可不知晓的。

第一，掌握餐序。酒会上提供的餐食品种不一定多，但取用时一定要依照合理的顺序而行，才能吃饱、吃好，否则有可能会乱塞一气，撑坏了肚子，或者该吃的没有吃。标准的酒会餐序依次应为：开胃菜、汤、热菜、点心、甜品、水果。鸡尾酒应在餐前或吃毕甜品时喝。

第二，排队取食。在用餐时，不论是去餐台取菜，还是从侍者手里的托盘选择酒水，均应遵守秩序，认真排队，依次而行。必须自觉摒弃加队、不排队、哄抢等坏习惯。

第三，多次少取。选取菜肴时，不论是爱吃的还是尚未尝过的，都应每一次只取一点，若觉不够可以下一次接着去取。这就是所谓“多次少取”。若是取菜时“让我一次爱个够”，狂取一通，好像生怕下次取不到了似的，是会贻笑大方的。

第四，力戒浪费。在酒会上，自己选取酒水、点心、菜肴时，切记不要超标过量。取来的东西，必须全部吃完。扔掉或浪费掉了，是不允许的。

第五，勿施于人。在酒会上，除家人、至交外，千万不要擅自去替别人代取酒水、点心、菜肴，因为自己不可能知道此刻对方是不是有此需要，或是对此对方是否喜欢。出于礼貌，让一让对方，则是可行的。

第六，禁止外带。在酒会上，只要有本事，吃多少喝多少都行。但是绝对不能“顺手牵羊”，把酒会上的东西外带回家。

第七，送还餐具。用餐完毕，应将自己所用过的餐具集中于一处，或主动送至指定之处，以示自己善始善终。

第八，主动交际。参加酒会的人可以自选对象进行交际，并不等于说参加者可以来了就吃，吃了就走。不与任何人相交，完全“闭关锁国”，这是不符合酒会要求的。

第七节　饮用咖啡

长期以来，咖啡一直是欧美国家饮料之中的主角。在那里，咖啡不仅被用来提神、解渴，而且还频频现身于各种各样的社交聚会。它受欢迎的程度，绝对不亚于在中国被视为国粹的茶水。

根据交际礼仪的惯例，饮用咖啡，需要特别注意饮用的时机、咖啡的种类、饮时的举止三个方面的问题。

一、饮用的时机

饮用咖啡，应当把握适当的时机。具体而言，饮用咖啡的时机，又包括饮用咖啡的时间与饮用咖啡的场合两个方面的具体问题。

1. 饮用的时间

如上所言，饮用咖啡，实质上是一种礼仪活动，所以在具体时间的安排与选择上，有必要细心斟酌，切勿贸然而行。一般而言，饮用咖啡的时间，不外乎有如下几种具体选择：

第一，自己饮用。自己饮用咖啡，原则上不必受到时间的限制。想要饮用的话，随时可以。只要记住不要饮用过量，不要因饮用咖啡过量而影响休息。

第二，家中待客。在家中以咖啡待客，不论是借饮咖啡这种形式会友，还是纯粹将其视作饮料，大体上不应当超过下午4点。因为有很多人在此时间之后不习惯再饮咖啡。

第三，外出会客。邀人外出，在咖啡厅会客时饮用咖啡，一般应当避开上午。最佳的时间有二：一是周末，二是午后。可根据具体情况，协商安排。

第四，宴会待客。在正式的西式宴会上，往往以咖啡作为其“压轴戏”。而正式一些的西式宴会大都在晚间举行，故此在宴会上饮用咖啡通常是在晚间。不过为了照顾个人嗜好，在宴会上上咖啡的同时往往还会提供红茶，而由来宾自选其一。

2. 饮用的场合

饮用咖啡，讲究具体场合的选择。具体场合不同，饮用咖啡时的礼仪要求往往也会有所不同。一般而言，饮用咖啡最常见的场合主要有：客厅、写字间、花园、餐厅、咖啡厅、咖啡座，等等。

第一，客厅。在客厅内饮咖啡，主要适用于招待客人。有些时候，自己与家人喝咖啡也会选择此处。

第二，写字间。在写字间里饮咖啡，主要是在工作间歇自己享用，是为了提神解乏。此时要求不多。

第三，花园。在自家花园饮咖啡，很适合于自己与家人消遣休息。此外，也适于招待客人。西方有一种专供女士社交的咖啡会，就是在主人家的花园或庭院中举行的。它不排位次，时间不长，重在交际与沟通，饮咖啡只不过是其一种表面形式。

第四，餐厅。在西方，咖啡往往是正餐中最后出现的一道“菜点”。在餐厅里用餐时，人们往往会选用咖啡佐餐助兴。

第五，咖啡厅。咖啡厅，有时又叫咖啡屋、咖啡室，它是一种装饰高档、气氛温馨的饮食服务点。除供应咖啡外，还可提供其他餐饮服务。在此处饮咖啡，往往与鲜花、乐曲、红烛相伴，故经常有一些人选择来此会友。

第六，咖啡座。它是一种露天的“咖啡厅”，多设于街道两侧，仅为客人提供桌椅与遮阳伞，适合于自我休息或与友人聊天。在西方国家里，它随处可见，讲究的主要是自由自在，休息观景。

二、咖啡的种类

与茶叶一样，咖啡的种类也非常之多。在非正式场合，选择何种咖啡自然无可厚非。但在正式场合，它却不仅仅是一个个人习惯问题，而是一个涉及选择者身份、教养、见识的问题。故此应当对这一问题充分了解，认真对待。

由于依据的标准不同，咖啡可被分为多种类别。目前，区分咖啡的种类，主要依据的是其配料的添加与制作的方法。以下将对此作简单介绍。

1. 根据配料区分

依据饮咖啡时添加的配料的不同，咖啡可被分为多个品种。其中，最为常见的有下述六种：

第一，黑咖啡。它所指的是既不加糖，也不加牛奶的纯咖啡。在正统的西餐里压轴的，就是这种宜于化解油腻的咖啡。直至今日，饮用此种咖啡仍被西方人视为身份高贵或出身于上流社会的一个标志。

第二，白咖啡。它指的是饮用之前加入牛奶、奶油或特制的植物粉末的咖啡，有人亦称之为法式咖啡。饮用这种咖啡时，加糖与否完全可以自作主张。它适合在各种情况之下，尤其是在非正式场合饮用。

第三，浓黑咖啡。它的全名叫意大利浓黑咖啡。它以特殊的蒸汽加压的方法制作，极黑极浓，不宜多饮。在饮用时，可加入糖或少量的茴香酒，但不宜加入牛奶或奶油。

第四，浓白咖啡。它的全名叫做意大利式浓白咖啡。其制作方法，基本上与浓黑咖啡类似，只是加入了用牛奶打制出来的奶油或奶皮，故此显得又稠又浓，口味甚佳。在饮用时，不宜再添加牛奶，加入少许柠檬皮榨取的汁液则是允许的。至于是否加糖，则可由自己来决断。

第五，爱尔兰式咖啡。爱尔兰式咖啡的最大特点，是在饮用咖啡之前不加入牛奶，而是加入一定数量的威士忌酒。加不加糖，则请君自便。它的味道浓烈，刺激提神。

第六，土耳其式咖啡。土耳其式咖啡大致与白咖啡类似，在咖啡之中可以酌情加入适量的牛奶与糖。但是，与其他种类所不同的是，它的咖啡渣并未除去，而是被装入杯中与咖啡一起上桌，供人饮用。它的杯大量大，稍显浑浊，深受中东地区人民喜爱。

2. 根据制作区分

根据制作方法的不同，咖啡大体上可被分为现煮的咖啡、速溶的咖啡、罐装的咖啡三种。

第一，现煮的咖啡。现煮的咖啡，这里所指的是在饮用咖啡之前，当场将一定数量的咖啡豆放入特制的咖啡具，现磨现煮的咖啡。与速溶咖啡相比，它费时费力，并且不好把握火候，技术水平要求较高。

在习惯饮用咖啡的西方国家里，会不会煮咖啡，是一位家族主妇是否称职的一个重要标准。因此，西方人家里来了客人，往往要待之以现磨现煮的咖啡，并且由女主人亲自为客人煮咖啡、上咖啡。这既是一种礼遇，又体现着一种档次。所以，遇上女主人这般厚待时，来宾无论如何都不能忘了当面称道一下女主人为自己煮的咖啡“味道好极了”，否则就是不礼貌的。

第二，速溶的咖啡。它是以现代工艺将咖啡提纯、结晶、装罐，饮用时只需冲入适量的热开水即可，因此非常方便省事，深受快节奏的现代人的欢迎。不过，它仍属于一种方便食品，口味比较单一，档次上难与现煮的咖啡相提并论。在较为正式的场合，一般难觅其身影。

应当切记，自己喝速溶咖啡与否，无可非议。但在款待重要客人时，却最好不要上这种咖啡，尤其是不要把它视为一种高档咖啡，而正式介绍给客人。

第三，罐装的咖啡。它指的是将煮好的咖啡装入罐内，可随时饮用。其饮用方便，但口味稍差，不适宜待客。

三、饮时的举止

在较为正式的场合，特别是在公共场合饮用咖啡时，务必要在个人举止方面处处谨慎，依礼而行。其中最主要的，是要在饮用的数量、配料的添加、饮时的方法三个具体方面多加注意。

1. 饮用的数量

饮用咖啡的具体数量，在正式的场合，应注意如下两点具体的讲究：

第一，杯数宜少。在正式场合饮咖啡，与其说咖啡是一种饮料，不如说它是一种休闲或交际的陪衬，所以完全可以说人们饮咖啡时多是"醉翁之意不在酒，在乎山水之间也"。在一般情况下，饮咖啡一杯足矣，至多不应多于两三杯。

第二，入口宜少。饮咖啡既然不是为了充饥解渴，那么在饮用时则切勿饮相粗鲁，贻笑大方。端起咖啡杯仰脖一饮而尽，或是大口吞咽咖啡，喝时响声大作，都是十分失礼的。饮咖啡时，一杯咖啡总要喝上十来分钟，并且应分为十来口慢慢地喝。唯有一小口一小口慢慢地品尝咖啡，才能悟出其中之妙，并且显得自己举止优雅脱俗。

2. 配料的添加

在某些情况下饮咖啡时，需要饮用者自己动手，根据个人需要和爱好，往咖啡里面添加一些诸如牛奶、方糖之类的配料。遇到这种情况，一定要牢记自主添加、文明添加这两项要求。

第一，自主添加。在添加咖啡的配料时，要求自主添加，就是要求大家自己对自己负责，不要越俎代庖地去为他人添加配料。因为个人的需要和偏好往往相去甚远，唯有自己才最了解。自作主张地为他人添加配料，弄不好就会强人所难，令对方反感或者不快。当然，若他人为自己添加配料时，还是应当真诚地向其道谢，而不宜责怪对方多事。

第二，文明添加。在添加咖啡的配料时，要求文明添加，就是要求大家在具体操作时自然大方，温文尔雅，尽量避免不卫生、不得体的做法。比如，若大家同时需要添加配料，彼此要相互谦让，不要你争我抢。若某种配料用完，需要补充时，不要大呼大叫，责备侍者。需要加牛奶时，动作要稳重，不要倒得满桌都是。打算加糖时，应用专用的糖夹或糖匙去取，而不要用自己所用的咖啡匙去取，更不要直接下手去取。

3. 饮时的方法

饮用咖啡时，有许多讲究与禁忌。其中，在礼仪方面要求最多的，一共有杯的持握、匙的使用、甜点取食、交谈须知四个方面的具体问题。

第一，杯的持握。饮用咖啡时，不可以双手握杯，不可以用手托着杯底，不可以俯身就着杯子去喝，不可以用手端着碟子而且去吸食放置于其上的杯中的咖啡。

持握咖啡杯的得体方法，是应当伸出右手，用拇指与食指握住杯耳之后，同时轻缓地端起杯子。若是用一只手大把地握住杯身、杯口，或者将手指穿过杯耳之后再握住杯身，都是不正确的方法。

在正式场合，咖啡都是盛入杯中，然后放在碟子上一起端上桌的。碟子的作用，主要是用来放置咖啡匙，并接收溢出杯子的咖啡。若碟中有溢出的咖啡，切勿泼在地上或倒入口中，可以用纸巾将其吸干，或将其倒入杯中。

饮咖啡时，是否需要同时端起碟子，不好一概而论。若坐在桌子附近饮咖啡，通常只需端杯子，而不必端碟子。若距桌子较远，或站立、走动时饮咖啡，则应用左手将杯、碟一起端起，到齐胸高度，随后再以右手持杯而饮。这种方法又迷人，又安全。说它迷人，是因为姿势好看。说它安全，则是可以防止溢出杯子的咖啡弄脏衣服。

第二，匙的使用。作为咖啡具大家族中的重要一员，在正式场合饮咖啡时，人手一只的咖啡匙其实作用不大。如果穷尽其极，它只能够做以下三件小事：

其一，加入牛奶或奶油后，可以之轻轻搅动，使其与咖啡相互溶合。

其二，加入方糖之后，可以之略加搅拌，促使其迅速溶化。

其三，若嫌咖啡太烫，可待其自然冷却，或以匙稍作搅动，促使其变凉。

咖啡匙的使用，有两条非常重要的禁忌：其一，不可以用匙去舀起咖啡来饮用。在公共场合那么做，必定会令人瞠目。其二，不可以让它在咖啡杯中立正。不使用它的时候，可将其平放在咖啡碟里。

第三，甜点取食。在饮用咖啡时，为了不伤肠胃，往往会同时备一些糕点、果仁水果之类的小食品，供饮用者自行取用。

需要取食甜点时，首先要放下咖啡杯。而在饮用咖啡时，手中也不宜同时拿着甜点品尝。切勿双手左右开弓，一边大吃，一边猛喝。这种做法，会显得吃相不雅。另外，切勿只吃不喝，弄得本末倒置。

第四，交谈须知。在饮用咖啡时，应适时地与交往对象进行交谈。在交谈时，务必要细语柔声，降低音量，千万不要大声喧哗，乱开玩笑，更不要与人动手动脚，追追打打。那样做，会破坏饮咖啡的现场氛围。

在他人饮咖啡时，不要向其提问。自己饮过咖啡要讲话以前，最好先用纸巾揩一揩嘴，免得咖啡顺嘴流淌或弄脏嘴角，显得自己模样难看。

第八节　公务参观

所谓公务参观，在此是指因为工作需要而有计划、有准备地对某些特定的项目所进行的实地观察。对外事人员而言，在出访时，参观是一项开阔眼界、增长知识、陶冶情操的活动，是从事自身工作的需要，并且有可能在尽量短的时间内获得更多的信息。

一般来讲，外事人员所进行的参观首先应当被视为其自身工作的一种需要，而绝非娱乐休闲。特别是因公进行的正式参观，不论其具体项目如何，亦是执行公务。因此，无论个人参观还是集体参观，外事人员都应当严格遵守有关参观的礼仪规范。

一、选择项目

进行参观前，必须事先选择好将要参观的项目。在选择参观项目时，必须遵从一条基本原则，即参观的项目应当在一定的程度上同自己的业务相关。通过对此项目的参观，将会有助于自己目前的工作。

具体来讲，外事人员在其实际工作中选择参观项目时应当注意以下四点：

1. 有针对性

参观项目的针对性，是指在当时的情况下，一定要选择对参观者最重要、最有实际价值的项目。切不可违反有关规定或者乱选、滥选项目，否则劳民伤财。

2. 量力而行

安排参观的具体项目时，要同时兼顾参观的费用、时间、路途以及近期的工作等各种因素。一定要充分地考虑到各种实际困难，从实际可能出发，坚持量力而行。

3. 合乎需要

在选择具体的参观项目时，要尊重参观者本人或者绝大多数参观者的意愿，并要照顾参观者个人的特点与兴趣，适合其专业与特长。

4. 客随主便

参观的具体项目，既可以由参观者自己提出来，也可以由东道主，即我方外访时的具体接待方首先提议。如果由参观者自行建议，则必须经过东道主认可，切不可贸然造访。

需要特别强调的是，切不可把参观当成一种待遇或福利，更不可借公务参观之名利用公款出国进行旅游。对于此种不正之风，应予自觉抵制。

二、准备参观

欲使参观达到既定的目标，在参观之前，必须做好充分准备。必要时，还需要制定专门而周详的参观计划。

参观计划的主要内容，大体上包括下述几项：一是参观项目；二是参观人数；三是负责人以及工作人员；四是起止时间；五是交通工具；六是饮食住宿；七是安全保卫；八是费用预算。

以上有关参观计划的重点内容，在报请上级批准后，应酌情向东道主进行通报，并向全体参观人员传达，以便使大家做到心中有数。

依照参观礼仪的惯例，进行正式的、有组织的公务参观，实际上等同于外出进行正式的公务访问，至少它也是正式的公务访问的一个有机组成部分。所以，在外出参观前，应当重点做好以下准备工作：

1. 了解背景

为使参观者对参观项目提前有所认识，以便在进行参观时有的放矢，抓住其重点、难点，应当在参观前尽量了解参观项目的背景，以免在参观时信口开河、提出外行或不适当的甚至令人见笑的问题。

在国外进行参观所需要了解的背景材料有：参观项目的历史、现状、发展前途；参观项目的主要特色、优点与不足；参观项目在本地区、本行业以及国内外的地位与反响等。

除对参观项目的背景要有所了解之外，还应进行外事纪律教育，并组织参观者学习参观项目所在国的政治、经济、文化、习俗等方面的常识。

2. 有所分工

为了使参观得以顺利进行，最好的办法是在参观前对全体参观者进行必要的分工，把领队、带路、接洽、应酬、翻译以及交通、膳食、安全等各个方面的具体工作都一一落实到个人，使每一件事情都有专人负责。

此外，在参观前还可以结合每位参观者的个人所长，把提问、记录、录音、摄像、拍照等具体任务分配下去。这样做了，在进行参观时，全体参观者就可以目标明确地分头深入考察。参观之后再进行一下汇总，就能掌握较为全面的情况。

3. 礼仪准备

参观时，参观者不可避免地要与出面接待的东道主进行交际应酬。因此，参观者，尤其是参观团体的负责人，要提前作好必要的礼仪准备，以免在参观过程中失礼于人。

具体来讲，应安排专人在必不可少的礼仪性场合，如东道主迎接参观者时，负责上前与对方进行应酬、寒暄，向对方主动问好，并通报参观团的情况。在向对方作过自我介绍后，应把参观团的主要成员介绍给对方，使对方对参观团及成员大致有所了解，从而保证参观活动顺利、有序地进行。

此外，还要事先确定在必要时进行发言的相关人选，不要届时大家推来推去，或是随便找一个人出来敷衍了事。

4. 明确要求

外事人员在进行参观时，每个人都代表着自己所在的国家、单位。为了维护国家和单位的声誉，有必要对每一名参观者都提出下列明确的要求：

第一，穿着打扮。参观者的穿着打扮，往往直接影响东道主对其总体的印象。因此，参观者在进行参观时的装束，既要注意时令与行动的方便，也应兼顾具体的参观项目。例如，在参观风景名胜时应着便装，而在参观工厂、农村、部队、学校与机关时则应着正装。

第二，携带用具。在参观时，通常都应当预备一些必要的辅助用具。例如，参观者都应当携带记录用具。为了方便笔记，应当预备两支以上的圆珠笔和足够使用的小卡片纸。如果在参观时还想录音、拍照或摄像，必须备齐录音带、胶卷、录像带以及电池、充电器等用具。若使用录音笔或数码相机、数码摄像机，则还应提前为有关器材充足电。切不可因此而去麻烦东道主，动不动就向东道主借用东西。

三、遵从规定

外事人员在进行各种类型的参观时，都要认真遵从东道主方面有关参观的具体规定，绝不能明知故犯。在参观时，外事人员能否自觉地做到这一点，不但反映出其自身的素质，而且也反映着自己对东道主的真实态度。

一般而言，东道主方面的规定主要有以下几个方面：

1. 时间

每一个正规的参观项目，都有其具体的开放日与接待时间。如果在非规定的时间前去参观，东道主通常都不会予以接待。

2. 内容

不同关系、不同单位、不同层次者，往往在参观时会受到不同的“待遇”。参观的具体内容，则讲究内外有别，并且与参观者的身份有着直接的关系。

3. 线路

参观时，一般都会划定一定的行进路线，并划有相应的“禁区”。参观者在参观时只能按此路线行进，切不可乱闯“禁区”。

4. 服饰

东道主一般都会向参观者作出服饰方面的规定，或是为了表示庄严肃穆，或是为了环境保护，或是为了方便工作，或是为了符合本国的民俗与传统。

5. 物品

由于参观项目的不同，或是出于安全、卫生方面的考虑，某些参观现场限制参观者携带某些物品，例如，禁止携带食品、饮料、易燃易爆品等。有的参观项目则对笔记、临摹、拓印、录音、拍照、摄像及其用具也有明文的禁止或限制性规定。

6. 传播

某些涉及专利、秘密的参观项目，一般都会要求参观者为之保密，而不可将与之有关的信息公开扩散，不可接受新闻界的采访，不可向非相关人士进行传达。

7. 人员

有些参观项目，东道主还会按照自己特定的标准，对参观者的身份及具体人数作出一定的限制性规定。

在进行参观前，一定要熟悉、了解东道主方面的有关规定，切不可对此不闻不问。此外，对于东道主临时附加的参观规定，应当具体问题具体分析，一般对其不必全部接受。但在予以拒绝时，要注意有理、有礼、有节，不可过于生硬，以免与东道主之间发生不愉快的事情。

四、落实要求

外出进行公务参观，既然主要是为了开展工作，那么就应当像平常办公一样专心致志、全力以赴地把参观进行好。

要端正参观的态度，即在参观时应全力以赴、集中精力，并且要在参观时个人服从集体。具体来说，主要有下述三个方面的要求：

1. 集中精力

在参观时，一定要聚精会神，把自己的全部注意力集中在参观项目上，尤其是要将注意力集中在自己应关注的重点上，切不可舍本逐末。而要想在参观时把全部注意力集中在参观项目上，就一定要具体做到以下“四好”：

第一，看好。要对参观项目进行全面而仔细的观察，不应在参观时挑三拣四、跳跃式前进，也不应心神不定或是与人聊天。

第二，听好。在参观时，要专心聆听东道主方面所作的各种介绍。一般来讲，东道主方面的介绍有下列三种：其一，参观前的概括性介绍。其二，参观时的具体性介绍。其三，应参观者之请所做的答疑性介绍。在对方介绍时，参观者切不可走神，更不宜中途退出。

第三，问好。在参观中，可以有准备、有目的、有礼貌地向东道主方面的有关人员提出各种疑问。所提问题要有针对性，不要没话找话、泛泛而问。在提出问题时，务必要有礼貌，不要提出让对方尴尬、难堪或不易回答的问题，更不能反复提问，反复追问。

第四，记好。在东道主方面允许的前提下，参观者应当尽自己的一切可能，以笔记、绘画、录音、拍照、摄像等各种形式为自己的参观作好记录。主要是要记下东道主方面的介绍、说明，对陈列的图表、模型、实物、现场的总体印象等。对其中重要的数据等资料，则需要一丝不苟，并慎重核实。

2. 尊重主人

一般而言，东道主都会热情招待参观者，而参观者亦应表现出同样的热情。当别人介绍情况时，应该神情专注地倾听，不要走神。如有问题，应待别人讲完后再发问，此刻参观者的好奇心是会大受欢迎的。当然，所提问题不可过多，对别人的经验应该真心实意地称赞。但并非看到什么都称赞。那样的话，别人会觉得参观者言不由衷。对对方不如自己的地方不要表露出来，不要在东道主面前夸奖自己如何如何。总之，尊重别人，是有修养的人任何时候都不应忘却的。

每个团体都有自己的制度，参观者自然也不应特殊。例如，在参观某些对卫生要求较高的地点时，需要在进去前换衣服、换拖鞋。有些危险或谢绝参观的地方，则不要因好奇而擅自闯入。

3. 服从集体

在参加集体性参观活动时，必须个人服从集体。在整个参观过程中，每个参观者都要服从命令、听从指挥，不允许其自行其是。

在参观的过程中，不可乘机处理个人的私事，而应当力争把分配给自己的具体任务又快又好地完成。在一般情况下，不能中途擅自离队。外出时要请假，归队则要准时，不得在集体参观时个人独自行动。

外出参观时，外事人员绝不可与东道主方面的任何人员进行私下接触。在出国参观访问时，尤其需要注意此点。绝对不允许随意代表自己所在的单位向东道主方面提出额外要求，或是对参观项目擅自进行评价。

第九节　欣赏演出

演出，通常是对各种文艺演出的简称，它是指戏剧、舞蹈、音乐、曲艺、杂技等文艺节目公开的、正式的表演。演出礼仪，则是对整个文艺演出活动的具体的规范化要求。具体来讲，演出礼仪又可以细分为两方面：一是有关演职员的礼仪；二是有关观众的礼仪。

在外事访问中，应邀观看演出通常是一项例行的公事。鉴于外事人员在绝大多数情况下都是作为观众前去欣赏演出的，以下将要介绍的演出礼仪，实际上主要是有关观众的礼仪。

欣赏演出，一向都被人们视为提高自身文化艺术素养的一个重要途径，因此极受重视。不仅如此，在国际交往中，尤其是在国外，观看演出还与出席宴会、参加舞会一道被列为礼仪上要求最高的三种社交活动。

对外事人员而言，欣赏内容健康、演技不凡的文艺演出，是提高其自身修养、培养艺术品位的一门重要的必修课。因此，不论因公还是因私欣赏演出，都必须遵守观众礼仪。这样做，不但能够使外事人员在欣赏演出时获得更多的收益，而且还有助于在公众面前真实地展现出个人的良好素质。

一、演出之前

在正式开演之前，观众主要应当注意下述事项：

1. 凭票入场

任何文艺演出的观看者都需要凭票入场，这一点是天经地义的，外事人员在这方面自然不能有任何的例外。

在因公欣赏演出时，外事人员要把赠送给自己的入场券认真收好，不可丢失。按规定，赠票一律不准转让他人，更不得转售。有些票价过高的演出，若有明文规定，是不得公款购票、公费观看的。例如，在酒吧、夜总会等营业性公共娱乐场所进行的演出，或者是海外流行歌手的演出等。

在个人观看演出时，外事人员要遵守一人一票的规定。不但要购票，而且还不得利用职权购买低价票。不论前往任何场所观看演出，凡应凭票入内的，均应持票入场。不准利用关系或者滥用职权向演出单位索取“招待券”。不得仅持一张入场券却携带数人入场，更不能要求演出单位看在自己的面子上“照顾”自己无票的亲朋好友入场。

所有演出场所，均不准携带猫、狗一类的宠物入场。有的重要演出，通常还规定不准学龄前儿童或未成年人入场。外事人员对此类规定亦应自觉遵守。

欣赏演出既是为了娱乐，也是为了使自己受到教育。所以在任何情况下，都不准许外事人员观看黄色、下流、反动或其他违反我国法律、法规的演出。即便是个人在海外观看演出时，也不得例外。

若拟邀请他人与自己一同观看演出，则至少应于一周前通知对方，以便其早做安排。一般情况下，在请人观看演出时入场券可由本人保管，而不必一一发至被邀请者手里。此种做法的好处是可以保证被邀请者不至于丢失入场券。

2. 着装正规

上文业已指出，欣赏演出是国际社会所公认的三种层次最高的社交形式之一，故此在观看演出时必须自觉地穿着正装。这样做，既是对自己和其他观众的尊重，也是对演出本身和全体演职人员的尊重。

在观看演出时，对于着装的基本要求是：干净、整洁、端庄、文明、大方，绝对不准许穿背心、短裤、拖鞋，更不能打赤膊。

具体而言，演出的内容或场所不同，其要求往往也有所不同。根据观众礼仪的规范，观看戏剧、舞蹈、音乐或综合性文艺晚会时的着装要求较高。在这种时候，尤其是在陪同他人或应邀观看此类演出时，观众务必要着正装。此时，倘若身穿牛仔服、运动服、沙滩服之类过于随意的便装入场，绝对是不得体的。若观看曲艺、杂技，或是观看与演出相类似的电影，则只要遵守欣赏演出的着装基本要求即可。

如果前往场面隆重的地方观赏高雅的演出，例如，观看话剧、舞剧、歌剧、文艺晚会或欣赏古典音乐会时，特别是在陪同他人前往或者应邀前往时，则不仅要穿正装，而且还要穿具有礼服性质的正装，即男士应穿深色的中山装或西服套装，配深色袜子与黑色皮鞋。若打领带，则其颜色宜为黑色，并穿白衬衫。女士应穿单色的旗袍、连衣裙或深色的西服套裙，下装尽量不要穿长裤，鞋子则千万不要选择皮靴、凉鞋、拖鞋或运动鞋。假如演出规定参加者要穿礼服的话，如此这般才不为失礼。

在国外，此种场合所穿的礼服往往都是有一定规格的。男士必须穿黑色燕尾服、白色翼领衬衫，配与外衣同色的蝴蝶结与腰封，并穿黑色系带皮鞋。女士则须穿晚礼服，配面纱、长袖手套，并穿长筒丝袜和高跟皮鞋。我方对此种规矩应当了解，但不必完全照搬。诸如中山服、旗袍或唐装，通常就可以作为中方外事人员的礼服来使用。

需要指出的是，若外事人员观看演出时携带家人同往，则不仅自己在着装上需要合乎规范，而且还要注意使之与家人的着装相协调。切勿“泾渭分明”，与之反差、对比太大。

3. 提前入场

欣赏演出，有一项基本规定：演出一旦正式开始，观众便不得随时入场，而应候至演出中场休息时方可入场，否则不仅会直接影响演出，而且也会妨碍其他观众对演出的欣赏。有鉴于此，外事人员在观看演出时理当早到，不得迟到。

一般的演出场所，大都规定提前 15 分钟检票，到达现场的时间大致上也应当与此相差无几，不要匆匆而至，甚至错过了演出的开始，以至于破坏了自己观看演出的情绪。

欣赏演出之所以要求尽早到场，主要是为了给自己观看演出做好必要的准备。进而言之，它可以分为以下五个要点。

第一，会合友人。若与他人相约一同欣赏演出，则宜尽量早到一些，以便在约定处与他人会合。宁肯比对方早到，也不要比对方迟到。尤其是不要超过了约定时间，或者演出已经开始后仍然迟迟不至。万一临时有他事要办，必须尽早通知对方，并向其致歉。

第二，检票入场。有些重要演出观众甚多，若临近开演才到达，难免入场时会拥挤不堪。因此应当尽量早到一些，并排队检票入场。在检票时，持票者应配合检票人员的工作，将入场券的副券面向对方，并且不要帮助他人“混票”。若多人一同入场，则持票者须走在前列。

第三，寄存衣帽。许多高档演出场所为了方便观众，都设有专门的衣帽厅。在寄存衣帽时，应遵守有关的规定。若与他人一同寄存衣帽，则职位低者、主人、晚辈、年轻者、男士、未婚者，要主动协助与自己相约而来的职位高者、客人、长辈、年长者、女士、已婚者。在演出结束后领取衣帽时，亦应如此。

第四，购节目单。正规的演出，通常在前厅都可购买或免费领取到本场演出的节目单。提前一些时间入场，通过阅读节目单可以进一步地了解演出的具体安排与有关背景。在购买节目单时，一般主人应为客人代劳。若可以免费领取节目单，则要排队领取，并以各取一份为限，不要哄抢或多领。

第五，稍事休息。如果距离演出场所较远，那么早到一些还可以稍事休息。在演出开始前进行休息的地点，应当是休息厅。若是那里没有座椅，可以靠墙站立。不要在通道上、检票口或是衣帽厅里乱站、乱蹲、席地而坐，免得有碍其他观众通行。

4. 对号入座

演出的预备铃一响，应立刻进入演出厅，在自己的座位上对号就座。

进出演出厅时，应不慌不忙并依次而行。走得可以稍快一些，免得挡道，但是不要奔跑。倘若演出厅门口人员一时过多，则应稍候片刻，不要争先恐后地上前拥挤。

若有引位员主动提供服务时，可以随行其后。找到座位后，别忘记感谢对方。若多人一起行进，且演出厅的过道较窄的话，则宜单列而行，不要并排行走。

若无人引位，则职位低者、主人、晚辈、年轻者、男士、未婚者，要主动替同来的职位高者、客人、长辈、年长者、女士、已婚者带路寻找座位。

如果不清楚自己的座位之所在，可以有礼貌地向旁人打听。旁人向自己打听时，亦应热情相助，并力求让对方满意。对老年人或行动不便者，还可主动提供帮助。

正规的演出，大都需要对号入座。在寻找座位时，只能以自己的入场券上的座号为目标，绝不能抱着侥幸心理去位置较好之处占座，尤其是不要去包厢、贵宾席捣乱。若他人占据了自己的座位，可以有礼貌地出示入场券向其说明，或请工作人员调解，不要与对方拉扯争斗。

如果自己的位置在某一排中间，且其两侧都已有人就座，那么在走向自己的目的地时，应对被自己打搅的人轻言一声“抱歉”，并且面向对方侧身缓步而行，切勿乱挤。

若与亲友一同前来观看演出，且座位有好有坏的话，应主动把稍好一些的座位让给别人。若得到了他人的谦让，则要及时表示谢意。但要记住，同他人调换座位，应在开演之前进行，并要两相情愿。一旦演出开始，任何人都只能端坐不动。就座时，宜轻、宜稳，不要用力敲砸座椅。

二、演出期间

在欣赏演出期间，外事人员主要应当关注下述四个方面的具体问题：

1. 交际适度

观看演出既然是一种社交活动，那么演出的观看者之间便免不了要有一定程度上的相互交往。

在欣赏演出期间进行交际，主要表现为志趣相投者或亲朋好友之间通过共同观赏彼此欣赏的节目来进行心灵上的沟通，或是彼此形成一种默契。因此，观看演出时的交际，主要是一种无言的精神上的交流，而并不一定非要借助于交谈不可。此其一大特征。此项特征在实践中的具体表现是：一旦演出开始，任何观众都不宜进行交谈，并且应当自始至终坚持闭口不言，直到演出结束为止。

亲朋好友之间如果有话要谈，可以在演出开始前、中场休息时或是在演出结束后进行。在观赏演出时，提倡“观棋不语真君子”，切切不可向他人解说剧情、猜测结局，或是发表观感。在观看演出时，观众所说的任何一句话，都可能会妨碍别人。

在休息厅里与别人交谈时，不要粗声大气，一定要轻声低语，能够令交谈对象听清楚即可。

在演出厅内，不论演出是否开始，都尽量别跟熟人打招呼，更不要主动找别人聊天。双方见了面，彼此点点头即可。如果的确有话要谈，须待中场休息或演出结束之后。

夫妻或情侣一道观看演出时，举止言谈均要得体，不要放肆，不要忘了这里是公共场合，切莫当众忘乎所以地进行自我表演。

除经人介绍之外，在欣赏演出时结识新伙伴的机会并不多。在观看演出时，一般不宜主动与陌生人攀谈，更不要目不转睛地打量不认识的异性，或是对其评头论足。

2. 维持秩序

在演出进行期间，每一名观众都有自觉维持演出秩序的义务。这是确保演出顺利、成功的一大前提。

对外事人员而言，应当维持的演出秩序主要有以下八条：

第一，不随便走动。演出开始后，任何观众都不宜再随意走动，否则就会给其他观众带来不便。若有事情需要处理的话，一定要争取提前办好，或是看完演出后再去处理。

第二，不拍照摄像。有的摄影爱好者，在观看演出时经常喜欢利用自己随身携带的照相机或摄像机，捎带着"创作"一番，殊不知其东奔西跑、扭来晃去、又打闪光灯又拉导线，往往会给其他观众带来很大的麻烦。因此，绝大多数演出场所都禁止演出期间录音、拍照、摄像。在国外，因其事关演出团体的著作权，若未经许可而那样做，则不仅所拍作品会被没收，当事人没准还会为此吃官司。

第三，不使用手机。为了避免在演出进行时分散演员与其他观众的注意力，任何观众在进入演出厅之后，均须主动关闭自己的手机，或是令其处于振动状态。绝不能让它在演出期间此起彼伏地"大呼小叫"。

第四，不大吃大喝。演出厅毕竟有别于餐厅，一边欣赏演出、一边大吃大喝的做法，终究有些不合时宜。因此，在观看演出期间，要克制自己的口腹之欲。不要携带食物、饮料入场，尤其是不要届时享用带壳的食物和易拉罐式的饮料，因为在享用它们时难保不会弄出声响。

第五，不要吸烟。目前，所有的演出厅都是禁烟的场所。在观看演出时吸烟，不仅有害他人的健康，而且还会因烟雾缭绕妨碍欣赏效果。不论从哪个方面来说，在观看演出时吸烟，都是一种不自觉、不道德的行为。

第六，不乱扔废物。在欣赏演出期间，为了维护演出厅内的卫生，不准随手乱扔废弃之物。不仅是废纸之类的"身外之物"不准乱扔，而且连自己的痰和鼻涕之类的"身内之物"也不准乱"扔"。万一有此必要，可以暂作处理，并在退场时自觉带出场外扔进垃圾桶内。

第七，不更换衣衫。在欣赏演出时，在大庭广众之前脱换衣衫亦为不妥。此外，还应注意不要戴着帽子入场，以防阻挡他人视线。在演出厅内，千万不要脱鞋、脱袜，免得污染空气。

第八，不肆意乱坐。坐在座位上观看演出时，应坐得老老实实、端端正正。不得前蹬后仰、扭来扭去。不允许把脚踩在他人椅面上，或是翘到他人椅背上。未到演出结束时，不得起立，更不能坐在座位的扶手上、椅背上，或垫高座位，从而影响他人的观看。

3. 尊重演员

在欣赏演出时，外事人员一定要以自己的实际行动对全体演职人员的辛勤劳动表示应有的尊重。

每逢一个节目告终或一幕结束之后，按照惯例均应热烈鼓掌，以示对演员的支持。但是鼓掌一定要有分寸，不要在演出进行期间频频鼓掌，甚至掌声经久不息。那样的话，不仅会打断演员的表演，而且还会影响到其他观众对演出的欣赏。

在欣赏演出时鼓掌，只能用来表示自己为演员的精彩表演喝彩，而万万不可反其道而行之。既不允许因为自己对某些演员、节目不欣赏，或者由于演出在进行中出现了故障以及其他特殊情况，而对演员喝倒彩、鼓倒掌，让演员下不了台，更不允许在演出进行期间起哄、闹事，恶意地驱赶演员。

若对演员的表演和节目有意见，可在演出结束后通过适当的途径进行反映，不允许当场有过激的表示或举动，例如，摔打座椅、站立吼叫、焚毁物品、向台上乱掷废弃物，或是中途退场。即使对此低声议论、发发牢骚、摇摇脑袋，也是非常不礼貌的行为。

演出全部结束后，应起立鼓掌。当全体演员或部分演员出来谢幕时，亦应如此。如果演员正在台上谢幕，自己却急匆匆地忙着退场是很不适当的。只有在演员谢幕之后，才可井然有序地退场。

对某些演员或节目有自己的独特看法是允许的，但不要把自己的观点强加于人。在观看演出时，不要只为自己喜欢的演员或节目叫好，而看不惯其他演员的表演或其他节目。

对自己喜爱的演员，也要为之设身处地着想，不要侵犯其个人空间，不要让其过于劳碌。不要像少男少女一样充当“追星族”，尾随、追逐演员，不要毫无目的地拜访演员，尤其是不要跑到后台去拜访演员，或是一时忘情冲上台去拥抱演员。请演员签名、合影时，要首先尊重对方的意愿，不要勉强、为难对方。

有些时候，要求自己喜爱的演员加演一个节目并不算过分。但此举应适可而止，不要一而再、再而三，没完没了。既累坏了演员，又打乱了整个的演出计划。

不提倡“追星”，只是一种针对外事人员独善其身的要求。别人要是甘当“追星族”的话，则应表示理解，大可不必为此而责怪对方。

4. 学会欣赏

欣赏演出，本身就是一种高品位的审美活动。因此，若想真正地由此而有所长进，就应懂得如何欣赏演出。

欣赏演出，实质上是一种有目的的审美活动。对不同内容演出的欣赏，往往有着不同的侧重点。对观众来说，若想逐步入门，达到“内行看门道”的境界，大体上应当重视如下三个问题：

第一，掌握基础知识。要欣赏演出，首先要看得懂它。为此，就要学习与之相关的文艺基础知识。应较为全面地了解这一文艺门类的渊源、流派、代表作和著名的表演家及其艺术特色，这样方可鉴古知今。

具体到某一重点节目，亦须了解其作者、历史背景、独特之处，以及演员的个人情况和舆论的评价。这样做，自己才会有所选择，并且有比较、有重点、有收获。

第二，选准欣赏角度。不同的文艺门类、不同的文艺节目、不同的演员表演，自然会有不同的风格与特色。要学会欣赏，就要选好适当的角度，并采取适当方法。

举例而言，在观看戏剧时，可选择的欣赏角度就有：是欣赏剧情，还是欣赏演技；是欣赏综合表演，还是欣赏某个方面的表演等。如果只是贪图面面俱到，就不会有深入的观察与独到的见解。

第三，提高审美品位。在观看演出时，仅满足于感官刺激是不足取的。唯有日积月累地进行实践，提高审美品位，才能使自己通过观看演出真正地获得美感和享受。

尽管审美品位对于观看演出十分重要，但是对自己的审美修养却不可过于张扬。在观看演出前后，适当地表现一下还说得过去。若是在演出进行期间仍然过分地展示自己在艺术上的造诣，动辄发表自己的高论，或是对演出“横挑鼻子竖挑眼”，则为不当之举。

第十节　参观画展

所谓画展，一般是指在某一固定的场所，例如，美术馆、美术厅、画廊或画室等，围绕着某一既定主题所举行的时间上有所限制的绘画展览会。通过观赏画展，人们可以体验艺术家们的艺术创造，了解绘画艺术的不同风格，并获得审美的享受。不仅如此，三两知己一同参观画展，往往还会加深相互之间的了解，增进彼此之间的交流。所以，在国外观赏画展也被视为社交活动的一种常规形式。

作为有知识、有文化、有追求的现代人，每一位外事人员恐怕都不会不希望自己懂得艺术，与艺术结缘，不断地提高自身的艺术修养。其实要想提高个人的艺术造诣并无捷径可言，它全在于自己的努力学习、刻意追求、日积月累和悉心感悟。不过，如果有机会多去观赏一下画展，置身现场，实地感受那里浓厚的艺术气息，无疑对每个人开阔眼界、提高审美能力与欣赏水平都会有所裨益。古人云：“近朱者赤，近墨者黑。”多多地观赏画展，实际上也是一种有助于个人全面发展的“精神充电”。

从另外一个角度来讲，外事人员在国际交往中尤其是在出访时往往会应人之邀前去观赏画展。此时此刻，身为嘉宾的外事人员假如在现场表现得大失水准，恐怕与对画展的具体内容“一问三不知”一样，都会贻笑大方。

画展礼仪，就是指人们在举办画展、观赏画展时所必须遵守的礼仪规范。其基本内容，主要由开展与观赏两个方面构成。外事人员在参观画展时，对于这两个方面的具体礼仪规范均须认真遵守。

一、开展的操作

开展又称揭幕或开幕式。一次画展的开展假如操作得法，不仅能够为之增添热烈、隆重的气氛，而且还有助于吸引社会各界与大众传媒的关注。

在画展的开展礼仪中，其核心内容往往当数开展仪式。所谓开展仪式，即画展正式开始时，为了使之隆重而热烈，主办单位依照惯例所履行的具体程序。在通常情况下，开展仪式又可分为展前准备阶段与现场操作阶段两个主要步骤。

1. 展前准备

在展前预备阶段，画展的主办单位要进行的主要工作大致有下述五项：

第一，布置现场。有的准备工作一定要先期做好。例如，悬挂横幅、彩带，放置贺幛或来宾赠送的花篮，安排扩音、录音、录像设备，准备其他备用品等。

第二，约请嘉宾。在画展开展前半个月，即应向社会贤达、画坛名流以及画展主要参展者的亲朋好友发出正式的书面邀请。

第三，联络媒体。为了扩大画展的社会影响，一定要诚邀在当地和国内外有影响的媒体派员参加开展仪式。

第四，准备材料。为了加深来宾对画展的印象，在展前还应酌情为其准备一些有关画展介绍的画册、画片以及其他资料。必要时，还可预备一些用于现场发放的纪念品。

第五，有所分工。对开展仪式的主持人、礼仪小姐等引人注目的人物，事先务必精心选拔并细致分工。有可能的话，最好还要根据画展的性质对其进行适当的包装。

2. 现场操作

在现场操作阶段，开展仪式的具体程序一般有如下六项：

第一，主持人宣布画展正式开始。全体来宾此刻应一起热烈鼓掌以示祝贺。

第二，主持人介绍前来参加开展仪式的主要嘉宾，并代表主办单位和有关各方对全体到场之人表示感谢。

第三，嘉宾代表致辞，以预祝此次画展取得圆满成功为主要内容。

第四，主办单位、专家或画展的主要参加者向来宾简介画展的参加者及其作品。

第五，主办单位的负责人与主要嘉宾一道为画展正式剪彩。

第六，主办单位负责人陪同来宾一道步入展厅观赏画展。

外事人员倘若有机会参加画展的开展仪式，需要关注的礼节问题主要有以下三点：其一，提前到场。切勿让人久久等候，从而影响仪式的顺利进行。其二，着装得体。为了表示对画家的尊重和对艺术的虔诚，务必要穿具有礼服性质的深色套装或套裙。其三，专心致志。在开展仪式上，切莫随便走动，或任意找人攀谈。

二、作品的观赏

观赏作品，在此主要是指观看画展时人们对现场陈列的每一幅作品所进行的具体欣赏与品味。在一般情况下，外事人员所应当了解并遵守的观赏礼仪主要涉及如下三个方面：

1. 熟悉背景

参观画展，既是一种社交应酬，也是使自己得以充实提高的一个机会。要真正地使自己通过参观画展有所获益，就不可以对其漫不经心、得过且过。要想通过参观画展而有所思、有所得，就必须有备而至，事先对画展的背景有一定程度的熟悉。

具有条件者，可提前学习一些观赏画展的基础知识。对绘画的技法、主要的流派、代表的画家、经典的作品等，大体上均应当有所了解。进而言之，对参展的主要画家及其艺术风格亦应略知一二。这样一来，在具体观赏画展时，就会明白应当观赏什么、应当如何观赏，而不至于雾里看花、不知所云，或是指鹿为马。

参观画展前，还应花上一定的时间，认真阅读画展上所发送的有关背景材料，以及有关画展内容的文字说明。这样做的好处是，可以明白主办单位举办画展的意图，并且深化自己对画展及重点作品的印象。

如果画展上安排了讲解人员，那么当其介绍绘画作品时，不论自己对作品熟悉与否，均应洗耳恭听。对于同一幅绘画作品，人们往往仁者见仁、智者见智，看法大相径庭。此时听一听他人的见解，很可能会对自己有所启发。

2. 尊重艺术

参观画展，不论对谁来说都是一种极好的艺术熏陶。在参观画展之际，如欲不虚此行，不仅要学会欣赏绘画作品，提高个人的艺术鉴赏能力，获得美妙的艺术享受，而且还应通过对高雅艺术的耳濡目染，充实自己的个人生活，使自己在人格上有所完善。

要想从艺术鉴赏的过程中获得回报，关键是首先要对艺术有一种正确的态度。外事人员在观赏画展时，如欲表现出自己对艺术的真正尊重，就非得注意以下各点不可。

第一，尊重画家。任何一幅绘画作品，都是由画家所创作的。因此要在画展上表现出对艺术的尊重，首先就必须尊重画家。画家往往具有鲜明的个性，而且讲究推陈出新，不断地进行艺术探索。对此都要给予尊重。不要在观赏画展时指名道姓地非议某位画家，不要以自己的一知半解对某位画家的艺术探索说三道四，或者将道听途说来的有关画家私生活的传闻加以扩散。在参观由多位画家作品所组成的画展时，不要以个人的偏爱划线；不宜当众对某些画家大加称颂，而对另外一些画家则再三贬低。

第二，尊重作品。在参观画展时，对每一位参展画家的尊重，一定要具体体现在对其作品的尊重之上。尊重一位画家而不尊重其作品，所谓尊重画家便是一句空话。对绘画作品的尊重，主要应当表现在对其所进行的认真观赏与自觉维护两个方面。在观赏绘画作品时，要保持耐心，细致入微，反复体味，甚至为之流连忘返。不一定非要对每幅作品都驻足良久、赞不绝口。但一带而过、走马观花，甚至对其胡言乱语，便是失敬的明显表现。在观赏画展的过程中，还要以自觉的行动去维护绘画作品。不要在现场吸烟；不要对绘画作品抠抠摸摸；不要对其随意拍照、摄像；不要直接在上面进行描摹、拓印，从而对其造成损害。

第三，尊重工作人员。每一位观众，在参观画展时都要对主办单位的工作人员予以应有的尊重。对画展现场工作人员的尊重，不仅体现在对他们所付出辛勤劳动的尊重方面，而且更重要的是要服从他们为维护画展的秩序而进行的各项管理。在观展时，观众有疑问可以向工作人员请教，有困难可以向工作人员求助。但是切勿有意给对方出难题，切勿成心给对方添乱，或令其难堪。

3. 自尊自爱

外事人员在观赏画展之时，对于自己的个人行为表现应加以适当的约束。其中最重要的是，在大庭广众之前不仅不能有损个人形象、有碍观瞻，而且还不能有碍于他人。为此，在观展时一定要注意下列几点：

在国外参观画展时，一定要对仪表略加修饰。在服装方面，宜穿正装或礼服，切勿身穿背心、裤衩、夹克、牛仔装、运动装、乞丐装、凉鞋或拖鞋。不仅如此，钉有金属鞋钉、鞋掌的鞋子最好也不要穿，免得走起路来其响声不绝于耳。

假如展厅门口设有衣帽间或是画展要求观众存包的话，一定要遵守规定。假如无此要求，亦应在进入展厅后脱下外套搭在臂弯里，并且摘下帽子、手套和墨镜。如果下雨、下雪，则还应将雨衣、雨伞装入自备的塑料袋或者现场发放、自取的专用塑料套子里，并提前抖掉身上的雨水和落雪，以防雨水、雪水随地流淌。

有时，在展厅门口会有专人向观众发放与画展相关的免费画册、说明书或纪念品。如果打算索要的话，应当排队领取，不要加塞、哄抢或反复领取。领取之后，一定要将其精心存放起来，切不可因为不合个人口味而乱撕、乱扔。

在参观中，若是见到作者或其他嘉宾，可大大方方向对方打个招呼或是点头微笑。若想请对方签名或合影的话，则须征得对方的同意。既不要对对方指指点点、品头论足，也不要尾随其后或围观不去。

在观赏绘画作品的具体过程中，勿忘以礼待人。一些著名作品，往往会吸引众多的观众。在观赏这样的作品时，要排队依次而行。既不要乱挤乱撞、不讲先后顺序，也不要只顾了让自己大饱眼福而长时间地止步于画前不动。

与他人一同前来参观画展时，要大体上走在一起，以便大家互相有所照应并有所交流。但也不要一路上扎堆而行，从而妨碍其他观众的观赏或行进。

在展厅里，对全体观众的基本要求之一是：保持肃静。因此，观众在观赏作品时，除可以偶尔向讲解人员求教，或与同行之人附耳交流心得之外，切忌高声喧哗。尤其是不要在人多处自问自答，或是口若悬河地充当陌生人的“义务讲解员”。对随身携带的手机，应当关闭或静音。

为确保展厅内部的卫生，不允许在此处大吃大喝。万一饥渴难忍，可去展厅之外解决问题。

在一般情况下，不提倡带领尚不懂事的小孩子观看画展。如果已经带来了孩子，则务必对其严加看管，防止其损坏作品，或四处乱跑、大喊大叫。

画家为了维护自身权益，大都禁止观众对自己的绘画作品进行拍照或摄影，有时现场临摹亦在禁止之列。对此类展厅的明文规定，一定要严格地加以遵守。

第十一节　游览观光

游览观光是一种常见的休闲形式。在节假日，人们经常会利用闲暇时间前往公共园林和其他的风景区进行观光、游览、娱乐和休息。同时，游览观光也是接受教育、开阔眼界、陶冶情操的一种极好方式。

在绝大多数情况下，游览观光活动都是个人自发进行的，而不是有组织、集体进行的。尽管如此，作为外事人员，不论以何种方式游览观光，都必须讲究社会公德，并遵守必要的游览观光礼仪。

所谓游览观光礼仪，即人们在游览观光时所应遵守的行为规范。它主要包括以下三个具体方面的内容：

一、行前准备

外出游览观光前，一定要进行必要的准备。对一般人而言，其行前的准备主要涉及穿着打扮。由于游览观光是一种休闲活动，所以在一般情况下人们的着装也应以休闲装为主，其妆饰亦应尽量从简。

游览观光之所以要求着休闲装、妆饰从简，主要是由其休闲的性质所决定的。除此之外，也是为了使人们在游览观光时能够无拘无束、行动便利，真正玩得开心舒畅。具体而言，外事人员届时应关注以下两点：

1. 对服装的要求

在游览观光时，不仅可以穿平日难登大雅之堂的牛仔服、运动服、休闲服，而且还可以穿起背心、短裤，戴上棒球帽和太阳镜，甚至穿上夹克衫、T 恤、背带裤和裙裤也不为失礼。一句话，在游览观光时，只要不妨碍别人，不有悖于社会公德，而且又为自己所欣赏，适合于休闲和游览，在着装方面完全可以随心所欲，不必像上班那样束缚自己。

人们在游览观光时往往会见到一些身着盛装之人。他们男着西装套装、扎领带、穿皮鞋，女则穿时装或西服套裙、脚蹬高跟鞋。此种穿法其实大可不必，因为这既与游览观光的轻松气氛和四周的山水花草不相协调，又容易损坏衣物，而且还会使自己活动不便。

游览观光时所穿的鞋子，是影响能否尽兴的一项重要因素。对此若不在意，很可能就会使自己在行进中步履维艰。游览观光时所穿的鞋子应首选旅游鞋，因为它不仅时髦、漂亮，而且合脚、轻软、防扎、防硌、防水、防滑。而皮鞋，尤其是高跟鞋，则是最不适宜的。

2. 对妆饰的要求

在游览观光时，不但要轻装上阵，而且在妆饰上也应当尽量从简，即提倡淡妆、简饰。在游览观光时，完全可以不化妆，不佩戴饰物。假如有必要进行一些修饰，亦应化淡妆，并少戴饰物。在园林的优美景色之间，“清水出芙蓉，天然去雕饰”，才是最有品位的。

应当说明的是，有组织的游览观光，通常都会要求参加者着装尽可能地正规。因为有组织的游览观光，实质上往往是一种借公园或其他园林、风景点举行的具有特殊形式的联欢活动，所以不能将它与普通的游览观光混淆。

二、与人相处

在游览观光、自得其乐之余，必须时刻铭记：游玩之所在通常是公共场所，所以在与他人相处时一定要以礼待人。

1. 替人着想

在游览观光时，如果不是独自一人的话，就应该自觉地关心、照顾一同前来游览观光的同伴，并处处多替他们着想。不论自己是作陪而来，还是应邀而来，有教养的人都应该这样做。

在游览观光期间，要主动关心照顾同行者，及时地为他们安排休息，按照他们的兴趣选择适宜的景点与活动项目。即便对方让自己选择或一切由自己作主，也要坚持凡事以对方为中心。

在与同伴一起游览观光时，要始终保持良好的情绪，不要乱发脾气，不要在大家高兴之际自己却做出败坏别人兴致的事情。不要对同伴的计划过于挑剔，更不宜对此埋怨不已。遇到难处时，应当“有苦同享，有难同当”。如果没有特别的原因，切勿在游览观光时中途离队，尤其不要不告而别，免得因此而令同伴担心。

若大家约定在游览观光时分散活动，则集合时间一到，即应到达指定之处，不要让大家久等。

即便独自一人前去游览观光，亦应对他人以礼相待，不要因为无人监督而放纵自己。与其他游人一定要友好共处，不要在游览观光时寻衅闹事。

在参加娱乐活动时，如有必要应当排队，并在排队时讲究先来后到。如果己方人多势众，不要一拥而上、独霸场地。

在游览观光期间，一定要服从工作人员的管理，不要没事找事，给工作人员增添麻烦。

2. 与人方便

在游览观光时，提倡与人方便。其具体要求主要有三：

第一，问路。游览观光时经常需要问路，这时最好去找现场的工作人员，并要讲究礼貌。例如，可以客气地说："你好！先生，请问去某某处怎么走？"对于对方的回答应表示感谢。如对方不知道，应对其说一声："没关系。"当别人向自己问路时，亦应热心地给予帮助。

第二，休息。需要休息时，自己所确定的休息之处应尽量与其他人保持一段距离，免得彼此不便。确实需要在他人附近就座时，要面含微笑地先问一声："可以吗？"对别人这样的询问，则应当欣然回答"请坐"。既不要一人霸占多个座位，也不要替他人占座，更不可以与他人争抢座位或在座椅上睡觉。

第三，拍照。在拍照、摄像时，应避免与其他人为争抢好位置、好角度而发生不快。此时应当相互谦让，按照先后顺序进行。有的文物、建筑不准拍照、摄像或不得使用闪光灯拍照、摄像，对此类规定亦应认真遵守。需要他人帮助时，要有礼貌地提出。例如，"您好！请帮忙给我们拍一张照片"。在拍完后，不要忘了向对方道声"谢谢"，不要随意为不相识者拍照、摄像。必要时，先要取得对方应允。在国外，对此尤须注意。

除以上三点外，还应注意：在游览观光时，若有人向自己微笑、打招呼，应立即予以回应，不可不予理睬。不要尾随他人，或是悄悄地旁听其他人的介绍与交谈。在公园进行练歌、唱戏、跳舞、练功等活动时，应尽量避免干扰其他人。与恋人或家人一起游园时，要讲究公共道德。恋人或夫妻之间不能表现得过分亲昵，对与自己同行的孩子亦应严加管束。

三、维护环境

游览观光的地方，多为公共场所。此处的一山一水、一草一木都属于公众所有，所以没有任何理由去毁坏大家共同享有的休闲空间。在游览的同时维护环境，应成为每个人一种真正自觉、自愿的行动。

维护环境要付诸行动，绝对不能空喊口号。维护环境必须要从我做起、从现在做起、从一点一滴的小事做起。

1. 爱护公物

爱护公物，是社会公德的基本要求之一。身为外事人员，更应在游览时对所有公物倍加爱惜，即便自己置身国外亦不应例外。大到公共设施、文物古迹，小至树木花草，均应严格遵守有关规定，不准乱摸、乱碰、乱采、乱折；不得随意践踏毁坏；不准在上述任何地方乱写、乱刻、乱画。

一般而言，公共场所尤其是园林里的树木与雕塑、建筑，都是绝对禁止攀登的。不要为了“立此存照”或者“高瞻远瞩”而犯禁。

目前，公共场所大都有许多令人赏心悦目的草坪。它们有的允许游人行走、坐卧，有的则严禁践踏。在允许游人进入的草坪上活动时，不要有任何可能毁坏草坪的举动。若草坪四周设有围栏或悬挂着“请勿入内”的标牌，则无论有人监督与否，均不得入内。

有的公共园林里往往会放养一些鸟兽。不要对其进行捕捉、恐吓，更不能对其进行伤害。对饲养室里的珍禽异兽，一律不准喂食、投打或惊吓。

在一般情况下，在公有园林私自挖土取石汲水、移植草木、寻觅奇花异石、挖掘古藤树根、抓捕飞鸟游鱼，均属于侵犯公物，故均在禁止之列。

有个别名胜、园林，为了保护建筑、维护景观，通常会要求游人参观前更换外套、鞋子，或购买特制的眼镜、帽子、鞋套。这种做法并不属于“乱收费”，对此不应加以非议。

2. 安全第一

游览观光时，应当牢固地树立安全第一的意识，尽一切可能防止发生乐极生悲的事故。当集体游览观光或陪同其他人游览时，注意安全则更是必要的。

游览观光时，应当切记禁区莫行，千万不要只身独闯危险地段。在登山时，若非专业人士，绝不要攀登悬崖峭壁。

在湖滨、河畔游览和登船游览时，不要肆意地打斗追逐，以防翻船落水。如果岸边设有禁止游泳的告示，则切勿下水“探险”。野外湖泊、河流的安全系数往往不高，因此最好不要去那里玩水嬉戏。

在游玩时，不要从事攀岩、跳岩、滑翔等比较危险的运动，尤其是不要一人进入人迹罕至之处。

在拍照、摄像或观看动物时，要注意安全，以防发生意外事故。

吸烟者、野餐者、野炊者特别应当注意，在进食完毕即将离去之际，一定要检查一下有无明火或尚未熄灭的灰烬，不要留下隐患。在禁止烟火之处活动时，切莫犯规。

处理游玩时废弃之物的上策，是将其投入垃圾箱。若附近没有垃圾箱，则应将其包在一起带走，绝不许就地“火化”。

游览观光的时候，应注意饮食卫生，防止食物中毒。最好不要“就地取材”，不要食用不知名的菌类、野菜和鱼虾，特别是应当避免生食各种食物。

与陌生人相处，不可以完全不设防。在一般情况下，不应在陌生人的引导下前往不安全的地方，不要轻易享用对方所主动提供的任何食物或饮料。

3. 检点细节

在游览观光期间，每一位外事人员切切不可忽视以下相关细节：

第一，不要吸烟。在游览观光期间最好不要吸烟，因为吸烟不仅会污染公共场所尤其是园林内的新鲜空气，而且还易于引起火灾等意外。在有明文规定不准吸烟的名胜古迹之处，则更是绝对不可吸烟。

第二，不要随地吐痰。随地吐痰，一则会传播疾病；二则是不文明的表现。

第三，不要乱扔杂物。具体而言，游览观光时不要乱扔果皮、纸屑、烟蒂、塑料袋、包装盒、易拉罐、饮料瓶，尤其是不要将其抛入山林、沟壑、湖泊、水池、下水道、动物饲养室。

如果在游览观光时吃了零食，或者集体进行了野餐、野炊，则应在进食完毕后自觉地将废弃物收拾在一起，然后根据废弃物的物理性质分类投入金属、塑料及其他分类的垃圾箱内，并对原地的环境卫生进行清理、打扫。

应当强调的是，游览观光需要静谧的气氛。因此在游览观光时不要大声喧哗、嬉笑打闹。在公共场所尤其是园林里联欢、唱歌、跳舞、做游戏时，要自觉地降低音量。在公共场所里，过高的音量无异于一种噪声污染。

第十二节　外出购物

在出国访问期间，人们通常都免不了外出购物。在国外购买商品，有时是出于工作与生活的需要，有时是为了留作纪念，有时则是打算携带回国馈赠亲朋好友。

在国外购买商品时，既要了解不同国家的不同规矩，又要熟悉国际社会通行的做法。唯有如此，才能够真正做到“买得称心，用得放心”，物有所值。

就一般情况而论，外事人员在国外购买商品时，主要应对商店的简况与购物的技巧两个具体方面有所了解。

一、商店的简况

从广义上讲，所有的商品售卖之处均可称为商店。然而与中国的商店相比，外国的商店又具有不少自己的特色。

下面将着重介绍国外的名牌精品店、特色品商店、折扣品商店、廉价品市场、仓储俱乐部、按目录购物、大型购物街以及免税品商店的情况。对与国内相差无几的百货公司、超级市场、连锁商店的情况，此处将不再介绍。

1. 名牌精品店

名牌精品店，在此是指那些专营国际上公认的名牌高档商品的商店。在有的国家里，它也被叫作奢侈品商店。大名鼎鼎的登喜路、杰尼亚、香奈尔、范思哲、爱马仕、普拉达、路易威登等就是典型代表。

此类名牌精品店的共性，主要是环境幽雅豪华、商品精美上乘、价格昂贵无比、服务质量甚佳、所处位置优越。

2. 特色品商店

所谓特色品商店，顾名思义就是指专门经营某一品种或某一类型商品的商店。例如，有的特色品商店专门销售 CD，有的特色品商店专门销售运动鞋，有的特色品商店则专门销售孕妇服装。在市场经济发达的国家里，此类商店几乎无处不在。

存在特色品商店的主要原因有三个：其一，经销品种集中专一，令顾客在品牌、规格、价格上有较大选择余地。其二，经销品种统一进货，其质量往往很有保证。其三，销售人员见多识广，通常可以向消费者提供颇为内行的建议或忠告。

3. 折扣品商店

在国外，特别是在西方国家里，折扣品商店往往大受中低收入者的欢迎。所谓折扣品商店，简称“折扣店”，在此是指专门经营打折商品的商店。在此类商店里，所售商品之所以打折并非因为质量方面存在问题，而是由于其或者过时、或者积压，所以折扣品商店与旧货商店并非同一类商店。

在广大消费者看来，折扣品商店的独特价值在于：其一，其商品售价低廉，往往只有精品店、专卖店所售同类商品价格的一半，甚至1/10。其二，对其商品质量一般不必担心。它的美中不足之处，则是款式稍微落伍一些。

4. 廉价品市场

廉价品市场，在国外又叫跳蚤市场或马路市场。它通常是指在某一道路旁边所自发形成的露天市场。在这种市场上，销售者主要销售自家的旧货。

在不少国家，廉价品市场颇受社会各阶层人士的欢迎。它的长处主要有以下四个：一是所售商品价格便宜。二是买卖双方可以讨价还价，甚至可以以货易货。三是如果精心选择，随时可以发现令人心动之物。四是家中废旧之物因此而有一定的去处。

5. 仓储俱乐部

在国内，各种名为“客隆”的仓储商店并不鲜见，它实际上是一种较大型的折扣商品超市。但是，此处所说的仓储俱乐部与国内的仓储商店是有所区别的。仓储俱乐部往往具有如下五大特征：其一，统一大量进货。其二，商品通常批量销售。其三，内部环境宽松简洁。其四，地理位置相对偏僻。其五，顾客实行会员制，并且需要定期付费，对非会员顾客往往不予接待。

仓储俱乐部的主要优点有两个：其一，所售商品价格十分低廉，顾客可以获得较大实惠。其二，经销商品种类繁多，顾客可有较大的选择余地。

6. 按目录购物

按目录购物是当前国外购物的一种新时尚。其具体做法是，由商家将所售商品制成目录并对外发布，然后由消费者依照该目录以一定的方式向商家订购某种商品，最后再由商家派人将该种商品送至消费者手中。

根据商家发布所售商品目录方式的不同，或是消费者订购商品方式的不同，按目录购物目前存在着一些不同的具体类型，例如，电话购物、电视购物、网上购物等，它们都颇受广大消费者的青睐。

按目录购物的主要优点有三个：其一，方便消费者。其二，可送货上门。其三，能节省时间。不过消费者必须选择口碑良好的商家，才能真正维护自己的合法权益。

7. 大型购物街

20世纪60年代之后，大批美国人从市区迁往郊区，商店也随之向市郊扩展。此时，一些地产商想出了建设大型购物街的主意，即将许多不同类型的商店集中组合在一处，使之宛如一条购物长街。英文称其为“mall”，中文有时则将其音译为“摩尔”。它很像一家巨大无比的百货公司。所不同的是，它往往既有精品店，又有折扣店；既有咖啡馆，又有电影院；有的还设有大型停车场。当前，这种大型购物街已遍布欧美。大型的购物街，通常可以容纳千家以上各种类型的商店。

大型购物街的长处有三个：其一，各类商店众多，消费者可以各取所需。其二，服务设施齐全，顾客可以购物兼娱乐。其三，购物环境较好，便于顾客合家消费休闲。

8. 免税品商店

目前，世界各国大都设有免税品商店。它们一般都设在国际机场或港口，也有一些国家将其开设在大型宾馆、国际会议中心或境外顾客较多的零售中心。此类商店主要为来自境外的顾客服务。

免税品商店显然是以免税商品为销售对象。事实上，它主要是免付烟酒的关税，其他商品则免付国内税。与其他商店相比，免税品商店所销售的烟酒在价格上可便宜一半左右，其他商品则只便宜10%～20%。

免税品商店的具体经营方式有两种：一种是商品递送系统，它由顾客凭机票、护照购物，所购商品由商店直接送往顾客乘坐的归国航班。另一种则是传统商店系统，它一般设在国际旅客易于抵达的区域，如国际机场，由顾客购物后直接将其带走。

免税品商店的主要优点有三个：其一，它的物价较为低廉。其二，它的商品质量甚佳。其三，它的服务较为周到。

二、购物的技巧

在国外购物本是一桩快事。但如果对国外购物的技巧不甚了解，即便在国内是一位经验丰富的老买家，也难保不会做出不理智的选择。

一般而言，在国外购物时，中方人员主要需对如下七个方面的购物技巧有所了解：

1. 少用现钞

中国顾客通常都习惯使用现钞进行支付，然而在国外这一做法却未必可以畅行无阻。

准备在国外尝试一下购物乐趣的中国顾客必须切记，在国外购物不但通常应当使用外币，而且一般都不使用现钞付账。

除了随身携带少许外币现钞，准备向服务人员给付小费或购买报刊、水果等小件商品外，我方人员出国时最好备上银联卡（目前它在境外不少国家、地区均可使用）、外币信用卡或外币支票簿。它们不仅使用安全、支付方便，而且还广受欢迎。

2. 使用本币

出于维护国家尊严的考虑，世界上绝大多数国家都明确规定，在本国国境内只准使用本国法定货币。除个别特许的免税品商店之外，外国货币一律不准流通。

对此项规定，中方人员必须注意如下三点：其一，在一般情况下，不要使用非本币在国外购物。其二，在购物前，通常应当将自己随身携带的货币合法兑换为该国本币。其三，必须充分考虑到国际汇市的变化与货币在兑换过程中的损失，尽量进行定量兑换，并努力减少货币兑换的次数。

3. 货比三家

经验老到的购物高手都非常清楚，任何国家的商品价格都不会一成不变。由于种种原因，在国外，同一类商品的价格，在同一个城市的商店或是同一条街道上的商店中，也有可能相差悬殊。因此在国外购物之前，既要注意向当地人了解情况，更要坚持货比三家。

在正常情况下，国外下述地区的商品售价往往偏高：一是旅游景点；二是机场、港口；三是星级宾馆；四是繁华路段；五是高档商店；六是国外旅客相对集中的区域。除非万不得已，一般不要在那些地方购物。

需要强调的是，免税品商店内的商品价格，并不见得肯定低于普通商店所售商品的价格。其实，所谓免税，主要指的是商店进货免税。

4. 控制数量

国外有不少商品，或是因其具有独特设计、异域风情，或是因其物美价廉，而深得国人喜爱，以至于许多初出国门者在国外购物时往往眼花缭乱、“欲壑难填”。倘若如此而为，实在是犯了国外购物之大忌。

必须谨记，在国外购物前，一定要首先制定购物计划并且严格遵守。特别应当重视在国外购物的数量控制。其原因主要是：购物数量过多，通常会使自己的行动自由受到限制，从而在某种程度上拖累了自己。此外，各国对于普通外国旅客或本国旅客出入海关时所携商品数量往往都有专门的规定。一旦超标，难免要被海关追加关税、禁止出关或入关，甚至被罚没。

5. 关注税额

在国外购物时，相关的各种税收几乎无处不在。对此，经验不多的我方人员在准备购买自己中意的商品时切勿忽略。一般而言，对下述三点尤应注意：

第一，购物附加税。在不少国家买东西时，顾客在标价之外都还要交纳附加税。国家不同，商品不同，其税率也存在差别，不过大体上为商品售价的5%～15%。所以在国外购物前，必须确认其商品标价是否包括了附加税。

第二，办理免税手续。国外有少数商店，可为出示外国护照的顾客办理免税手续。所购此类商品在出境时最好随身携带，以便出关时与免税单一并交验。

第三，办理退税手续。在一些国家里，外国旅客在携带自己所购的该国商品离开该国国境时，可以凭购物单据要求退税。

6. 维护权益

在国外购物，必须善于维护自身的合法权益。对如下三点，每一名消费者都切莫掉以轻心：

第一，价格是否诚实无欺。在购物时，不仅要看清楚标价，而且必须妥善保存收费单据，以备必要时进行核查。对虚假标价、虚夸标价、虚假折价、模糊赠售等常见的价格欺诈方式，没有必要委曲求全。

第二，质量是否有所保障。对购物时所附的产品说明书、质量保证书，均应认真阅读，并且细心保留下来。

第三，商家是否言而有信。对商家口头或书面上所做的各项承诺，既要注意听取，又要保存证据。

万一遇到需要维护个人相关权益的问题，既可与商家协商解决，也可诉诸法律、寻求仲裁或者向有关方面进行投诉。但其方式手段必须文明、理智、合法，切勿草率从事。

7. 讲究规则

在国外购物时，如下五条基本的购物规则必须遵守：

第一，不歧视销售人员。尽管顾客身为“上帝”，但也不宜恃“宠”而骄，不可歧视、侮辱、刁难销售人员。

第二，不乱动乱摸商品。对贵重商品、易破或易碎商品，尽量不要乱动乱摸，以免惹祸上身。

第三，不乱拆商品包装。对包装完好的商品，切勿擅自开启。

第四，不随便试用商品。未经许可，不要贸然试用待售商品。

第五，不购买非法之物。在国外购物时，亦应遵守所在国法律。必须牢记：不在非法之处购物，不购非法之物。

第十三节　给付小费

在国外，特别是在许多欧美国家里，服务行业十分发达。在那里，人们可以享受到形形色色的极其周到的服务。对此点，凡有出国访问经历的人均有同感。

然而中方人员在国外享受外方周到服务的同时，却往往会对一种情况颇不习惯，那就是对对方服务人员致谢的具体方式。在国内，人们向服务人员道谢时，往往口称“多谢”即可。可是在国外，人们向服务人员道谢的常规方式，却是必须在正常支付服务费用的同时付给对方一定金额的小费。对于这种做法，不少初次出访的中国人既不适应，又不情愿，却又不得不照此办理。

所谓小费，一般是指消费者在享受服务人员为自己提供的服务时所额外付给对方的金钱。在国外，付给服务人员小费不仅是对对方热情、周到服务的一种肯定，而且也是获得对方迅速服务的一种手段。

目前在一些国家的一些服务行业中，小费不但成为服务人员获得报酬之中的一项，而且还往往占到服务人员所获报酬中的一大部分。因此，在出访期间享受国外服务行业的各项服务时，我方人员既要懂得给付小费，又要会给小费。如果在那些人们寸步离不开小费的国度里疏忽了此点，则必将自寻烦恼。

要给付小费，主要应当对其给付场合、给付形式、给付金额与有关事宜四个方面的具体问题了解清楚。

一、给付场合

给付小费的具体问题之一，是什么时候应当向服务人员给付小费。

大体而言，在许多国家，几乎所有的服务行业里都流行给付小费的做法。就具体情况而论，给付小费最为常见的场合主要有：

1. 住宿酒店

出国访问不能不住酒店。一旦下榻酒店，小费便不可或缺。住宿酒店时，对下述人员往往必须付给小费。

第一，门童。当门童为客人叫出租车，或者为其开关车门、大门时，一般应付给其小费。

第二，行李员。行李员为客人搬送行李之后，通常应付给其小费。

第三，送餐者。有些客人惯于在客房内用餐，为此必须付给送餐者小费。

第四，客房服务员。客房服务员每天需要定时打扫、整理客房，因此应付给其小费。

2. 餐馆用餐

任何人都不可能与吃喝绝缘。出访之际，在餐馆用餐时给付小费，往往是消费支出总额中的一个大项。其具体的给付人员通常有：

第一，领位员。假定需要一个自己中意的位置，那么向领位员支付小费便常常是必须的。

第二，侍者。对于为自己忙来忙去的侍者，自然必须付给小费。

第三，乐手。有些餐厅里有专业乐手为就餐者演奏，给付其小费往往是顺理成章之事。

第四，卫生间保洁员。如果中途去卫生间方便一下，那么有时亦须付给其保洁员小费。

3. 美容美发

在国外，美容美发是人们的重要日常活动项目之一。美容美发时，需要给付小费的人员主要有：

第一，美容师。有的国家不需要给美容师小费，有的国家则相反。

第二，发型师。在绝大多数流行给付小费的国家里，都有付给发型师小费的习惯。

第三，泊车者。前去美容美发时，如果需要泊车者代替自己泊车的话，那么亦应向其支付小费。

4. 乘坐出租

在许多国家里，乘坐出租车时，不但应全额支付租车费，而且还应付给出租车司机小费。

5. 观看影剧

在国外观看较为高档的影剧时，通常必须向有关服务人员给付小费。需要给付的人员有：

第一，衣帽厅侍者。享受存放衣帽的服务后，一般应付给衣帽厅侍者小费。

第二，节目单发放者。遇到演出厅外发放节目单的工作人员，往往应付给其小费。

第三，剧场领位员。需要有关工作人员为自己引领寻位时，应给付对方小费。

6. 旅游观光

在国外旅游观光时，小费通常亦必不可少。其具体给付人员主要有两类：

第一，导游员。给付导游员小费早已成为一项惯例，在国外参加团队旅游时，对此不应质疑。

第二，驾驶员。在国外随团旅游时，应该给付旅游车驾驶员小费，因为旅途的方向尽在其“掌握”之中。

除了上述六类给付小费最为普遍的场合之外，还有其他一些服务场合往往也需要给付小费，否则自己便很难得到迅速提供的服务，而且所得到的服务也难以保质、保量。

二、给付形式

在不同国家、不同行业里，往往流行着不同的小费给付形式。如果对此缺乏了解，或者自己所采取的给付小费形式不到位，都会直接破坏给付小费的效果。

一般而言，当前国外所流行的给付小费的具体形式主要有下述几种：

1. 列入账单

在宾馆住宿、餐厅就餐时，所应支付的小费通常都会明码实价地列入账单中。不过除宾馆、餐厅之外，此种给付小费的方式并不多见。

2. 不取找零

在一些地方，人们习惯在消费之后结算账目时只取回大额整款，而将小额零钱充当小费。有时，全部找回的金额亦可充当小费。

3. 多付现金

有人在结账前明明早已知道具体的消费金额，可是偏偏还要多付一些现金，其目的就在于告之服务人员此乃付给对方的小费，“不用找了”。

4. 私下给付

在有些地方，人们惯于私下给付小费。其具体做法，通常是由消费者悄悄把一定数额的小费塞到服务人员的手中，而不是在众目睽睽之下给付。

5. 由其自取

在国外，人们私下付给服务人员小费的另外一种方式，是将其置于某一约定俗成之处，如床头、茶盘或酒杯下，由服务人员自己取回。

6. 变相支付

有的国家禁止给付小费，有的职业则不准收取现金小费。在这种情况下，人们往往会向有关人员赠送一些适当的小礼物，以之替代小费。

三、给付金额

在国外，向服务人员给付小费的具体金额颇有讲究。它往往既不可以少给，也不必多给。给付的小费金额过少，会被人视为吝啬鬼；给付的小费金额过多，则又会被人视为有意炫耀富有。

在正常情况下，在国外向服务人员给付小费的具体付费方式有以下两种，其给付金额亦各自不同。

1. 按比例付费

在国外，向服务人员给付小费通常都由消费者依照本人的消费总额的一定比例来支付，即所谓按比例付费。就一般情况而论，按比例给付服务人员的小费约占消费者消费总额的10%～20%。具体而言，在不同场合按比例给付服务人员的小费占消费者消费总额的具体比例，则往往又有所不同。

第一，住宿酒店时，账单上通常明确地标有需要收取消费者消费总额的10%～15%作为小费。

第二，在餐馆就餐时，消费者大约需要按自己消费总额的5%～20%付给服务人员小费。付给领班的小费，则应为消费总额的5%左右。

第三，搭乘出租车时，一般应当按照车费的15%付给出租车司机小费。

第四，去酒吧时，付给侍者与管酒人的小费应各为消费总额的15%。

第五，美容美发时，消费者往往需要按本人消费总额的10%～20%付给小费。

2. 按定额付费

除按比例付费之外，在国外还可以按照一定的定额付给服务人员小费。对一些特定工作岗位上的服务人员而言，采用此种方式通常更会受欢迎。所以，我方人员在国外随身携带一定数额的小额现钞往往是绝对必要的。

在一般情况下，鉴于按定额给付小费这一方式之中的“定额”约定俗成，在服务人员与服务对象之间已经达成默契，因此它更加易于操作。在不同的国家里，由于人们的消费能力有所不同，付给同一工作岗位上服务人员的小费的具体定额往往会有所不同，但是其差距也不会过大。举例而言：

第一，住宿宾馆时，付给门童的小费应在 1 美元左右；付给客房服务员的小费则应为 1～2 美元。

第二，在机场、港口、火车站，请行李员替自己搬运行李时，一般应当按自己所带行李的具体件数给付小费，一件行李大体应当给付 0.5～1 美元小费。此外，付给泊车者的小费应为 1 美元。

第三，观看影剧时，付给节目单发放者与领位员的小费应为 0.5～1 美元。

第四，在卫生间方便之后，付给保洁人员的小费应为 0.5 美元左右。

四、有关事宜

在给付服务人员小费时，尚有如下六项具体事宜必须为我方人员所知晓。

1. 尊重对方

给付服务人员小费，意在肯定其工作成绩，因此应对对方不失尊重，切勿居高临下，侮辱、戏弄对方。

2. 私下给付

向服务人员给付小费时，宜悄然进行，而切忌在大庭广众之下公开操作。

3. 掌握时机

付小费的时机，往往直接制约着服务的效果。有经验的人通常都会“先入为主”，在服务开始前或服务之初付给服务人员小费。

4. 按质付费

给付小费，亦须“按质论价”。当服务质量下降或欠佳时，可以减少小费的具体数额或者拒付小费。

5. 给付本币

付给服务人员的小费，宜为该国法定本币。有时，亦可向其给付美元、日元、欧元等硬通货，但通常不宜给付我国货币。

6. 有所区别

在国外，并非所有国家、所有行业都要求给付小费。目前，在我国国内接待外方来宾时，通常不应向其索要小费。

第十四节　应对媒体

当今的世界早已步入了信息化时代。在国外，尤其是在西方发达国家，大众传播媒介异常发达，并且在现实生活里几乎无处不在、无孔不入，发挥着十分重要的作用。

作为一名中国的外事人员，在其国际交往中，特别是在出访外国期间，自然难以回避媒体应对问题。应对媒体时，外事人员既要掌握政策、遵守纪律、注意分寸，又要沉着机智、落落大方、举止得体，即必须遵守相关的礼仪规范。

一般而言，在应对媒体时，我方外事人员主要应当在了解媒体、有备而至、现场表现三个方面倍加注意。

一、了解媒体

《孙子兵法》曰：知彼知己，百战不殆。在应对媒体时亦须如此，要尽一切可能，提前对自己即将面对的媒体有所了解。

此处的所谓媒体，是指各种大众传播媒介。要了解媒体，对外事人员而言，主要是要着重了解其政治倾向、实际影响、具体特征，以及其他一些与之相关的具体问题。

1. 政治倾向

在国外，虽说绝大多数媒体都一向标榜自己“政治中立”，但在现实生活中，它们却无一例外地都会在一定程度上表现出自己鲜明的政治倾向。在接触境外媒体时，外事人员主要应当了解下述三点：

第一，合法与否。由于许多国家的媒体都有合法与非法之分，因此在接触国外媒体之前务必要对此有所了解。对非法媒体，切勿与之接触。对合法媒体，则不必再三回避。

第二，所属势力。毋庸讳言，任何媒体的发展都离不开财力支持，所以在各国各式各样的媒体背后，都有一定的政治势力或党派作为其后台或靠山。各种媒体就其本质而言，往往是一定的政治势力或党派的喉舌。一旦疏忽此点，就犯了应对媒体的大忌。

第三，新闻检查。由于媒体在现代生活里影响巨大，各国都对其进行着一定程度的管制。为此，许多国家还专门制定了自己的新闻检查制度。对访问国的新闻检查制度如能有所了解，将会深化我方人员对该国各种媒体政治倾向的认识。

2. 实际影响

在任何一个国家里，各种媒体所发挥的实际影响通常都不尽相同。各种媒体的实际影响，除了主要受制于其社会认知度、受众人数以及自身实力等因素之外，其所在国政府及其新闻主管部门的支持与否，往往也发挥着一定的作用。

在接触国外媒体前，外事人员对其实际影响所进行的了解，主要应侧重于如下两个方面：

第一，了解其属于主流媒体还是非主流媒体。所谓主流媒体，一般是指社会认知度高、受众人数众多、自身实力强大的媒体。所谓非主流媒体，则是指社会知名度较低、受众人数较少、自身实力较弱的媒体。接触外方媒体时，自然应当优先接触主流媒体，但对非主流媒体亦不应过分轻视。

第二，了解其属于官方媒体还是非官方媒体。所谓官方媒体，通常是指属于官方、由官方支持或控制，具有官方背景或反映官方倾向的媒体。所谓非官方媒体，则是指没有官方背景、不受官方支持或控制，以及不直接从属于官方的媒体。相对于官方媒体而言，后者有时亦称民间媒体。在政局不同的国度里，官方媒体与非官方媒体所发挥的实际作用往往相差甚远。

3. 具体特征

媒体的具体特征，从不同角度来看，可进行不同的描述。在此它是指各种大众传播媒介在传播信息的过程中客观上所体现出来的长处与不足。

第一，电视。在传统的媒体之中，电视对受众的实际影响最大。其主要优点有：真实感强；娱乐性强；艺术性强。其主要不足之处则是：瞬间即逝，不宜记录与保留；受时空限制较大，观众选择余地较小；需要专门的接收设备，所需费用不菲。

第二，报纸。报纸作为一种印刷媒体，在传统媒体中的作用仅次于电视。报纸的长处主要有：信息容量较大；获取信息便利；选择范围较广；便于储藏查阅；有一定针对性。它的不足之处则主要有：不够生动形象，感染力较差；读者需要有一定的文化知识，读者范围受到限制；印刷发售需要时间，信息传播速度较慢。

第三，广播。作为一种电子媒体，广播有其独特的存在价值。它的主要优点有：传播速度快；鼓动性强；受限制较少；费用较低廉。它的主要缺点则有：收听受到时间限制；听众难以选择节目；内容难以反复品味。

第四，杂志。作为印刷媒体之一，杂志具有其他媒体所不能比拟的优点：种类繁多，形式多样；内容丰富，系统性强；印刷精美，有感染力。与此同时，杂志也有其下列不足之处：出版周期长，时效性差；较之电子媒体，稍显死板；有专业要求，限制读者。

第五，互联网。近年来，迅速崛起的互联网对传统媒体发出了挑战。它的主要优点有：信息量巨大；传播速度快；网站选择多；形式较活泼。它的主要缺点则是：内容真假难辨；需要专用设备；要求专门知识。

二、有备而至

作为一名训练有素、见多识广的外事人员，在其国际交往中，尤其是在出访期间，必须正视外方媒体人员无处不在这一现实，做好必要而充分的准备工作，以求有备而至，在应对媒体时发挥正常。

具体而言，为应对媒体而提前着手进行的主要准备工作大致包括下述三项：

1. 联络媒体

不论在什么情况下与外方人士相处，我方人员均应多交朋友、广结善缘。与媒体人员打交道时，亦应如此。

在不违背外事纪律的前提下，我方应按照统一部署主动与媒体进行联络，并在两相情愿的情况下，与之保持经常性关系。

与媒体保持联络，至少有以下三重好处：

第一，在一定程度上得到媒体的理解与支持。

第二，经常性地与媒体进行良性互动。

第三，主动而及时地向媒体传播信息。

2. 方便媒体

想要真正赢得媒体的支持，为其提供各种方便往往必不可少。一般而言，方便媒体的具体措施有以下三点：

第一，主动提供有益信息。在条件允许的情况下，应经常向与自己关系密切的媒体提供正确无误、时效性强的信息，以实际行动支持其工作。

第二，为其提供采访便利。在力所能及的前提下，一定要诚心实意地为前来对自己进行采访的媒体提供种种便利，在人员、设备、时间、场地诸方面，给予其必要的支持。至少也不应为之设置不必要的限制。

第三，尊重媒体从业人员。对辛劳工作的媒体人员，外事人员理当表示应有的尊重。必须指出，对媒体人员的尊重，实际上就是对媒体的尊重。一旦离开了这一出发点，方便媒体就会变为一句空话。

3. 统一口径

在国际交往中，尤其是在出国访问时，我方人员应对媒体的一言一行均事关重大，不可不慎。因此，我方人员在应对媒体时必须统一口径。具体而言，主要有下列四点要求：

第一，保守秘密。在应对媒体之际，我方有关人员必须遵守外事纪律与保密规则，绝对不允许擅自向外方泄露我方的秘密，绝对不允许信口开河、口无遮拦。

第二，统一行动。对于一些重大问题，我方应对有可能接触外方媒体的全体人员具体规定什么当讲、什么不当讲、应当如何讲、不应当如何讲，以便我方人员统一行动。

第三，专人发言。在正式组团出国访问时，有条件者应提前指定某一位团员担任本团的“新闻发言人”，由其在必要时出面应对外方媒体，统一回答对方感兴趣的问题。这样一来，我方人员就不至于在外方媒体面前“众说纷纭”了。

第四，提供文稿。在正式接受媒体采访时，为了防止对方曲解或误解我方所传递的信息，按照常规，均应向对方提供一份认真准备的、经过斟酌的、具有一定新闻价值的新闻稿，以供其发稿时核对与借鉴之用。

三、现场表现

应对媒体，关键是要注意自己的现场表现。一般而言，外事人员在媒体面前的表现，主要应当符合下列具体要求：

1. 泰然自若

不论“初出茅庐”，还是“久经沙场”，外事人员在应对媒体时都应努力做到泰然自若。

第一，不慌不忙。应对媒体时，切勿手忙脚乱、手足无措、胡言乱语、自毁形象。一般而言，在媒体面前不慌不忙的人，往往容易赢得媒体与公众的好感。

第二，不骄不躁。不论求助于媒体，还是媒体有求于自己，外事人员在应对媒体时，都应当力戒骄傲自大、目中无人，切勿急躁盲动、自乱阵脚。

2. 谨言慎行

在应对媒体时，外事人员应当对自己的一言一行倍加注意，力求谨言慎行、不出差错。如下几点，尤其值得外事人员高度重视。

第一，有问必答。应对媒体时，自然少不了回答各式各样的问题。对媒体人员所提出的各种问题，外事人员必须做到有问必答。即使遇到正面难以回答或回答不了的问题，亦须换一种方式作答。一般情况下，均不可答之以“不清楚”、“不能答复”。

第二，真实无欺。在回答媒体的提问时，我方人员必须坚持只讲真话、不讲假话，力戒自欺欺人，力求真实无欺。有些问题难以正面作答，亦应委婉应对，而不能代之以假言假语。一个讲假话的人，永远都不会为他人所信任。

第三，巧妙作答。在回答问题时，虚张声势或吞吞吐吐，都会令人反感。善于巧妙地回答媒体的问题，是外事人员必须练就的一项基本功。

第四，行为得当。由于目前新闻媒体已经渗透到生活的每个角落，因此在出访之际，我方人员对自己的行为务必多加检点。不论当众演讲还是私人行动，都要对自己的一切行为负责。不要忘记，自己的一举一动，都可能成为媒体所关注的“新闻”。

3. 善待记者

在应对媒体时，每一位有教养的人士都懂得应当善待其工作人员，尤其是辛劳无比的新闻记者们。对对方待之以礼，往往会产生投桃报李之效。

具体而言，现场应对媒体时，善待记者的最佳表现主要有三：

第一，主动合作。应对媒体时，有经验者往往会变被动为主动，主动接近对方，并认真与对方合作。这样一来，对方自然会对我方产生良好印象。

第二，态度友善。回答记者提问时，外事人员切勿打断对方，或以表情、举止、语气对对方表达不满。即便对方的问题带有偏见或挑衅意味，亦不应为此而激动或发怒。

第三，平等待人。不论在什么场合，我方人员与媒体人员在人格上都处于平等的地位，因此理当对其平等相待。

4. 弥补失误

外事人员在现场应对媒体时，一方面应当一丝不苟，避免失误；另一方面则应在出现失误后尽力弥补。弥补应对媒体时失误的具体做法有以下三种：

第一，当场弥补。在现场应对媒体时，一旦发现自己出现某种失误，应当想方设法尽快当场予以更正。切勿置之不理、一拖再拖，进而酿成事端。

第二，事后弥补。假如事后发现自己或我方应对媒体时有误，亦应在力所能及的前提下，采取一切可能的措施进行补救。

第三，总结教训。每次应对媒体后，一定要认真收集相关媒体的报道，并对其进行分类分析。对于发现的问题，要探究原因并设法予以弥补。

第四章

外事人员礼仪

重点问题

- 外事人员的形象塑造
- 外事人员的仪表规范
- 外事人员的举止规范
- 外事人员的语言规范
- 外事人员的交际规范

在国际交往中，每一名外事人员必定会意识到：自己的所作所为，都会被外国人视为“中国人的所作所为”。既然在外国人眼里，每一名外事人员都代表着自己的国家、代表着自己的民族、代表着自己的地区、代表着自己所供职的单位，那么外事人员对自己的行为就需要多加检点，并好自为之。

常言道：“外交无小事。”虽然有些细枝末节在普通人看来司空见惯、不足挂齿，但是一旦到了国际交往中就有可能被外方人士另眼相看、牵强附会，甚至“上纲上线”、产生歧义，进而酿成重大事端。有鉴于此，任何一名训练有素的外事人员在国际交往中都应当重细节、讲规矩，对个人的日常表现一丝不苟。

所谓外事人员礼仪，在此是指对外事人员个人行为的具体规范，它主要涉及修饰自我、规范举止、穿着西装、交谈应答、称呼他人、问候行礼六个具体方面。

第一节　修饰自我

英国文豪莎士比亚曾经说过：一个人平日的修饰，就是其个人教养最为形象的写照。在国际社会上，莎翁的此番高论早已成为人们的普遍共识。

修饰，即一个人的穿着打扮。在任何情况下，外事人员对自身的穿着打扮都必须高度重视并一丝不苟，这是外事人员赢得其交往对象好感与尊重的重要条件。换言之，在国际交往中注意穿着打扮，实际上体现着外事人员的自尊自爱。

不仅如此，在国际交往中，人们往往将是否注重自身的穿着打扮与是否尊重交往对象直接挂钩。人们普遍认为：一个人穿着得体、打扮到位，直接表示着他对自己的交往对象的好感与尊重。反之，则会被理解为对自己的交往对象漠视冷淡，或是对自己所从事的工作敷衍了事、漫不经心。

具体来讲，外事人员的个人修饰涉及衣着、饰物、化妆、发型等方面。对于这一系列的具体问题，外事人员均应面面俱到，并遵守成规。

从宏观上来看，在遵守有关具体规定的同时，外事人员在个人修饰方面有一些具有普遍意义的基本规则必须予以遵守。

一、符合身份

在现代社会里，每个人都具有一种特定的身份。例如，长辈与晚辈、上级与下级、客人与主人、百姓与官员等。通常，人们的身份都是相对而言的，它往往会随着时间、背景、场合或具体关系的推移演变而有所变化。举例而言，一个人在下级面前是上级，可是到了上级面前又成为下级。在自己的国家里，外事人员自然是主人，但一旦到了其他国家，外事人员显然又变成了名副其实的外宾。

除此之外，每个人往往还会同时身兼数种角色：在父母面前是孩子，在孩子面前是长辈；在外人面前可能是一名异性、一位朋友，在家人面前则可能是一名丈夫或妻子，抑或兄弟或姐妹……

正因为如此，在国际交往中，外事人员不仅要善于明确此时此刻自身的实际角色，并为此进行必要的心理调整或转换，而且还须令自己的穿着打扮符合自己特定的角色。

在常规情况下，外事人员在正式场合大抵会以宾主的身份、官方的身份或者服务的身份出现。尽管外事人员往往同时身兼三种身份，但这三种身份却有着各自不同的特点与要求。

1. 宾主的身份

宾主的身份，是外事人员所具有的第一重身份。就具体的外事工作而言，要么是外国人到中国来，外事人员以主人的身份对其予以接待；要么是中国人到外国去，外事人员则充当外国人的客人。对这两种身份，外事人员必居其一。不论充当主人还是充当客人，外事人员的穿着打扮均有规可循。

第一，主人的打扮。充当主人时，外事人员的穿着打扮要以高雅大方为基本特色。与此同时，还应注意使自己的服饰较为正式，适当地突出自身的特征。前者是一种国际惯例，若不如此，便是对客人的轻视与失礼。后者则主要是为了体现自尊自爱。

第二，客人的打扮。充当客人时，外事人员的穿着打扮则必须注意如下三点：

其一，牢记入乡随俗，即切勿使自己的穿着打扮触犯东道主一方的禁忌。

其二，谨防喧宾夺主，即不要有意无意过分地突出自己。

其三，尽量中规中矩，即应使自己的穿着打扮“照章办事”。

2. 官方的身份

官方的身份，是外事人员所具有的第二重身份。在外事活动中，外事人员无一例外地被视为国家的代表、民族的代表、地方的代表、单位的代表，也就是说自然而然地具有官方的身份。这一身份，要求外事人员的穿着打扮既要庄重，又要保守。

第一，庄重。所谓庄重，主要是要求外事人员的穿着打扮切忌轻浮与随便。外事人员的穿着打扮若是过于轻浮，例如，在工作中着装过于裸露、过于短小、过于紧身、过于透明、过于鲜艳，则往往会有损其代表的国家、民族、地方或单位的形象。外事人员的穿着打扮若过于随便，则极有可能给交往对象留下目中无人的不良印象。

第二，保守。所谓保守，则主要是要求外事人员的穿着打扮避免过度时尚或前卫。不论年龄大小、是男是女，外事人员的穿着打扮都必须有意识地与摩登、新潮、怪诞、另类保持一定的距离。不然的话，就会给人以不稳重、不成熟甚至不可信任之感。

3. 服务的身份

服务的身份，则是外事人员所具有的第三重身份。不论资历如何、职务高低，外事人员所从事的具体工作都具有鲜明的服务性质。换言之，外事人员是为国家服务、为人民服务、为社会主义建设事业服务、为国际交往对象服务的。俗话说“干什么就要像什么”，因此外事人员的穿着打扮在任何情况下都不应与其服务于国家、服务于社会、服务于他人的身份相背离。具体而言，外事人员的穿着打扮应以朴素、简约为主要风格。

第一，朴素。所谓朴素，意即不浓艳、不华丽，它在此并非要求外事人员的穿着打扮土里土气、邋里邋遢，而是要求其不要与他人进行攀比，不要存心高人一等，不要非比对方奢华不可。

第二，简约。所谓简约，则主要是出自对其工作性质的考虑，要求外事人员的穿着打扮简单而实用，力戒烦琐与浮躁。按照这一要求去做，不仅有利于外事人员轻装上阵，做好具体工作，而且还有利于外事人员赢得各方人士的信任。

二、区分场合

在日常生活中，一些人往往不重视依据自身所处具体场合的不同来变更自己的穿着打扮。举例而言，什么时候需要更换自己的服装呢？某些人的回答不是“衣服脏了”，就是“天气变了”，他们很少会想到着装应随场合的不同而加以变化。在国际社会里，此点却是人人本应知道的常识。

外事人员必须明确：自己的穿着打扮一定要与自己所处的具体场合相适应。在不同场合里，应依照不同的惯例使自己的穿着打扮有所变化。外事人员的穿着打扮，与其所处的具体场合不相适应、我行我素，或是以不变应万变，都是不符合要求的。

在常规情况下，外事人员遇到的具体场合有公务场合、社交场合与休闲场合。在这三类不同的场合中，外事人员的穿着打扮应有所区别。

1. 公务场合

所谓公务场合，通常是指人们在正常的上班时间内所置身的工作地点。在公务场合中，对外事人员的穿着打扮所提出的基本要求是：正统、端庄、保守。说到底，这些基本要求都是为了确保外事人员“上班族要像上班族”、“外事人员要像外事人员”，都是强调其在工作时的打扮一定要中规中矩。

具体而言，在公务场合中，外事人员的着装宜为制服、西装、套裙或者长袖衬衫配以长裤、长裙。至于各式各样的时装、便装，尤其是标新立异的前卫服装，或过于自由散漫的家居装、运动装、牛仔装等则一律不适宜。下述三点，亦须注意。

第一，饰物以少为佳。有时，外事人员甚至没有必要选用任何饰物。若选用饰物过多，或是选用的饰物过于高档，都是不恰当的。

第二，适度进行化妆。有时，女性外事人员可以化妆，但是必须以自然为基本要求。此即所谓“化妆上岗，淡妆上岗”。应当强调的是：女性外事人员的化妆，一定要力戒浓妆艳抹，否则就会显得不伦不类。

第三，美发亦有限制。一般来讲，不提倡外事人员染彩发，亦不允许外事人员选择怪异发型。除此两点要求之外，对外事人员头发的长度亦有约定俗成的讲究。在肯定男女有别的同时，要求外事人员的头发不宜过长或过短。

2. 社交场合

所谓社交场合，大都是指人们在上班之余的时间里所置身的公共性交际地点。根据这一解释，聚会、宴会、拜会、舞会、音乐会等都是典型的社交场合。按照外国人的普遍看法：社交活动意在结识新朋友、联络老朋友。社交的主旨，乃是“信息的交流与传递”。社交不仅直接有益于个人人际关系的拓展，而且还间接地有助于个人的工作。因此，外国人对社交场合往往甚为重视。

在社交场合中，对外事人员的穿着打扮所提出的基本要求是：时尚、典雅、个性，即要求其服饰与时俱进、文明雅致、与众不同。

具体而言，在社交场合中，外事人员的着装以时装、礼服、民族服装以及个人制作的服装为主要选择。遇到要求身着礼服的场合，外事人员可以男穿深色中山装，女穿单色旗袍。以上两种中式“国服”以及作为后起之秀的唐装，业已成为被世人所广泛认可的中式礼服。通常认为，外事人员在社交场合不宜身着过于正式的制服或过于随意的便装。若非军界、警界聚会，身着军服、警服则尤为不妥。与此同时，下列三点亦不可忽略：

第一，酌情佩戴饰物。在社交场合中，外事人员可以酌情佩戴一些饰物。用于社交场合佩戴的饰物，一般讲究档次高、款式新、做工精。那些过于低档、过于落伍或做工过于粗糙的饰物，外事人员最好不要佩戴。

第二，女性必须化妆。在社交场合中，女性外事人员通常必须化妆。化妆的浓淡，应与其所处场合相协调。女性若在社交场合不化妆，通常会被外国人视为失礼之举。

第三，精心修饰头发。在社交场合中，外事人员对自己的头发应进行精心的修饰。只要与自己的实际身份相符，外事人员对于头发的长短、染色与否以及选择何种发型均可自行定夺。

3. 休闲场合

所谓休闲场合，一般是指人们在闲暇时间内一人独处，或者独自活动于公共场所。较为典型的休闲场合，主要有居家、健身、逛街、游览等。在休闲场合中，对外事人员穿着打扮的基本要求是舒适、自然、方便。之所以如此，是因为休闲场合被视为非正式场合，与公务场合、社交场合等正式场合自然有所区别。

在休闲场合中，外事人员的着装以家居装、运动装、牛仔装等为宜。选择 T 恤、短裤、旅游鞋也未尝不可。不过，在休闲场合中切莫选择制服、套装、套裙、时装、礼服等各式适用于正式场合的服装，否则就会显得煞有介事，与休闲场合不甚协调。对下述三点，外事人员应予以关注。

第一，通常不戴饰物。在休闲场合中，外事人员一般没有必要佩戴饰物。即便佩戴，也没有必要披金戴银、环佩叮当、招摇过市，令人为之侧目。

第二，化妆允许自便。女性外事人员在休闲场合中对于自己是否化妆的问题可以自便。不过在绝大多数的休闲场合中，化妆往往是没有必要的。

第三，美发限制甚少。在休闲场合中，外事人员的头发只要干净、整洁即可，并无其他任何的限制。

三、遵守常规

外事工作，通常是最讲究规矩的。对个人修饰的一些常规，外事人员必须认真地遵守，以体现出外事人员自身的良好素质，令交往对象刮目相看。

具体而言，外事人员在穿着打扮方面所须遵守的常规主要包括专业规范、内部规范与社会规范三项。外事人员对这三项规范必须兼顾，不得偏废。

1. 专业规范

所谓专业规范，实际上就是指有关穿着打扮的技巧与方法。有道是“内行看门道，外行看热闹”，外事人员如果对穿着打扮的专业规范知之甚少，甚至一无所知，其穿着打扮又如何能够做到得体呢？

例如，男士在穿西装套装时，必须遵守“三色法则”这一专业规范，即不得令自己全身上下的色彩多于三种。如果忽略了此项专业规范，即使身上穿的西装套装再高档，也难以体现出自身的风采，甚至会贻笑大方。

女士在戴两件以上的饰物时，则必须遵守“质色相同法则”，即务必要令自己所戴的各件饰物质地相同、色彩相同。若其质地难以相同，也要确保其色彩相同。唯独如此，所佩戴的各件饰物才会彼此协调、相得益彰。如果它们质地不同或者色彩相去甚远、反差过大，则会显得十分粗俗低档。

再如，女士在非正式场合穿露趾凉鞋时，通常不宜穿袜子。而若是在正式场合，则穿露趾、露跟的凉鞋亦为不妥。

2. 内部规范

所谓内部规范，在此是指外事人员所在单位内部的、有关穿着打扮的具体规范，尤其是有关的明文规定。需要指出的是，外事人员对此必须无条件地加以遵守。这样做，实际上可以反映出外事人员良好的业务素质，同时也会使人感觉到外事人员所属的单位管理有方，令行禁止。

具体来看，有关外事人员穿着打扮的内部规范主要可以分为以下两类：

第一，穿着打扮的基本要求。有关对外事人员穿着打扮的基本要求，即具体要求其应当如何去做。例如，许多外事单位均要求其全体员工在工作中必须选择正装。还有一些部门，则对外事人员的着装做出了更为具体的规定：男性应穿深色西装套装，女性应穿素色西式套裙等。

第二，穿着打扮的主要禁令。有关对外事人员个人修饰的主要禁令，即明确规定其在进行个人修饰时不可以怎样做。例如，国内许多单位均禁止参与外事活动的男士蓄留长发，其具体要求是：男士所选择的发型应前发不覆额、侧发不掩耳、后发不及领。此外，有的单位还规定：若无特殊的宗教信仰或民族习惯，则参与外事活动的男士不宜蓄须。

3. 社会规范

所谓社会规范，此处指的是社会上对外事人员个人修饰约定俗成的看法或惯例。在任何时候，外事人员都是社会的一员，都难以脱离社会独往独来。因此，外事人员应对有关穿着打扮的社会规范予以高度重视。

有关外事人员穿着打扮的社会规范，通常可以具体划分为如下两类：

第一，国内社会的规范。国内社会规范的主要适用范围为本国国内。例如，在中国，社会上对外事人员的个人修饰都要求其朴实无华、典雅含蓄。

第二，国际社会的规范。国际社会规范，顾名思义，自然以国际社会为其适用范围。例如，出席宴会或观看正式演出时，国际社会通行的做法是要求出席者身着正规的礼服。

对上述两类社会规范，外事人员均应严格遵守。当前者与后者偶尔发生矛盾相互抵触时，外事人员通常应当优先考虑后者，因为后者乃属国际惯例。

第二节　规范举止

在人际交往中，人们的举止往往备受其交往对象的关注。举止行为，亦称举止动作，简称举止或动作，一般是指在外观上可被觉察到的人体的具体姿态、动作或者活动。在实践中，不论工作还是生活，一个人总有一系列的举止行为呈现在他人的面前。

根据现代传播学理论，人们的举止行为，事实上可被视为一种表里如一的无声语言。它对于了解一个人的内心世界，把握其真实品行，较之于口头语言通常更具有准确性与可靠性。

个人举止，在人际交往中不但可以传递一定的信息，而且也有助于交往双方的双向沟通，这在外事活动中表现得尤为明显。具体而言，个人举止在外事活动中所发挥的沟通作用表现为如下四个方面：

首先，有所表达。有时，直言不讳会使交往双方都十分尴尬。此时若能以举止行为表达口头上所难以表述的信息，则既可传递该信息，又可令双方免于受窘。

其次，适度辅助。倘若能够在进行口头陈述时采用与其相称的举止行为，则可对口头陈述起到一定的辅助与强化作用。如果真正做到了此种“言行一致”，往往会令口头陈述效果更佳。

再次，用以替代。在交际应酬中，经常会出现“此时无声胜有声”的情景。当人们感到难以言说之际，以举止行为代替语言，亦可与他人直接进行沟通或交流。

最后，进行调节。人们在交际中，有时必须对他人的言谈话语、举止行为作出反应，或积极呼应，或热情配合，或不置可否，或漠然视之，或暗示对方适可而止。以举止行为传递种种暗示，可以起到调节双方关系的作用。

在国际交往中，每一名外事人员都应对个人的举止行为有所规范。具体而言，规范外事人员的举止，即要求外事人员必须自觉地做到举止文明、举止优雅、举止敬人、举止有度。

一、举止文明

作为一名现代人，尤其是代表国家、代表政府、代表地方、代表单位的中国外事人员，举止文明是对其举止行为的最基本的要求。

对外事人员而言，举止文明就是要求其举止行为不仅要显示出自己的良好教养，而且还应当显示出自己的稳重与成熟。

1. 体现教养

外事人员的举止行为，理应显示出其个人所具有的良好教养。在任何情况下，一位有教养的外事人员都会对自己的举止多加检点，并对其具体的细节倍加重视。因为"内在美"有赖于"外在美"的表现，一个人的教养和基本素质往往体现在其举止的具体细节中。

对外事人员而言，要想通过自己的举止行为展示个人所具备的良好教养，关键是在外事活动中不得采用某些在国际社会中被公认为缺乏教养的举止行为。

例如，在外人面前修饰个人仪表，就被公认为是一种令人作呕的表现。此外，在公共场合乱扔果皮、纸屑，随地吐痰，或者肆无忌惮、不厌其烦地用手指去抠鼻孔、掏耳朵、剔牙缝，或擤鼻涕、清嗓子，都是毫无文明礼貌可言的举止。

再如，在外人面前整理个人服饰，在涉外场合亦被认为是少调失教的举动。在外事活动中，不允许外事人员在大庭广众之前拉领带、解扣子、卷袖子、提裤子、脱鞋子、拽袜子，更不允许当众整理自己的内衣。

2. 表现稳重

除了要杜绝上述缺乏教养的行为外，外事人员的举止还应该显示出自己的稳重与成熟，这不仅可以说明自己阅历丰富，而且也可以显示自己教养甚佳、处世有方。因此，外事人员应努力做到稳健沉着、不愠不火、有条不紊、泰然自若。

要使自己的举止行为显得稳重成熟，外事人员就要使自己的举止四平八稳，力戒毛手毛脚。例如，在与别人交谈时，切莫手舞足蹈或者对对方指手画脚。在公共场所行进或就座时，须力求悄然无声，而不宜响声大作。在他人的办公室或居所停留期间，未经主人允许，千万不要为了满足个人的好奇心而任意翻动他人物品。

要使自己的举止行为显得稳重成熟，外事人员还要努力使自己的举止不急不躁，切忌风风火火。在室外走动时，一般应保持正常速度，不宜快步疾走或者狂奔而去。前去拜访他人时，应首先敲门或者按响门铃，获得许可后方可入内。千万不能直接推门而入，也不能用拳擂门或是用脚踢门。与他人通电话时，一般应由双方之中的地位较高者首先终止通话，在对方终止通话前就抢先挂上电话则是十分失礼的。

二、举止优雅

作为一种较高层次上的要求，外事人员的举止应该力求优雅，即既要高雅脱俗，又要能给人以美的享受。

一般来讲，举止优雅就是要求一个人的举止动作美观、大方、自然，能够给人以赏心悦目的感觉。在外事活动中，外事人员应当力争使自己的举止行为符合这一要求。

1. 美观

所谓举止美观，换言之，就是一个人的举止动作漂亮好看，能够给人以美感。要想做到举止美观，就要对自己的动作有所要求、有所约束，就要认真学习、反复训练，并遵守相关规则。

就操作技巧而论，举止文明与举止美观具有一定的因果关系。一种不文明的举止绝对不会美观，而一种美观的举止则绝对是文明的。但是，此二者并不处在同一层次上。客观地说，举止美观是比举止文明更高层次的要求。

例如，在就座于他人对面时，一位有教养的女士自然知道不宜将自己的双腿叉开。穿裙子时，此点尤为重要。实际上，它仅属于举止文明层面上的要求。如果想要达到举止美观，通常还有一些更高层面的要求，例如，可酌情采用"双脚前后式"、"双腿交错式"、"双腿斜放式"或"双腿叠放式"，方可使女性的坐姿与雅致挂钩。

2. 大方

所谓举止大方，就是要求外事人员在举止上要显得洒脱、大方、不卑不亢。换言之，就是要求外事人员在涉外场合不得忸怩作态、拘束怯场，以免给交往对象以缺乏自信、不够开放、眼界不高、怯于交际的感觉。

举例而言，当直接面对外方人士时，不论对方是熟人还是生人，是同性还是异性，都要正视对方，以示对对方的重视。当对方向我方人员打招呼或介绍其见解时，尤须如此。否则就会给人以过于害羞、小家子气的感觉，有时甚至会给人以目中无人或心怀鬼胎之感。

3. 自然

在要求外事人员举止美观、大方的同时，应注意防止矫枉过正。倘若外事人员的举止行为给人以勉强、局促、呆板、虚假、做作之感，便谈不上举止行为的真正美观、大方。

所谓举止自然，关键是要求外事人员在追求举止行为美观、大方的同时，应当力求"顺理成章"或"水到渠成"。具体来讲，以下三点必须予以注意：

第一，避免程式化。优雅的举止，自然有一定的规则可循。但在讲求有关规则时，必须强调表里如一，防止出现只讲究外表而不重视内涵的倾向，不宜使举止行为勉强、做作、敷衍了事。

第二，防止脸谱化。对同一种举止动作，在不同的场合中与不同的对象面前，往往会有一些不同的具体要求。因此不应令自己的个人举止总是墨守成规，甚至僵化不变。

第三，力戒戏剧化。可以说，任何一种举止行为，都会被赋予一定的思想感情。不过人们日常的举止行为，往往"平平淡淡才是真"，所以没有必要使自己平时的举止行为过于戏剧化，不宜令其矫揉造作、虚张声势、华而不实。

三、举止敬人

一个人的举止，通常都会自觉或不自觉地展现出其对待他人的基本态度和看法。在外事活动中，我方人员对这个问题绝对不能忽略。

在一般情况下，外事人员应诚心诚意地通过自己的举止行为来向交往对象表达敬重之意，此即所谓举止敬人。具体而言，举止敬人的基本要求应体现于以下两个方面：

1. 表示重视

平时，外事人员要以举止来表示对对方的重视。不论什么时候，都不允许因自己的举止行为而给人以忽视对方、目中无人之感。

例如，当外事人员身为东道主时，应为身为客人的外方人士引导带路，并且在通过房门时为之开门或者关门。在与外方人士交谈时，外事人员不可东张西望、接听电话、查看短信、摆弄手指，或者抱臂端肩，如此种种表现，均会在无形之中使对方产生被冷落、被忽视之感。此外，斜视对方或盯视对方也是极为不妥的。

2. 展现重视

平时，外事人员还要以个人举止来展现对对方的敬意。不论什么时候，外事人员的举止行为都不能傲慢无礼，以致失礼于人。

例如，在就座于大庭广众之前时，外事人员切莫当众高翘“二郎腿”，尤其是不可以自己的脚尖指向外方人士，或者脚尖晃动不止。

在公众场合，礼敬他人的最佳坐姿应当是规规矩矩的正襟危坐。至少在就座时，应使自己侧身与对方相向，并切莫使自己的上身仰身斜靠在椅背上，双腿放肆地向前方直伸过去，或者将自己的脑袋反反复复地晃动不止。

四、举止有度

每一名训练有素的外事人员，都会使自己在正式场合的一切举止行为表现得适时、适事、适宜、适度，即使之合乎常规、符合身份、适应对象，并且配合场合，此即所谓举止有度。举止有度中的“度”实际上就是有关外事人员举止行为的基本规矩。适应这个“度”，即可称为举止得体。达不到或者超越了这个“度”，则为举止犯规。

在实际工作中，外事人员在其举止行为方面所应恪守的这个“度”，主要体现在下列两个方面：

1. 普遍性的“度”

普遍性的“度”，又称共性的“度”。它是指在国际社会中通行的有关人们举止行为的普适性规则。在外事活动中，外事人员对其不仅要了解得一清二楚，而且还必须认真地予以遵守。

例如，虽说在站立或就座时男女老幼有所不同，但世界各国均要求成年人“站有站相，坐有坐相”。不仅如此，在许多国家里，有关“站相”或“坐相”的规范往往还都颇为一致。

又如，在现代文明社会里，“蹲”的姿势仅仅在其作为临时姿势或用于非正式场合时才会得到认可。若是在正式场合，或者在众目睽睽之下长时间地采用“蹲”姿，则必定会令人侧目。

再如，在通过他人居所的门槛时，尤其是在通过宗教场所的门槛时，人们普遍认可的正确方式，应当是一跨而过。倘若驻足其上，或者有意对其践踏，在世界上绝大多数地方恐怕都不会被人接受。

2. 特殊性的“度”

特殊性的“度”，亦称为个性的“度”。它所指的是仅仅在个别国家、地区或民族方才适用的有关人们举止行为的特殊性规则。因其适用地域或国家较为狭窄，在国际交往中未必畅行无阻。不过考虑到“入乡随俗”与“客随主便”的需要，外事人员仍须对其有所了解，以便在必要时予以遵守。

外事人员遵守特殊性的“度”的前提，一是应无损于我方人员的国格、人格；二是应保证我方人员的生命安全；三是应绝对有此必要。

例如，世界各国的会面礼节往往大相径庭。除了握手在绝大多数国家里普遍适用之外，一些国家所独有的会面礼节在别的国家里便难以被接受。中国人传统的“拱手礼”难以走出自己的国门，而西方国家的“吻手礼”在中国也鲜见被采用。至于仅仅适用于某些地区、某些民族的“吐舌礼”，即与来宾相见时主人用力吐出自己的舌头以示“心如舌红，待人以诚”，则更是为绝大多数世人闻所未闻，并难以推广。

第三节 穿着西装

西装又称西服、洋服。它起源于欧洲，是目前世界上最流行的一种服装，也是男性外事人员在正式场合着装的优先选择。西装的造型典雅高贵，它拥有开放适度的领部、宽阔舒展的肩部和略为收缩的腰部，穿在男士的身上，会令其显得矫健英武、风度翩翩、魅力十足。

在日常生活中，人们要想使自己所穿的西装真正令人赏心悦目，就必须在西装的选择、穿法、搭配三个方面严格遵守有关的礼仪规范。

一、西装的选择

外事人员要想使西装替自己增色，首先就要精心选择，并要将选择的具体重点放在西装的做工上。

一般来说，要挑选一身地道的适合在正式场合穿的西装，根据常规，大抵需要关注其面料、色彩、图案、款式、造型、尺寸、做工七个方面的具体细节。

1. 面料

鉴于西装在人际交往中经常扮演正装或礼服的角色，故其面料的选择应当力求高档。通常，毛料应为首选面料。具体来说，纯毛、纯羊绒的面料以及毛绒混纺、高比例含毛的混纺毛涤面料等均可用来制作西装。而不透气、不散热、易磨损、易生静电、发光发亮的各类化纤面料，则尽量不要用来制作西装，否则只会降低其档次。以皮、棉、丝、麻制成的西装，均不被视作正装。

目前，以高档毛料来制作西装是最佳的，它们大都具有轻、薄、软、挺四个特点。轻，指的是西装不笨重，穿在身上轻如丝绸。薄，指的是西装面料较薄，而不过度厚实。软，指的是西装穿起来柔软舒适，既合身，又不致给人以束缚之感。挺，则指的是西装外表挺括雅观，不起皱、不松垮、不起泡。

2. 色彩

在交际应酬中，男性外事人员通常只会在较正式的场合才穿西装。在有些时候，西装甚至起着制服的作用。因此，西装的色彩应尽量给人以庄重、沉稳、严谨的感觉。

男性外事人员在正式场合穿着的西装最好是上身与下身同色，并且宜以藏蓝色为首选。在世界各国，藏蓝色的西装套装都是男士所必备的。除此之外，还可以选择灰色或棕色的西装。黑色的西装也可以考虑，不过它更适合庄严而肃穆的仪式或庆典。

依照礼仪规范，男性外事人员在正式场合不宜穿过于鲜艳或发光发亮的西装。朦胧色、过渡色以及色彩过浅的西装也不宜选择。总的来说，越是正式场合，越讲究穿单色、深色的西装。

3. 图案

外事人员推崇的是成熟、稳重、含蓄的形象，所以其西装一般以无图案者为佳。不要选择绘有花、鸟、鱼、虫、人等图案的西装，更不要自行在西装上绘制或者刺绣图案、标志、字母、符号等。

通常，上乘西装的特征之一便是没有任何图案。唯一的例外，是允许选择以竖条纹面料缝制的西装。在竖条纹的西装里，又以条纹细密者为佳，以条纹粗阔者为劣。

用格子呢缝制的西装一般被认为难登大雅之堂，只有在那些非正式的场合里，男性才有机会穿。

4. 款式

与其他任何服装一样，西装也有自己不同的款式。区分西装的具体款式主要有下述两种方法：

第一，根据西装的件数区分。根据此项标准，西装可分为单件与套装两类。

其一，单件西装。根据惯例，单件西装指的是一件与裤子不配套的西装上衣。它仅适用于各种非正式场合。

其二，套装西装。所谓套装西装，在此指的是上衣与裤子成套，其面料、色彩、款式一致，设计风格上相互呼应的多件西装。它适用于各种正式场合。通常又有两件套与三件套之分。两件套西装包括一衣一裤。三件套西装则包括一衣、一裤与一件背心。依照传统看法，三件套西装比两件套西装更加正规。

第二，根据上衣的纽扣区分。根据这一标准，西装上衣有单排扣与双排扣之别。一般的看法是，单排扣式的西装比较传统，而双排扣式的西装则较为时尚。具体来说，单排扣西装上衣与双排扣西装上衣的纽扣数目有所不同，因而又使其呈现出各自不同的风格。

其一，单排扣式的西装上衣。常见的有一粒纽扣、两粒纽扣和三粒纽扣三种。一粒纽扣和三粒纽扣两种款式比较时髦，而两粒纽扣的款式则比较正统。

其二，双排扣式的西装上衣。以两粒纽扣、四粒纽扣和六粒纽扣三种较为常见。其中两粒纽扣、六粒纽扣属于流行款式，而四粒纽扣的款式则具有传统的风格。

5. 造型

西装的造型，又称西装的版型，它指的是西装具体的外观形状。当前，世界上的西装主要有欧式、英式、美式、日式四种主要造型。它们各具特点，分别适合于不同体型的人。

第一，欧式西装。欧式西装流行于欧洲大陆，以法国、意大利等国的西装为其代表。它属于最早的西装造型。其主要特征是上衣呈倒梯形，多为双排扣式，而且纽扣的位置较低。衣领较宽，强调肩部与后摆，不甚重视腰部。垫肩与袖笼较高，腰身中等，后摆无开衩。

第二，英式西装。英式西装主要流行于英国。它由欧式西装演化而来，主要特征是不刻意强调肩宽，而是讲究穿在身上后的贴身与自然。它的上衣多是单排扣式，衣领大都是“V”字形并且较窄。垫肩较薄，腰部略收，后摆两侧开衩。

第三，美式西装。美式西装源自美国，近年来在欧美各国颇为流行。它也是由欧式西装变化而来的。其主要特征是外观上方方正正，宽宽松松，较欧式西装稍短，多为单排扣式，领型为宽度适中的“V”形。肩部不加衬垫，因而被称作“肩部自然式”西装。其腰部宽大舒适，后摆中间开衩。

第四，日式西装。日式西装，是日本人对欧式西装所做的改进。它比较适合于亚洲人。其主要特征是上衣在外观上呈现为“H”形，即不过分强调肩部与腰部。它多为单排扣式，衣领较短、较窄。垫肩不高，不过度收腰，后摆也不开衩。

上述四种造型的西装，各有各的优点。欧式西装洒脱大气，英式西装剪裁得体，美式西装宽松飘逸，日式西装则贴身凝重。在具体选择时，人们可以听其自便。不过一般来说，欧式西装要求穿着者高大魁梧，美式西装穿起来稍显散漫与休闲。比较而言，英式西装与日式西装通常更适合中国人穿着。

6. 尺寸

任何西装都应合身，肥瘦要适度。一位男性外事人员在正式场合所穿的西装，其尺寸过大、过小、过肥、过瘦，显然都不合适。

一般来说，要想替自己选择一身在尺寸上符合标准的西装，在总体上有如下三点要求：

第一，尺寸标准。众所周知，西装的衣长、裤长、袖长、胸围、腰围和臀围，在尺寸上都有一定之规，并且彼此之间成比例。唯有对此有所了解，才能在挑选西装时轻车熟路。

第二，量体裁衣。市场上目前销售的西装多为批量化生产。它根据国家的有关标准分成一定的型号，尺寸也十分标准。但是，由于每个人的身材各不相同，穿在身上并不一定人人合适。所以，有条件者最好是“寻访名师”为自己量身缝制西装。

第三，进行试穿。不论购买成衣还是量体裁衣，之前都应当试穿。如果发现有尺寸方面的问题，要么予以修改，要么进行调换，切勿马虎大意。

7. 做工

一套西装的价格，主要取决于它的做工。西装做工的精良与否直接影响它的质量。在选择一套西装时，对其做工的好坏万万不可轻视。

检查一套西装的做工，通常主要应当注意下列两个方面的问题：

第一，总体的观感。一套西装做工是否精良，往往从其外观上一看便可以产生总体观感。真正做工精良的西装理当给人以下述观感：其一，立体感强，让人感到柔软而舒展。其二，造型线条流畅，并且具有一定的张力。其三，悬垂性好，前身后背平整挺括，没有多余的褶皱。

第二，具体的细节。在检查一套西装的做工质量时，通常还可以从下列八个具体细节着手：一要看其领面是否平整；二要看其驳头是否对称；三要看其衣袋是否服帖；四要看其肩袖是否接好；五要看其裤管是否均衡；六要看其衬里是否外露；七要看其纽扣是否缝牢；八要看其针脚是否均匀。

在挑选西装时，除要考虑上述七个方面的基本问题之外，还有必要了解，西装有正装与休闲装之别。一般来讲，正装西装适用于正式场合，其面料多为毛料，色彩多为深色，款式讲究庄重保守，并且基本上都是套装。而休闲西装则恰好相反。休闲西装主要适用于非正式场合。其面料可以有棉、麻、丝、皮、化纤等各种选择，其色彩多为艳色、亮色和浅色，其款式则讲究宽松舒适与标新立异。通常，休闲西装多为单件的上衣。

二、正规的穿法

穿着西装时，必须对其具体的、规范的穿着方法加以重视，并且认真遵守。在人际交往中，身着西装而不遵守其规范性穿法，甚至“为所欲为”，是有违礼仪的无知表现。

按照礼仪的基本要求，在正式场合里，身着西装应讲究具体规范。在如下七个方面，尤须符合标准。

1. 拆除商标

从商场里所购买的西装成衣，在其上衣左袖的袖口处，通常都会缝有一块醒目的“临时性”商标。有时，在那里还会缝有一块纯羊毛标志。它们的作用，主要是为了告知消费者其品牌与质地，此外再无其他任何意义。

因此，在购买西装之后，正式穿着之前，切勿忘记将它们拆除。这是穿着西装成衣的一种国际惯例，它等于是在对外界宣告该套西装已被正式启用。如果一套西装穿过许久之后，其衣袖上的商标或者纯羊毛标志仍旧原封不动，则必定会见笑于人。

2. 熨烫平整

要想使穿在自己身上的西装看上去美观大方，首要之点是令其保持平整挺括、线条笔直、舒展自然、干净爽洁。在任何情况下，都不应当使自己作为正装的西装皱巴巴、脏兮兮。否则不但会让西装本身美感顿失，还会有损于着装者的自我形象。

要想确保正装西装的平整挺括、干净整洁，着装者平时应注意将其洗好、熨好、挂好。

第一，定期干洗。西装，尤其是纯毛西装，一般忌讳水洗，而只宜干洗。在正常情况下，常穿的西装至少应当每月送洗衣店干洗一次。

第二，经常熨烫。每次穿着西装之前，通常应当认真熨烫一次。熨烫西装是令其保持平整挺括的一种主要手段。

第三，正确悬挂。不穿西装时，最好将其用专用的衣架悬挂在衣柜或西装袋内。把西装随手乱放、折叠起来或者挂在椅背上，都是不正确的做法。

3. 系好纽扣

穿西装时，上衣、背心与裤子的纽扣都有一定的系法。在正规场合，对其务必予以重视。

第一，上衣的纽扣。西装上衣纽扣的系法讲究最多。一般来说，站立时，特别是在大庭广众之前起身而立，务必要将西装上衣的纽扣系上，以示郑重其事。而在就座后，则通常要将其解开，以防止上衣扭曲走样。唯独在内穿羊毛衫或西装背心时，才允许站立时不系上衣的纽扣。

通常，单排扣式西装上衣与双排扣式西装上衣的纽扣各自有其不同的系法。系单排两粒扣式西装上衣的纽扣时，讲究“扣上不扣下”，即只应系上面那粒纽扣。系单排三粒扣式西装上衣的纽扣时，正确的做法有二：要么只系中间那粒纽扣，要么系上面那两粒纽扣。穿双排扣式西装上衣时，必须将可以系上的纽扣一律系上。

第二，背心的纽扣。穿西装背心时，不管是以之与西装相配套，还是单独穿着，都必须认真系上纽扣，而不可随意敞开衣襟。在正常情况下，西装背心只宜同单排扣式西装上衣相搭配。其纽扣的具体数目有多有少，但基本上亦可分为单排扣式与双排扣式两种。根据西装的着装惯例，前者最下面的那粒纽扣应当不系，而后者的纽扣则无一例外地都要系上。

第三，裤子的纽扣。目前，在西裤裤门上“把关”的，有的是纽扣，有的则是拉锁。通常认为，前者比较正统，而后者更加方便。不管自己穿的是纽扣式还是拉锁式的西裤，都一定要认真将其系好或者拉好。参加重要活动时，还必须随时对其悄然检查，以防自己出丑。西裤上的挂钩亦应同时挂好。

4. 不卷不挽

穿西装时，务必要认认真真地将其穿在身上，并且还要悉心呵护，令其维持原状。在公共场合里，千万不要当众随心所欲地脱下自己的西装上衣，更不能将它当作披风一样地披在肩上，或者随随便便地拎在手里。

特别应当强调的是，当自己身着西装，在正式场合露面时，无论如何都不可以把西装上衣的衣袖挽起来。否则，极易给人以粗俗之感。此外，在类似的场合中，随意卷起西裤裤管，同样也是不符合礼仪规范的做法。总之，穿西装的时候，对其衣袖与裤管不卷不挽，是每一位着装者皆须认真注意的。

5. 少装东西

为了确保自己所穿的西装不走样，口袋里应尽量少装或者不装东西。上衣、背心与裤子均应如此。在可能的情况下，应将自己随身携带的物品尽量放在公文包内。不要将西装的口袋当成一只“百宝箱”，用乱七八糟的东西把它塞满。

具体来说，西装上不同的口袋有着不同的功能。西装上衣外侧的左胸袋，除了可以放装饰性手帕之外，不准再放其他任何物品，尤其是不能插钢笔、挂眼镜。外侧下方的两只口袋，原则上不宜放任何东西。因此，对其甚至不必开袋。内侧的两只胸袋，则可以分别用来放钢笔或名片夹，但不宜放入过大、过重、过厚的东西。

西装背心上的口袋，一般只具有装饰性功能。除了可在其中放置怀表外，最好别再放别的任何东西。

西裤左右两侧的口袋只宜放置纸巾、钥匙包以及碎银包。其后侧的两只口袋，则往往不适合放置任何东西。

6. 巧配内衣

西装的标准穿法是以衬衫与之搭配，以 T 恤与西装配套的方法是不符合规范的。在穿西装时，衬衫内最好不要再穿内衣。如果因为特殊情况而需要那么做，则应注意以下四点：

第一，数量上的限制。穿在衬衣内的内衣，必须以一件为限。若一下穿上多件，则必然会导致穿在外边的衬衫甚至西装上衣变形、走样。

第二，质地上的限制。内衣以精纺的纯棉或纯羊毛面料为佳，这样才会真正使自己享受“贴身的关怀”。尽量不要选择化纤面料，也不要选择面料过厚者。前者会令人感到不适，后者则会使人显得臃肿不堪。

第三，色彩上的限制。内衣在色彩上应与衬衫相仿，至少也不应比衬衫的颜色深，以防二者反差过大。若是在浅色或者透明的衬衫里穿上深色、艳色的内衣，则必定会令人笑话。

第四，款式上的限制。在任何情况下，内衣均不得长于外穿的衬衫，因为“内衣外现”是一种失礼行为。内衣最好领型为“V”领或“U”领，以免其衣领变成外露于衬衫衣领的“花絮”。内衣的袖口也不宜外露。

7. 慎穿毛衫

要想把一套西装穿得有“型”有“味”，一个重要的技巧，就是除衬衫与西装背心外，在西装上衣内不要再添加其他任何衣物。在寒冷难忍时，只宜暂作变通，在西装上衣之内临时穿上一件薄型“V”领的羊毛衫或者羊绒衫。那样既不会显得花哨，也不会妨碍打领带。

三、具体的搭配

在穿着西装时，必须重视同时穿着的其他衣物的选择与搭配。一般而言，对衬衫、领带与鞋袜的选择搭配更要注意。

1. 衬衫

与西装配套的衬衫，应被称为正装衬衫。正装衬衫在与西装进行组合配套时，其具体的选择与穿着方法都有许多讲究。

第一，理性的选择。具体选择与西装相配套的正装衬衫时，主要应当注意其面料、色彩、图案、款式等几方面的问题。

其一，面料。从面料上讲，正装衬衫应为精纺的纯棉、纯毛制品。以棉、毛为主要成分的混纺衬衫，亦可酌情选用。但不要选择以条绒布、水洗布、牛仔布、化纤布制作的衬衫。因为它们要么过于厚实，要么易于起皱，要么起毛起球。以真丝、纯麻缝制的衬衫，也不宜考虑。

其二，色彩。从色彩上讲，正装衬衫应为单一的色彩。在非常庄重的场合，白色衬衫可谓男性外事人员的唯一选择。除此之外，在一般活动里，蓝色、灰色、紫色、绿色、黄色、橙色、银色等有失庄重的艳色、亮色衬衫是绝对不可取的。

其三，图案。从图案上讲，正装衬衫大体上以无任何图案为佳。印花衬衫、格子衬衫，以及带有人物、动物、植物、文字、符号、建筑等图案的衬衫，均非正装衬衫。唯一的例外是，较细的竖条衬衫在正式活动中可以穿着。但是，禁止以之搭配竖条纹的西装与竖条纹的领带。

其四，款式。从款式上讲，正装衬衫的衣领与衣袖均有讲究。从衣领上讲，正装衬衫的领形多为方领、短领或长领。在对其选择时，须兼顾本人的脸形、脖长以及所打的领带结的大小。扣领衬衫，仅适用于一般性场合。而立领、翼领与异色领的衬衫是不宜与正装西装进行搭配的。从衣袖上讲，只有长袖衬衫才是正装衬衫，而短袖衬衫则具有休闲性质。此外，长袖衬衫的袖口又有单层与双层之别。前者较为常见，后者则称为法国式衬衫，要求佩戴装饰性袖扣。

第二，穿着的方法。穿着正装衬衫，尤其在以之与正装西装配套穿着时，有下述五点必须注意：

其一，避免外穿。在房间内进行活动时，允许男性外事人员暂时脱下西装上衣而直接穿着长袖衬衫，并且打领带。但是，最好不要以这副打扮外出办事，特别是不要以如此穿着去参加正式活动。

其二，大小合身。与休闲衬衫相反，正装衬衫既不宜过于短小紧身，不宜使人拘束，又不宜过于宽肥长大、松松垮垮。选择正装衬衫时，务必令其大小合身。特别应当注意衣领与胸围要松紧适度，衣袖与下摆不宜过长或者过短。

其三，系好衣扣。在正规场合里，所穿正装衬衫的全部纽扣都必须认真系好。不论衣扣、领扣还是袖扣，概莫能外。只有在不打领带时，才可以解开衬衫的领口。

其四，注意袖长。与正装西装配套时，一定要注意正装衬衫的袖长。最美观而标准的做法是，令衬衫的袖口在西装上衣的袖口之外露出 1 厘米～2 厘米。既不应该使之永远不见天日，也不应当使之外露过长。不允许将它一卷再卷，翻卷到西装上衣的袖口之上。

其五，束起下摆。穿长袖衬衫时，不论是否穿外衣，均应将其下摆认真地束入裤腰之内，并且整理好。不要让它在与裤腰交界之处上下错位、左右扭曲，更不要让它露在裤腰之外。

2. 领带

穿西装时，领带是最重要的饰物，有人甚至称之为“西装的灵魂”。在一般场合中，打不打领带关系不大。但一旦打了领带，就不能不认认真真地遵守礼仪规范。

第一，选择的方法。选择领带时，在其面料、色彩、图案、款式、搭配、质量六个方面都是颇有讲究的。

其一，面料。最好的领带应以真丝或者羊毛制成。售价低廉的涤丝领带有时亦可选择。除此之外，用棉、麻、绒、皮、革、塑料、珍珠等物所制作的领带，均不适宜在正式活动中佩戴。

其二，色彩。领带在色彩上有单色与多色之分。在正式活动中，切勿佩戴三种以上色彩的领带或者色彩过于鲜艳醒目的领带。一般来说，蓝色、灰色、棕色、紫红色等单色领带，或者是以其为基本色的双色领带，才是理想的选择。在正式的公务场合，领带与西装同为一色最佳。在社交或休闲时，领带亦可与衬衫同为一色。

其三，图案。适用于正式的公务场合佩戴的领带，主要为单色无图案的，或者是以条纹、圆点、方格等规则的几何图形及其相互组合为主要图案的领带。以人物、动物、植物、景观、徽记、文字、符号或者电脑绘图为主要图案的领带，则仅仅适用于社交或休闲场合。

其四，款式。在领带的款式上有四点应予注意。首先，领带有尖头与平头之分。前者较为正规，后者则显得时髦。其次，领带亦有宽窄之别。除了要考虑流行之外，最好是使之与本人的胸围及上衣的衣领协调。再次，各种简易式的领带，如“一拉得”、“一挂得”等，除穿制服外，一般不宜在正式场合佩戴。最后，领结是领带的一个特殊品种，它应当与礼服、翼领衬衫相配套，并主要适用于社交活动之中。

其五，搭配。有时，领带与装饰性手帕被组合在一起成套销售，并搭配使用。与领带搭配使用的装饰性手帕，最好与领带的面料、色彩、图案等大体上相近。二者同时亮相，亦多见于社交活动之中。

其六，质量。一条好的领带，必须质地优良。其主要特征是外形平整美观、悬垂挺括、线条流畅；衬里为毛料，整体上稍显厚重；无线头、无跳丝、无疵点。平时宁肯不打领带，也不要打以次充好的领带。

第二，佩戴的方法。一条打得漂亮的领带，在穿西装者的身上将发挥画龙点睛的作用。而要打好领带，就必须采用得当的方法。

其一，区分场合。打领带有其适用的特定场合。由于打领带便意味着郑重其事，所以在上班、办公、讲学、开会、走访等执行公务的场合以打领带为好。在出席宴会、舞会、音乐会时，为了表示尊重主人，亦可打领带。而在参加休闲活动时，则通常不必打领带。

其二，搭配服装。打领带，必须选择与之配套的服装。一般来说，穿西装套装是非打领带不可的。穿单件西装上衣时，领带则可打可不打。在非正式活动中单穿西装上衣时，可以不打领带。不穿西装的时候，例如，穿风衣、大衣、夹克、猎装、毛衣以及短袖衬衫时，通常没有必要打领带。

其三，注意性别。严格地讲，领带属于男士专用的饰物。因此，在正式活动中，它仅仅适合于男士佩戴。因为男女有别，所以女士在正规场合里一般都不宜打领带。若女士将其视为普通的饰物而在社交、休闲场合里加以使用，则也是可以的。

其四，讲究位置。打好后的领带，应被置于适当之处。穿西装上衣与衬衫时，应将其置于二者之间，并令其自然下垂。临时加穿羊毛衫、羊绒衫或者西装背心时，应将领带置于羊毛衫、羊绒衫、西装背心与衬衫之间。在穿两件羊毛衫、羊绒衫时，千万不能把领带塞进二者中间。

其五，掌握结法。领带打得漂亮与否，关键在于领带结打得如何。打领带结的基本要求，是要令其端正挺括，并且外观上呈倒三角形。领带结的具体大小，则最好同衬衫衣领的大小成正比，切勿使之不端正或松松垮垮。在正式场合露面时，务必要收好领带结，千万不要任其与衬衫的衣领拉开距离。

其六，控制长度。领带打好之后，必须长度适当。最规范的长度是领带打好之后，它的下端正好抵达皮带扣的上端。超过了这一长度，搞不好就会使领带暴露于上衣衣襟之外。而达不到这一长度，则又很可能会经常不受上衣衣襟的约束。

其七，善用配饰。按惯例，打领带时大可不用其他任何配饰。除了某些特殊需要外，打领带时一般不必使用领带夹。即使使用领带夹，也不应使其处于他人的视野之内，而应当被西装上衣的衣襟挡住。假如愿意，可在打领带时使用领带针或者领带棒。前者应插在领带偏上方的正中央，后者则只宜用于衬衫衣领之上。应当注意的是，打领带时所使用的配饰，应以一件为限，千万不要多用、滥用。

3. 鞋子

有道是“脚上没鞋矮半截”，男性外事人员在穿西装时如果不重视鞋子的选择与穿着，难免会使自己“足下无光”。

第一，选择的方法。在选择与西装相配套的鞋子时，不仅要合乎要求，而且还要讲究舒适。在以下几个方面均须注意：

其一，质地。正所谓“西装革履”，与西装配套的鞋子，只能是皮鞋，而非布鞋、草鞋、毡鞋、胶鞋、塑料鞋。与西装配套的皮鞋，应为真皮制品而非仿皮。一般来说，牛皮鞋最佳，羊皮鞋、猪皮鞋则不甚合适。至于用鳄鱼皮、鸵鸟皮、蟒蛇皮所制作的皮鞋，既价格昂贵，又给人以炫耀感，通常也不宜考虑。而磨砂皮鞋、翻毛皮鞋皆为休闲皮鞋，也不适合用来搭配正装西装。

其二，色彩。根据常规，与西装相配套的皮鞋，应为单色、深色。浅色皮鞋、艳色皮鞋与多色皮鞋，例如，白色、米色、金色、银色、红色皮鞋和香槟色皮鞋、拼色皮鞋等，都不适合同西装搭配。通常认为，最适合与西装配套的皮鞋，仅有黑色一种。

其三，图案。男性外事人员在正式场合所穿的皮鞋，最好是没有任何醒目的图案。就连装饰与点缀也是越少越好。打孔皮鞋、绣花皮鞋、拼色皮鞋以及带有文字或者金属扣链的皮鞋，均不适当。

其四，款式。与西装相配套的鞋子，在款式上理当庄重而正统。按照这一要求，系带皮鞋是最佳之选。各类无带皮鞋、船形皮鞋、盖式皮鞋、拉锁皮鞋等，都不符合这一要求。穿正装西装时，不宜穿旅游鞋、凉鞋或者拖鞋。穿厚底皮鞋、高跟皮鞋、坡跟皮鞋、高帮皮鞋或者皮靴，也会显得不伦不类。

其五，尺码。用于搭配西装的皮鞋尺码一定要合适。皮鞋的尺码如果小了，肯定会夹脚、磨脚；尺码大了，又会不跟脚。

第二，穿着的要求。穿皮鞋时，有五个方面的基本要求：

其一，鞋身无残。不论鞋面、鞋帮还是鞋底，均应无残破、无磨损、无掉漆、无褪色，否则即应更换。

其二，鞋面无尘。皮鞋一定要天天打油上光，反复擦拭。倘若任其“蒙尘”良久，再名牌的皮鞋也不会好看。

其三，鞋底无垢。每日擦皮鞋时，都要同时打扫一下鞋底，认真去除泥垢。雨雪天拜访他人时，进门前务必检查一下自己的鞋子是否“拖泥带水”。

其四，鞋内无味。一般来讲，皮鞋一定要勤换、勤晾，并进行必要的保养。做不到此点，它就会气味熏人。

其五，鞋垫相宜。如果使用鞋垫，则务必使其大小与皮鞋相适，切勿让其“逃脱”在外。

4. 袜子

袜子被称为人们的“腿部时装”。在正式场合，人们是不宜赤足而不穿袜子的。穿正装西装时，对于袜子的具体规定更为详尽。

第一，选择的方法。与正装西装、皮鞋所配套使用的袜子，在其质地、色彩、图案、尺码等方面，均有明确的要求。

其一，质地。与西装、皮鞋配套的袜子，在质地上最好是纯棉、纯毛制品。高质量的以棉、毛为主要成分的混纺袜子也可以选用。但吸湿、透气性能较差的尼龙袜、涤丝袜，则最好不要选用。

其二，色彩。与西装、皮鞋配套的袜子，宜为单色、深色，最好是黑色。它不应当浅于皮鞋的颜色，因此白色袜子通常是忌穿的。发光、发亮的袜子以及过分“扎眼”的彩袜和其他浅色袜子，都不宜穿着。

其三，图案。在正式场合所穿的袜子上，允许出现以几何形状为主的、风格庄重的图案。穿没有任何图案的袜子则更为合适。在任何情况下，男性外事人员都不宜穿花袜子。

其四，尺码。在正式场合所穿的袜子，大小一定要合脚。过小、过短的袜子，不应选用。前者不但易破而且易脱落，后者则时常会使自己的踝部暴露出来。一般来说，袜子的长度不宜低于自己的踝骨。

第二，穿着的要求。对男性外事人员来说，袜子的穿着要求主要有下述四条：

其一，干净。袜子要每天一换，洗涤干净。不然其异味既会令自己难堪，也会令别人难受。

其二，完整。平时所穿的袜子，一定要无破洞、无跳丝。发现袜子破损，必须及时更换。

其三，成双。穿在脚上的袜子，必须成双成对。不要随意组合，从而显得不协调。

第四，到位。穿袜子时，一定要穿好，不要任其松松垮垮，甚至左右高低不一。

第四节　交谈应答

外事工作者都非常清楚：在外事活动中，语言是最主要的沟通工具。如果不熟悉语言，或者不善于运用语言，都不能算是一名称职的外事工作者。

在国际交往中，运用任何一种具体语言，不论中文还是外语，其目的都在于促进交往双方的沟通，即以言表意，阐述己见，彼此交流，促进了解，加强信任。没有语言交流，交往双方便难以沟通。

在绝大多数情况之下，外事人员与外方人士的语言沟通都是以口头交谈为主要形式的。中外双方的口头交谈不论正式与否，外事人员均不可不负责地信口开河。对一些与之相关的基本礼仪规范，外事人员丝毫不能马虎。

从外事礼仪的角度来分析，外事人员与外方人士所进行的交谈应答，主要涉及交谈的内容与交谈的方式两大方面。在国际交往中，前者规定了外事人员应当“说什么”，后者则规定了外事人员应当“如何说”。

一、交谈的内容

进行交谈时，最重要之处首推交谈内容的选择。有道是“言为心声”，既然一个人谈话的具体内容可以反映出其教养、情趣、品位、阅历，那么外事人员在与外方人士进行较为正式的交谈时，也就有必要对谈话的具体内容再三斟酌，并多加检点。

在国际交往中，外事人员在确定交谈的具体内容时，应着重明确：可以涉及哪些内容，不可以涉及哪些内容。一旦确定了这两个要点，外事人员在与外方人士进行交谈时也就有章可循了。

1. 不宜涉及的内容

与外方人士进行交谈时，外事人员应有意识地回避不宜涉及的某些具体内容。也就是说，在具体选择交谈内容时，外事人员应优先考虑不要犯忌。

外事人员在与外方人士进行交谈时，不宜主动涉及的具体内容主要有以下七个方面：

第一，不能泄露国家机密与行业秘密。在国际交往中，每一名外事人员都有维护国家安全与国家利益的义务。在任何情况下，外事人员对于自己所掌握的国家机密与行业秘密都必须守口如瓶，不得泄露。否则不仅属于严重的失职行为，而且也是一种犯罪。对此大是大非的问题，外事人员时刻都要保持清醒的认识。

第二，不能对国家、民族、政党或政府横加非议。在世界各国，其外事人员在某种程度上都代表着自己所属的国家、民族、政党或政府。客观地讲，外事人员与自己所属的国家、民族、政党或政府客观上存在着一种"一荣俱荣，一损俱损"的关系。倘若在外人面前贬低自己的国家、民族、政党或政府，实际上无异于贬低自己。因此，外事人员在与外方人士进行交谈时，不仅不能对自己的国家、民族、政党或政府加以非议，而且还对维护自己祖国、民族、政党和政府的声誉负有义不容辞的责任。与此同时，对其他国家、民族、政党或政府，外事人员亦不得说三道四。

第三，不宜对交谈对象的内部事务随意加以干涉。在国际交往中，中国政府一贯坚持相互尊重、互不干涉内部事务的原则。外事人员在与外方人士进行交谈时，一定要认真贯彻这个原则。一般而言，在与外方人士进行交谈时，没有必要随意对其内部事务予以评论。即使有此必要，亦应谨慎、客观、全面，切勿随心所欲地对对方的内部事务说三道四、指手画脚。对交谈对象的内部事务随意加以干涉，实际上就意味着对对方的不尊重。

第四，不宜对自己的领导、同事、同行或同胞予以否定。在自己的队伍里，可以倡导"批评与自我批评"。然而为了维护自己队伍安定团结的大好局面，在与外方人士交谈时，随随便便地对自己的领导、同事、同行或同胞加以非议，则是十分不明智的。古人云："来说是非者，必是是非人。"那样做的直接结果，是会给交谈对象留下心术不正、搬弄是非的印象。在国外，人们对这种人尤其深恶痛绝。外国人普遍认为：只有品德不良、不务正业、内心阴暗之人，才习惯于在背后议论他人。

第五，不宜涉及格调不高的话题。在国际社会里，凶杀、惨案、灾祸、死亡、色情、男女关系以及小道消息等话题，均被视为庸俗、低级、格调不高的话题。主动涉及此类话题者，不是被视为心理不健康，就是被看作缺乏教养。所以在交谈中，人们不仅应该主动对这些话题加以回避，而且也绝对不应在他人涉及这些话题时随声附和。

第六，不宜涉及交谈对象自身的弱点、短处或其他不足之处。"打人不打脸，揭人不揭短"，向来是中国人为人处世的基本原则之一。在外事活动中，忌谈交谈对象自身的弱点、短处或其他不足之处，是对交谈对象一种特殊形式的尊重。若是对此类不宜涉及的话题表现出一定程度的偏好甚至肆无忌惮，除了败坏交谈对象的兴致，使其产生反感之外，并无任何益处。

第七，不宜涉及有关交谈对象个人隐私的任何话题。对于这一问题，前面已有专题阐述，在此不再另行讨论。

在与外方人士进行交谈时，上述七个不宜涉及的话题，可被统称为跨国交往“七不谈”。

2. 可以涉及的内容

除了以上“七不谈”以外，在外事活动中有一些常规内容可为交谈者所涉及。一般而言，外事人员在交谈中可以主动涉及的内容主要有如下六项：

第一，交谈双方正式拟议的内容。在国际交往中，交谈显然具有一定的目的性。在正式场合，外事人员有责任使交谈“言归正传”，使谈话的具体内容围绕着交谈双方所拟议的问题进行。在非正式场合，外事人员的交谈尽管可以略为“务虚”，但也应直接或间接地“有的放矢”，而绝对不应不着边际。

第二，有助于交往对象进一步了解我方实际情况的内容。由于国与国之间存在着一定的差异，所以在国际交往中，中外双方往往需要进一步相互了解。有接触才有交流，有交流才有了解，有了解才有信任。为了便于交往对象进一步了解我方的实际情况，外事人员在交谈中应主动介绍有关我方的各种实际情况，尤其是要尽可能多地介绍我方的成绩与优点。在具体介绍时，一是要注意客观性；二是要考虑时效性；三是要体现公正性。

第三，对交谈对象所属的国家、民族、单位以及对其本人表达敬意的内容。人与人在打交道时，在任何情况下都应将互相欣赏置于首位。在国际交往中，对交谈对象所属国家、民族、单位乃至其本人的光荣历史、优良传统、突出成就、杰出贡献表达直接的敬意，或者由衷地加以称道，既体现了我方海纳百川、有容乃大的广阔胸襟，又是对交往对象尊重的一种具体表现。这种做法，绝非阿谀奉承、讨好对方。

第四，交谈对象本人确有所长的内容。唐代大文豪韩愈有言，“闻道有先后，术业有专攻”，即每个人都有自己的一技之长。在国际交往中，直接向交谈对象讨教对方所擅长之处，不仅可以找到与其交谈的兴奋点，而且还可以使我方人员表达出自己虚心好学的精神，并通过交谈有所收获。不过古话又说“尺有所短，寸有所长”，因此向外方人士讨教的具体话题，一定要以对方所长之处为准。以对方的薄弱之处作为讨教的话题，则肯定是不适合的。

第五，举世公认的格调高雅的内容。由于交谈的具体内容反映着交谈者的思想品德与精神境界，所以外事人员在交谈中应尽量以哲学、历史、文学、艺术、风俗、人情、书法、建筑或时事等为内容。只有选择此类主题，才与外事人员的身份相称。在具体选择此类话题时，则必须量力而行，坚持知之为知之、不知为不知，切莫班门弄斧、弄巧成拙。

第六，交谈对象所欢迎、所感兴趣的轻松愉快的内容。在交谈中，尤其是在非正式交谈中，外事人员应力戒深奥枯燥、故弄玄虚的主题。有时主动谈论一些轻松、愉快以及交谈对象所感兴趣的内容，诸如体育比赛、娱乐休闲、电视电影、风景名胜、烹饪小吃、名人逸事等，不仅可以令交谈者感到轻松，往往还可以令众人开心一笑，有利于充分地活跃现场的气氛。

二、交谈的方式

在与他人交谈时，除了要注意具体内容，还要注意表达方式。因为具体内容的表述，往往有赖于一定的方式。正因为如此，在国际交往中，外事人员对交谈的具体方式尤须高度重视。在一定情况下，尤其是在初次交往时，交谈的具体方式往往与交谈者的态度直接相关。

根据惯例，外事人员应在语言、语态、语气、语音、语速以及具体陈述形式等方面加以注意，它们共同制约着一个人的交谈方式。

1. 重视语言

作为一名外事工作者，在外事活动中具体应当选用哪种语言作为自己的交流工具，向来都大有讲究。在什么情况下需要讲中文、在什么情况下需要讲外语，外事人员都绝对不能自行其是。

一般来讲，在选择自己的语言工具时，外事人员有如下四条规则可循：

第一，在官方活动中应使用中文。出于维护国家尊严的考虑，除翻译之外，外事人员均应使用本国法定的官方语言。我国外事人员作为国家、政府、单位的代表，自然应当在外事活动中使用中文，然后在必要时借助译员进行翻译。

第二，在一般活动中应使用外语。在一般性非官方活动中，例如，观光、游览、购物等，精通外语的外事人员均可直接使用外语，以便与外方人士进行沟通。虽然外事人员并非一定要精通交往对象国的语言，但若能临时学上几句并使用于非正式场合，往往能收到密切双方关系的效果。

第三，在国际场合应使用规定的语言。在参加国际组织、国际会议等多边外交活动时，外事人员通常应使用该场合法定或约定俗成的语言。此类规定语言有时是一种，有时则是几种。在国际场合中使用规定语言，是不容争议的国际惯例。

第四，在工作岗位上应精通一门外语。精通外语，是外事人员的基本功之一。作为基本要求，外事人员一定要精通一门外语，并应在此基础上力求多掌握几门外语。

2. 重视语态

与外方人士进行交谈时，外事人员务必要重视语态。所谓语态，在此是指人们在交谈时的神态，即交谈者此时此刻具体的神情与态度。对外事人员与外方人士交谈时的具体神态的基本要求是：亲切友善，不卑不亢。

第一，“说”者。充当“说”者时，切忌指手画脚、咄咄逼人。最佳的语态是：平等待人、和蔼可亲、热情友好、谦恭有礼、自然而然。既要表达清楚自己的本意，又要表现得彬彬有礼。

第二，“听”者。充当“听”者时，最忌三心二意、用心不专。最佳的语态是：积极合作，认真聆听，努力呼应，有来有往，专心致志。要善于与交谈对象进行交流，要学会在交谈时目视对方，并以动作配合对方。

3. 重视语气

在谈话进行的整个过程中，谈话双方往往都会十分在意对方的语气。越是重要的活动，此点便会表现得越是突出。所谓语气，在此是指人们讲话时的口气。在与外方人士交谈时，外事人员必须以平等而礼貌的语气对待对方。倘若语气稍许不平等、不礼貌，就可能有碍于双方的进一步交谈。

第一，待人平等。外事人员在交谈中的语气，必须给人以平等之感。所谓平等，在此就是要求外事人员的交谈既不能居高临下、目中无人、故作姿态，不能随意教训、呵斥甚至侮辱交谈对象，又不能奴颜婢膝、阿谀奉承、溜须拍马、随声附和、一味迁就，不能不讲原则、人云亦云。

第二，待人礼貌。外事人员在交谈中的语气，必须给人以有礼貌之感。换言之，就是要求其谈话时要始终尊敬对方、重视对方。为此，不仅必须使用常规的礼貌用语，而且在自己的语气上尤须知礼、讲礼，处处守礼。

4. 重视语音

在国际交往中，语音往往是外事人员交谈时的敏感问题之一。具体而言，这一问题又可细分为以下两个具体不同的侧面：

第一，发音纯正。外事人员所关注的语音问题，首先是其发音是否纯正。此点通常与其所受教育的程度有关，并会直接影响其业务能力。使用任何一种语言，不论中文还是外语，均应力求发音纯正，不带乡音、土语，以免妨碍表达，令人产生误会。

第二，音量适中。外事人员所关注的语音问题，还应包括其运用语言时音量的大小。在国际社会里，人们对这一细节极其重视。一般认为，在谈话时细声细语、调低音量是现代人文明程度的一种体现。在公共场合，则尤须如此。反之，在交谈中粗声大嗓、高声叫喊，则是一个人缺乏教养的表现。

5. 重视语速

在交谈时，语速的问题不能不予以考虑。由于在涉外场合经常需要使用外语，外事人员对此尤其应给予充分的注意。

在正常情况下，语速指的就是讲话时速度的快慢。在外事活动中，外事人员应使自己的语速适中、不快不慢。如能做到这一点，不仅有助于译员的翻译工作，有利于交谈对象听清自己所言之事，使对方真正理解自己，而且还可以借此向对方显示自己健康而平和的心态。具体而言，在此方面有以下两点注意事项：

第一，语速正常。所谓语速正常，即要求语速不快不慢，以人们所习惯的语速为准。要力戒语速过快、过慢或忽快忽慢。语速过快，令人反应不过来。语速过慢，令人提不起精神。语速忽快忽慢，则令人难以适应。

第二，语速均匀。保持正常语速，并非要求其永远四平八稳、毫无变化。在一定情况下，语速也可以小有改变、舒张有度。只是在总体上应保持其均匀，即要求匀速，否则便易于给人以表演、夸张、做作之感。

6. 重视陈述

在与外方人士交谈时，外事人员还应重视具体的陈述形式。在较为正式的国际交往中，尤应重视下述三点：

第一，双向交流。在交谈中，要以交谈各方共同感兴趣的话题为中心，并利用双方均能接受的方式进行。一旦发现话不投机，就应及时调整话题，切莫我行我素、一如既往，此乃双向交流的要旨。

第二，礼让对方。在与外方人士进行交谈时，外事人员不应以自我为中心，从而忽略了对对方的尊重。在正常情况下，在谈话中不要随便训斥对方、否定对方、质疑对方、补充对方、挖苦对方、打断对方，不要动辄与人抬杠，不要一人独霸“讲坛”，不要始终一言不发、有意冷场。

第三，委婉表达。外事人员在陈述自己的见解时，应力求和缓、中听，不仅要善解人意，而且还要留有余地。即便提出建议或忠告，亦可采用设问句，而不宜采用祈使句。不论任何时候，都不要在陈述自己的见解时强人所难，不要勉强对方唯自己是从。

第五节　称呼他人

每个人都有自己的姓名，每个人都有自己的称呼习惯。在国际交往中，要求外事人员尊重交往对象，自然就要求其对交往对象的姓名称呼予以高度重视，并认真加以对待。

从总体上讲，在国际交往中对外方人士的姓名称呼有以下三点注意事项：一是要符合常规；二是要照顾习惯；三是要“入乡随俗”。

具体来讲，就是要求外事人员：一要记住交往对象的姓名；二要善于采用对方的尊称。只要做到了这两点，就会在姓名称呼的问题上赢得对方的好感。

从操作上来讲，外事人员在具体涉及外方人士的姓名与称呼时，关键是要关注姓名有别、称呼有别两个问题。

一、姓名有别

在世界各国，人们一般都有本人专用的姓名，用以在称呼上区别于他人。所谓姓名，通常是一个人的姓氏与名字的合称。姓氏者，家庭之称谓也。名字者，则是对本人的称呼。在人际交往中，人们在称呼他人时，有时是称其姓，有时是呼其名，有时则是连姓带名一起称呼。

在国际交往中，外事人员在称呼或使用外方人士的姓名时，一定要注意如下四个问题：

1. 记住对方

人类世界，是由一个个独特的个体所组成的。在人际交往中，每个人都希望被自己的交往对象重视。

在国际交往中，尤其是在初次交往中，外事人员对外方人士表示重视的最为行之有效的做法，就是记住对方。

显而易见，所谓记住对方，首先就是要牢记对方的姓名。一旦获知外方人士的姓名，尤其是在亲自询问过对方姓名、听过对方自我介绍或者刚刚与对方互换名片之后，一定要设法记住对方的姓名。否则，会给对方以“不重视”的感觉。

2. 防止差错

在国际交往中，外事人员在涉及外方人士的姓名时，不论口头上称呼还是笔头上书写，都不应当出现任何差错，否则将会严重挫伤对方的自尊心。对下述三点，外事人员尤须谨记。

第一，不读错外方人士的姓名。不论出于什么原因，将外方人士的姓名读错，都是一种不可饶恕的错误。有时候，它甚至还有可能引起对方的误解。

第二，不写错外方人士的姓名。需要书写外方人士的姓名时，一定要慎之又慎。不仅在书写过程中应当一丝不苟，而且在书写完毕后还须再三予以核对。

第三，不记错外方人士的姓名。即使自己工作再忙、交往对象再多，也应采取各种办法记住外方人士的姓名，而不应将外方人士的姓名张冠李戴，更不能将其忘记。

3. 不宜滥用

重视外方人士的姓名，在国际交往中就意味着对对方的尊重。因此，在日常工作与生活中，外事人员切忌滥用外方人士的姓名。具体而言，对下述三点尤其应当重视。

第一，不戏言外方人士的姓名。在有必要使用外方人士的姓名时，一定要正经、认真、严肃，不要对其乱念、乱写、乱划，尤其是不要任意对其加以取笑或曲解。

第二，不借用外方人士的姓名。在日常工作与生活中，外事人员不得随便借用自己所熟悉的外方人士的姓名。

第三，不将外方人士姓名用于商业用途。按照国际惯例，未经本人许可，在任何情况下都不能将他人姓名用于商业用途。在国际交往中，涉及外方人士姓名时特别要注意这一点。

4. 重视差异

如同各国习俗各异一样，在不同的国家里，人们姓名的排列方式与称呼方式往往也各不一样。在有必要使用外方人士的姓名时，一定要对其差异有所了解。具体而言，以下两个方面必须引起注意：

第一，外方人士姓名的排列方式与中国人多有不同。在我国，一个人的姓名通常都是姓氏居前，名字居后。在国际上，唯有日本、韩国、朝鲜、越南、匈牙利等少数几个国家的人的姓名排列方式与中国人的姓名排列方式相同。

在英美等国，人们的姓名一般都是名字居前，姓氏居后。有时，在这二者之间还存在一个教名。法国人、德国人、意大利人姓名的排列方式与英美国家的人大致相同。在亚洲，泰国人的姓名排列方式也是名前姓后。

在俄罗斯，人们的姓名均由三个部分组成，其正常排列顺序为：名字居前、父名居中、姓氏则居于最后。

在西班牙与广大使用西班牙语的拉丁美洲国家里，人们的姓名分为本名、父姓与母姓三个部分。其正常排列顺序为：名字在前、父姓居中、母姓则居后。

在葡萄牙和使用葡萄牙语的巴西，人们的姓名亦由本名、父姓与母姓三个部分组成。其正常排列顺序则是：名字居前、母姓居中、父姓则居后。

在阿拉伯国家，人们的姓名由四个部分组成。其排列顺序由前而后依次为：本人名字、父亲名字、祖父名字、家庭姓氏。

在缅甸，人们却只有名字，并无姓氏。

第二，外方人士姓名的称呼方式多有不同。在具体称呼外方人士时，外事人员有必要区分清楚：何时应称其姓氏，何时应呼其名字，何时应使用其全称。在人际交往中，采用不同的称呼方式，往往不仅意味着双方具体关系有别，而且也表现出对对方尊重的程度有所不同。

对英、美、加、澳、新、法、德、意等国人士而言，在十分正式的场合，应称其全称；在一般情况下则可仅称其姓氏；只有在关系极其亲密的人士之间，才会直呼名字。

称呼俄罗斯人，除了在正式场合宜称呼其全称外，在一般情况下既可称其姓，亦可呼其名。将其姓与父名连用时，表示比较客气。而在向长者表示尊敬时，则只称其父名。

在称呼使用西语、葡语诸国人士的姓名时，在正式场合宜用其全称。在一般情况下则可只使用其简称，即其父姓，或是其本名加上父姓。

称呼阿拉伯人时，称呼其全称往往意味着郑重其事。在一般情况下，称呼阿拉伯人可以省去其祖父名，或将其祖父名与父名一道略去。需要简称阿拉伯人时，通常可只称呼对方的名字。但是，若对方拥有一定的社会地位，则只宜以其姓氏作为简称。

称呼日本人、韩国人、朝鲜人时，一般应当称呼其全称。在一般情况下，对日本人亦可直称其姓氏。但在韩国与朝鲜，直呼一个人的名字则被视为失礼之举。

在越南与泰国，在一般场合中称呼一个人时，通常可只称其名，而不道其姓。在称呼越南人的名字时，一般情况下可只称其中最末的一个字。

鉴于缅甸人有名无姓，故在称呼对方时可在其名字之前冠以某种尊称。

二、称呼有别

在国际交往中，我方人员对外方人士所使用的称呼往往备受对方重视。这是因为，选择一种称呼，不仅反映着自身的教养和对对方尊重的程度，而且还体现着双方关系发展到了何种程度。

在称呼对方人士时，外事人员应注意照顾习惯、区分对象、谨防犯忌、有主有次四个方面的具体事项。

1. 照顾习惯

在称呼外方人士之前，外事人员应对对方有关的习惯做法了解清楚，并予以遵守。一般而言，在称呼外方人士时必须使用尊称。对外方人士而言，对其最为“悦耳动听”的尊称主要包括如下四种：

第一，称行政职务。在正式场合里，尤其是在具体工作中，以交往对象的行政职务相称，以示敬意有加、身份有别，是国际交往中最常见、最正规的一种称呼方式。

第二，称技术职称。当今社会正处于知识经济的时代，有文化、有知识、有技术的人士受到普遍的尊敬。在国际交往中，对对方人员中具有专业技术职称者，尤其是具有中级、高级专业技术职称者，不妨直接以其技术职称相称。

第三，称学术头衔。与前一种情景相类似，在国际交往中，特别是在实际工作中或学术活动中，以交往对象的学术头衔，诸如学位之类相称，既可增强现场的学术气氛，又可增加被称呼者的权威感。

第四，称行业称呼。在国际交往中，当外事人员仅仅了解外方人士所从事的具体行业，而不清楚对方的行政职务、技术职称或学术学位时，以对方的具体行业称呼相称，也是一种不失礼的方式。

需要指出的是，在以上述尊称称呼外方人士时，可以其中一种尊称加上对方的全称或者其姓氏来称呼外方人士。在有些情况下，除行业称呼外，其他三种尊称中的任何两种都可以组合在一起使用。

2. 区分对象

当面对不同行业、不同职务、不同身份乃至不同性别的外方人士时，外事人员还必须根据具体交往对象的不同而在称呼上有所区分。具体而言，下列几点需要特别重视：

第一，日常活动。在日常交往中，对成年人，可将男士称为“先生”，将女性称为“小姐”、“夫人”或“女士”，这是在国际社会里适用面最为广泛的一种“泛尊称”。在具体称呼妇女时，则需要注意：对已婚者应称“夫人”，对未婚者或不了解其婚否者可称“小姐”。对不了解其婚否者，亦可称为“女士”。

第二，政务活动。在政务活动中，除可使用“泛尊称”外，还有两种称呼方式可以使用：一是称呼对方的行政职务；二是称对方为“阁下”。按照常规，“阁下”主要用以称呼地位较高者，但在美国、德国、墨西哥等国并无使用这一称呼的习惯。

第三，商务活动。在商务活动中，世界各国都最欢迎使用“泛尊称”，而对称呼行政职务则不大欢迎。在学术性活动中，情况也大抵如此。

第四，服务场所。在服务场所中，对各种服务人员与服务对象，通常都可以使用“泛尊称”。

第五，军事交往。在军事交往中，对外方的军界人士，最佳的称呼是称其军衔。对其行政职务一般则不必称呼。

第六，宗教场所。在宗教活动中，对外方的神职人员，一般均应以其神职相称。此时有两点特别应予以注意：一是切勿在称其具体神职时出现差错；二是越是正式的场合，越应当在称其神职时采用全称。

第七，社会主义国家。在与社会主义国家人士或兄弟党人士的交往中，通常可以称对方为“同志”。除此之外，“同志”这一称呼切勿在国际交往中滥用。

第八，君主制国家。在与君主制国家的王公贵族交往中，称呼对方时一定要采用对方的惯例。通常，对国王、王后应当称“陛下”，对王子、公主、亲王及其配偶应当称“殿下”。对拥有封号、爵位者，则应以其具体封号、爵位相称，例如，“爵士”、“勋爵”、“公爵”、“侯爵”、“伯爵”、“子爵”、“男爵”等。称呼对方封号时，一定要力求正确无误、完整无缺。

在一般场合中，对于教授、研究员、工程师、律师、法官、医生、博士等职称、职务或学位拥有者，均可直接以之相称，对方对此通常都会感觉十分“悦耳动听”。

3. 谨防犯忌

与外方人士交往时，千万注意不要因称呼而冒犯对方的禁忌。一般而言，下列称呼都是不宜采用的：

第一，错误称呼。在称呼外方人士时，假如出现差错，显然是失礼至极的。

第二，遗漏称呼。需要称呼外方人士时，如果根本不使用任何称呼，或者代之以“喂”、“嘿”、“下一个”、“那边的”以及具体代码，都是极不礼貌的。

第三，不当的称呼。在国际交往中，若与仅有一面之缘者称兄道弟，或者称其为“同学”、“战友”、“朋友”、“老板”等，都是与对方距离不当的表现。

第四，绰号性称呼。在国际交往中，对关系一般者切勿擅自为对方起绰号，也不应以道听途说来的绰号去称呼对方。至于一些对对方具有讽刺侮辱性质的绰号，则更是严禁使用。

第五，庸俗性称呼。某些市井间流行的称呼，因其庸俗低级、格调不高，甚至带有显著的黑社会风格，在国际交往中亦应禁用。

第六，歧义性称呼。一些国内常用的称呼，一旦到了境外便会变味。例如："同志"可能被理解为"同性恋者"；"爱人"可能被理解为"婚外恋者"；"小鬼"则可能被理解为"妖魔鬼怪"等。对此类称呼，在国际交往中一般也都不宜采用。

4. 有主有次

在实际工作中，外事人员往往需要在同一时间内对多名外方人士同时加以称呼。在此种情况下，既要注意在称呼对方时面面俱到，更要注意在称呼对方时有主有次。

所谓有主有次，通常是指在需要同时称呼多名外方人士时，一定要首先分清主次，然后再由主至次，依次而行。在实际操作中，其标准做法有下列四种：

第一，由尊而卑。其具体含义是，称呼多名人士时，应自地位较高者开始，由高而低，依其规范化的顺序进行。

第二，由疏而亲。其具体含义是，若被称呼的多名人士与自己存在亲疏之别，为避嫌疑，一般应首先称呼其中与自己关系生疏者，然后依次称呼距离自己较近者，最后称呼距离自己最远者。

第三，由近而远。有时不便细分多名被称呼者的尊卑、亲疏，则不妨依对方距离自己的远近而行，即先称呼距离自己最近者，然后依次称呼距离自己较远者。

第四，统一称呼。在一些特殊情况下，对多名被称呼者不必一一称呼，或者不便一一称呼时，则可采用统一称呼对方的方式作为变通。例如，以"诸位"、"大家"、"各位来宾"、"女士们、先生们"等方式直接称呼对方。

第六节　问候行礼

在世界各国，人与人在相见时免不了需要相互致意。越是正规的场合，人们对致意越是重视。在国际交往中，外事人员对有关致意的礼仪必须认真遵守。

所谓致意，在礼仪上一般就是指采取某些特定的形式，在与他人见面时专门用以向对方表达自己的敬重、关怀、友善之意。在常规的交往应酬中，最为常见的致意形式主要有问候礼与会面礼，亦即问候行礼。

在国际交往中，问候与行礼使用甚广，外事人员对其具体运用形式必须予以关注。

一、互致问候

在各国、各地区、各民族，问候礼都为人们所普遍运用。所谓问候礼，通常简称为问候、问好、问安，或者称之为打招呼。具体而言，它是指在与他人相见时，以专用的语言或动作向他人询安问好。它是向交往对象表示善意的一种常规的致意形式。

在国际交往中，外事人员在需要问候外方人士时，应对以下三个问题多加注意：

1. 规范内容

尽管在不同的国家里人们问候他人的具体内容往往各有不同，但都必然充满了对问候对象的善意。例如，在中国，人们最常见的问候是："吃过饭没有?""忙什么呢?"在美国，人们的问候往往是最为简洁的："嗨!"而在中亚的一些以畜牧业为主的国家里，人们却惯以"牲口好吗"作为问候之语。

在国际交往中，问候外方人士的常规内容有二：其一，直接向对方问好，如"你好"。其二，采用时效性问候，即在向对方问好的同时加上具体的时间性限制，如"早上好"、"下午好"、"晚上好"、"周末好"、"圣诞好"。除此之外，不宜再以其他内容向外方人士进行问候。

2. 重视态度

外事人员在向外方人士进行问候时，必须注意"表里如一"，即讲究其具体态度。从总体上讲，问候外方人士时的态度应当是：热情、友善、大方。具体而言，应对以下几点加以注意：

第一，"眼到"。问候他人时，一定要正视对方的双眼，以示自己全神贯注、一心不二。不允许目视他方或是不正视对方。

第二，"口到"。其含义是：问候他人时，声音一定要清晰、响亮、爽朗，切莫声音含糊或用词不当。

第三，"意到"。在问候他人时，不允许面无表情，更不可充满敌意。只有面露真诚的微笑，才会使自己的问候显得真心实意。

3. 讲究顺序

在比较正式的场合，人们彼此之间的问候应当有来有往。双方在彼此问候时，其具体顺序的先后往往颇有讲究。

根据惯例，交往双方在彼此问候时讲究"位低者先行"，即通常应由双方中地位较低的一方首先问候地位较高的一方。具体而言，主人应首先问候客人，职务低者应首先问候职务高者，晚辈应首先问候长辈，男士应首先问候女士，未婚者应首先问候已婚者。

在国际交往中，若我方人员需要同时问候多名外方人士时，按照惯例，可以"由尊而卑"或"由近而远"依次进行。

若外方人士首先向我方进行问候，则我方人员应立即予以回应。

二、互相行礼

在国际交往中，外事人员具体应选择何种会面礼节通常是十分讲究的。会面礼节，亦称见面礼，一般是指人们用于见面之际向交往对象致意的礼节。就适用范围而言，有的见面礼适用面较广，而有的见面礼则仅仅适用于本国、本地区或本民族。

在国际交往中，外事人员可沿用自己惯用的见面礼，亦可比照其交往对象的特殊礼节来行见面礼。对在日常交往中常见的握手礼、拥抱礼、亲吻礼、吻手礼、合十礼、抚胸礼、鞠躬礼、脱帽礼等，外事人员均有必要深入了解。

1. 握手礼

握手礼，通常是指交往双方以握手的形式互相致意。它既为中国人所惯用，又普遍适用于国际交往中。唯有一些较为保守的东方国家，才禁止异性之间行握手礼。

在学习正规的握手礼时，有以下三点事项值得注意：

第一，讲究方式。在行握手礼时，双方均应起立并迎向对方，只有女士才可以在社交场合握手时坐而不起。伸手与他人相握时，应手掌垂直于地面，以右手与对方右手相握。应注意握住对方手掌的全部，稍许用力，上下晃动一两下，并停留两三秒钟。在此过程中，还需要目视对方双眼，并面带微笑。

第二，注意顺序。握手时，在顺序上讲究"尊者居前"，即应由双方中地位为尊者先行伸手。其一，女士与男士握手时，应由女士首先伸手。其二，已婚者与未婚者握手，应由已婚者首先伸手。其三，长辈与晚辈握手时，应由长辈首先伸手。其四，职务高者与职务低者握手时，应由职务高者首先伸手。其五，唯有宾主握手时，情况才较为特殊：客人抵达时，应由主人首先伸手，以示欢迎；客人告辞时，则应由客人首先伸手，以示请主人就此留步。当一人与多人同时握手时，则可"由尊而卑"或"由近而远"地依次而行。

第三，避免犯忌。在国际交往中，握手礼有下列五条禁忌：其一，不宜用左手与他人相握。其二，不宜用双手与异性相握。其三，不宜与多人交叉握手。其四，不宜戴着墨镜与人握手。其五，不宜戴着手套与人握手。

2. 拥抱礼

所谓拥抱礼，一般是指交往双方互相以自己的双手揽住对方的上身，借以向对方致意。在中国，人们对这一礼节不甚习惯，但在国际交往中它却得到了广泛的运用。

对拥抱礼，外事人员主要应掌握下述四点：

第一，具体做法。拥抱礼最为常见的做法是：两人走近之后，正面站立；先各自举起右臂，将右手搭在对方左肩后面；左臂下垂，左手扶住对方腰部右后侧；首先各向对方左侧拥抱，然后各向对方右侧拥抱，最后再一次各向对方左侧拥抱。

第二，适用区域。一般来讲，拥抱礼在西方国家广为流行。在中东欧、阿拉伯各国、大洋洲各国、非洲与拉丁美洲的许多国家里，拥抱礼也颇为常见。但是在东亚、东南亚国家里，人们对此却不以为然。

第三，具体场合。在庆典、仪式、迎送等较为隆重的场合，拥抱礼最为多见，在政务活动中尤为如此。在私人性质的社交、休闲场合，拥抱礼则可用可不用。在某些特殊的场合，诸如谈判、检阅、授勋等，人们则大都不使用拥抱礼。

第四，一般对象。在欧洲、美洲、澳洲诸国，男女老幼之间均可采用拥抱礼。而在亚洲、非洲的绝大多数国家里，尤其是在阿拉伯国家，拥抱礼仅适用于同性之人，与异性在大庭广众之前进行拥抱则是绝对禁止的。

3. 亲吻礼

在一些流行拥抱礼的国家里，亲吻礼也普遍流行，并且往往与拥抱礼同时采用。所谓亲吻礼，在此特指以亲吻交往对象面部某些特定部位的方式来向对方致意的礼节。

当人们有必要向他人行亲吻礼时，一般有如下三点须特别注意：

第一，点到为止。在亲吻别人时，不论与对方关系如何，不论双方是否同性，都不宜表现得过于热烈、过于投入。一般以唇部象征性地接触对方一下即可。

第二，部位有别。根据惯例，在行亲吻礼时，双方关系不同，亲吻的具体部位通常会有所不同。长辈吻晚辈，应吻额头；晚辈吻长辈，应当吻下颌或吻面颊；同辈之间，同性应贴面颊，异性则应吻面颊。在正常情况下，接吻即互相亲吻嘴唇，往往仅限于夫妻与恋人之间。它不宜滥用，尤其不宜当众进行。

第三，国情差异。在西方国家里，亲吻礼既适用于同性之间，也适用于异性之间。但在伊斯兰国家里，它则仅限于同性之间使用，异性之间绝对不得使用。

4. 吻手礼

在欧洲与拉丁美洲，异性在社交场合见面时往往会采用吻手礼。所谓吻手礼，实际上是亲吻礼的一种特殊形式，它是以一个人亲吻另外一个人的手部来向对方表示致意的礼节。在亚洲国家里，吻手礼与亲吻礼一样都不甚流行。

在国际交往中，有可能接触吻手礼时，必须对其下述三个特征有所了解：

第一，单向性。一般的见面礼，例如，握手礼、拥抱礼、亲吻礼等，往往都具有双向性，即有来有往，彼此相互施礼。但是吻手礼却较为特别，它通常是单向施礼的，即其施礼对象不必以相同形式向施礼者还礼。

第二，对象性。吻手礼大都是男士向女士施礼。接受吻手礼的女士，往往都是已婚者。按照惯例，一般不应当向未婚妇女施吻手礼。

第三，限定性。在正规场合施吻手礼，通常有以下两条特殊的限制：其一，行礼的地点应为室内。在街道上行此礼，是不合时宜的。其二，吻手的部位应是女士的手指或手背。女士被吻的手，大都是右手。当男士吻女士的手时，必须是轻轻的、具有象征性的接触，而非“大张旗鼓”。

5. 合十礼

在一些亚洲国家里，合十礼十分流行。所谓合十礼，亦称合掌礼，就是以双手手掌十指相合的形式来向其交往对象致意的礼节。

严格地讲，合十礼其实是一种佛教的专用礼节。因此，它在东南亚、南亚等一些普遍信奉佛教的国家里十分流行。在欧洲、美洲与非洲，合十礼则并不多见。

在向他人施合十礼时，有三点必须为施礼者所重视。

第一，神态庄严。在向他人行合十礼时，允许施礼者面含微笑，同时亦可口颂祝词，或问候对方。但是，最佳的神态却是神态庄严而凝重。此刻若是嬉皮笑脸、挤眉弄眼、探头探脑、手舞足蹈或者随口胡诌，都是绝对不许可的。

第二，郑重其事。作为一种宗教礼节，在行合十礼时要求郑重其事。其标准做法是：双掌十指相合于胸部正前方，五指并拢，指尖向上，手掌上端大体与鼻尖持平，手掌在整体上向外侧倾斜，双腿直立，上身微欠，低头。行礼时，身体一般应立正不动。不过，在缓步行进时亦可施行此礼。

第三，敬意有别。根据传统做法，在向别人行合十礼时，自己合十的双手举得越高，则越能体现出对对方的尊重。不过在一般情况下，在正式场合向别人行合十礼时，原则上不应使之高过自己的额头。唯独礼佛之时，才可将合十的双手举得较高。

6. 抚胸礼

在一些亚洲国家以及欧美国家里，人们在与别人相逢之时往往会抚胸为礼。在一些较为隆重的场合，例如，升国旗、奏国歌时，抚胸礼也时有所见。

所谓抚胸礼，又称按胸礼，一般是指以手部抚按于胸前的方式来向他人致意。实际上它也具有一定的宗教含义，因此它在一些信奉宗教的国家里普遍流行。而其最初所表示的意思，则往往是誓言或宣誓之意。

行抚胸礼时，通常应对以下两点予以注意：

第一，方法适当。行抚胸礼时，其方式必须正规。其一般的做法是：上身稍许躬身，眼睛注视交往对象或目视正前方，头部端正或微微抬起，以右手手掌掌心向内、指尖朝向左上方，然后将其抚在本人的左胸之前。必须切记，行此礼时，不仅应当态度认真而庄重，而且还绝对不允许以左手行礼或以之抚按右胸。

第二，兼施他礼。正如亲吻礼与拥抱礼往往相伴一样，抚胸礼通常也会与一些其他的会面礼节同时使用。其中最为常见的，就是抚胸礼与鞠躬礼同时使用。在某些国家里，人们则往往习惯于先行抚胸礼，然后再与交往对象握手为礼。

7. 鞠躬礼

在与外方人士打交道时，鞠躬礼是外事人员不可不知的常用会面礼节之一。所谓鞠躬礼，一般是指向他人躬身以示敬重或感谢之意，它也因之被称为躬身礼。

外事人员在采用鞠躬礼时，主要应注意如下四点：

第一，内外有别。自古以来，中国就有鞠躬礼存在。但是在中国，鞠躬礼多用于需要表达敬谢之意或道歉之意的场合。而在国外，它则主要用于见面或告别之际。

第二，对象特定。在国外，鞠躬礼主要通行于与中国相邻的日本、韩国、朝鲜诸国。在欧美各国以及非洲国家里，它并不流行。

第三，中规中矩。向他人行鞠躬礼时，应当首先立正脱帽，双目正视施礼对象，然后面向对方，上身弯腰前倾。在这一过程中，通常男士应将双手贴放于身体两侧的裤线之处，而女士的双手则应在下垂之后搭放于腹前。

第四，区别对待。施鞠躬礼时，外国人一般只会欠身一次，但对其具体幅度却十分在意。在正规场合，欠身的幅度越大，越表示自己对交往对象礼敬有加。不过其欠身的最大幅度不宜超过 90 度。

8. 脱帽礼

在国际交往中，每逢正式场合，人们往往还会向自己的交往对象行脱帽礼。在东西方国家里，这一礼节都较为流行。

所谓脱帽礼，是指以摘下本人所戴帽子的方式来向交往对象致意。行脱帽礼时，一般有以下三点注意事项：

第一，方法有异。行脱帽礼时，戴制服帽者通常应双手摘下帽子，然后以右手执之，将其端在身前。戴便帽者则既可以右手完全摘下帽子，又可以右手微微一抬帽檐代之。不过越是正规之时，越是要求彻底地摘下帽子。

第二，男女有别。本着“女士优先”的精神，通常准许女士在社交场合内不必摘下帽子，而男士则不享有此项特殊待遇。

第三，用途广泛。一般而言，脱帽礼除适用于见面时之外，还适合于其他场合，例如，在路遇熟人、进入他人居所或办公室、步入娱乐场所、升挂国旗与演奏国歌时，都可以施脱帽礼。

参考书目

金正昆．国际礼仪．北京：北京联合出版公司，2013
李嘉珊．国际礼仪范式．北京：高等教育出版社，2012
陈弘美．现代社会人的国际礼仪．台北：麦田出版社，2011
陈振民等．国际礼仪指导（高级）．上海：上海教育出版社，2008
徐筑琴．国际礼仪实务（第二版）．台北：扬智文化出版社，2007
周国宝等．现代国际礼仪．广州：华南理工大学出版社，2006
詹德华等．涉外礼仪．南宁：接力出版社，2006
陈春．外事礼仪．哈尔滨：哈尔滨工业大学出版社，2004
陈红．国际交往实用礼仪．北京：清华大学出版社，2004
文泉．国际商务礼仪．北京：中国商务出版社，2003
朱立安．国际礼仪．广州：南方日报出版社，2001
广东省外办礼宾处．外事礼宾实用手册．广州：中山大学出版社，1998
对外经贸部交际司．涉外礼仪 ABC．北京：中国人民大学出版社，1997
张怡．涉外礼仪．上海：中国纺织大学出版社，1996
张敏杰．当代国际礼仪指南．长春：长春出版社，1994
李天民．现代国际礼仪知识．北京：世界知识出版社，1994
佟玉华等．百国（地区）礼俗与食俗．北京：中国商业出版社，1993
谭敏等．国际社交礼仪．北京：中信出版社，1990
耿建华．国际交往礼节趣谈．天津：天津人民出版社，1989
李斌．国际礼仪与交际礼节．北京：世界知识出版社，1982
[美] 特里·莫里森等．国际商务礼仪大全．北京：电子工业出版社，2006
[美] 莱杰·布罗斯纳安．教养．北京：中国书籍出版社，2005
[加] 路易·迪索．礼仪——交际工具．北京：外语教学与研究出版社，2005
[德] 阿道夫·克尼格．克尼格礼仪大全．北京：中国商业出版社，2004
[美] 伊丽莎白·波斯特．西方礼仪集萃．北京：生活·读书·新知三联书店，1991

[日] 寺西千代子. 国际礼仪手册. 长春：吉林文史出版社，1988
[法] 让·塞尔. 西方礼节与习俗. 上海：上海人民出版社，1987
[加] 云从龙夫妇. 西方礼节. 北京：商务印书馆，1986
[英] 埃西尔·唐纳德. 现代西方礼仪. 上海：上海翻译出版公司，1986

后 记

1989年9月，我在中国人民大学任教之初，即致力于有关交际礼仪的研究。当时，我所从事交际礼仪研究的重点便是外事礼仪。作为那一时期研究的成果之一，我与苗颖先生于1991年12月出版了《涉外交际礼仪》一书。在此之前，我还在国内高等院校中率先开设了"外事礼仪"这门专业课程。

在此后近20年的有关交际礼仪研究与教学经历中，外事礼仪一直是我始终关注的重点。大的背景是：随着我国对外开放的进一步加速，我国人民越来越重视其涉外交际的规范性与有效性。小的背景，则与我本人在中国人民大学国际关系学院任教，并主要从事外交学、外事礼仪研究有关。

自1991年出版《涉外交际礼仪》之后，我又陆续出版了《涉外礼仪教程》（1999年）、《外事礼仪》（2002年）、《国际礼仪》（2005年）与《国际礼仪概论》（2006年）等有关涉外礼仪的专著、教材。它们或者侧重于介绍国际惯例，或者侧重于介绍国别礼俗，或者侧重于学术探讨。出版一部专门的外事礼仪教科书，一直是我多年来的一个梦想，事实上我也为此进行了多年的准备。但由于种种原因，此事却一直未能付诸行动。

2006年上半年，我的朋友、中国人民大学出版社编辑郭晓明先生正式向我提议出版《外事礼仪概论》，并将其列入"21世纪国际政治系列教材"。在他的热情鼓励与督促下，经过近一年的努力，我终于完成了这部专门用作高等院校教材的《外事礼仪概论》。

应当说明的是，这部《外事礼仪概论》教材是我近20年从事外事礼仪教学与研究的一项总结。在这部教材里，思想上的正确性、内容上的系统性、信息上的时效性、视野上的国际性与专业性，都是我孜孜以求的。但其并非尽善尽美，因此郑重地恳请广大专家、学者、同行以及广大师生和其他读者对其不足之处予以及时指正，免得误人子弟。

最后，感谢中国人民大学出版社对我的支持与信任，感谢郭晓明先生与本书责任编辑曹沁颖女士为本书出版所付出的辛勤劳动，感谢有关专家、学者、同行对我的鞭策与指教，感谢广大师生与各位读者对我的厚爱！请大家放心，我会坚持不懈、继续努力。

作者

2007年4月16日

再版后记

2007 年 7 月，我的《外事礼仪概论》作为“21 世纪国际政治系列教材”之一，由中国人民大学出版社正式出版。迄今为止，该书已出版近 8 年。本着与时俱进、精益求精的指导思想，近期我对它进行了较为全面的修订，现交付出版社再版。

借此机会，我就本书的本次修订略作如下几点说明：

其一，本次修订坚持视野上的国际化。随着对外开放的进一步扩大，中国正在进一步融入国际社会，中国人作为世界公民的一员毋庸置疑地有义务、有责任拥有国际视野，遵循国际惯例。

其二，本次修订重视读者圈的普及化。改革开放已近 40 年，在此过程中，越来越多的中国人走出国门、走向世界，拥有了更多的参与国际交往的机会。有鉴于此，本书的读者圈有可能日趋扩大化，应用外事礼仪，对许多人而言，已成为一种新常态。

其三，本次修订关注使用者的对象化。众所周知，本书有其特定的使用者与使用对象。因此不论是它的写作还是修订，都必须始终如一地将广大使用者的实际需求置于首位。

2014 年初，习近平同志指出：礼仪是宣示价值观、教化人民的有效方式。他的话，一矢中的地道出了礼仪的重要性。若本次修订后的《外事礼仪概论》能够对逐渐富裕起来的我国人民在其涉外交往中规范个人的所作所为有所帮助，本人将不胜荣幸。

借此机会，感谢中国人民大学出版社对我的重视，感谢中国人民大学出版社郭晓明先生与本书责任编辑于凯燕女士对我的指导与督促，感谢专家、学者、同行对我的帮助与批评，感谢广大读者对我的支持！

作者

2015 年 5 月 19 日

图书在版编目（CIP）数据

外事礼仪概论/金正昆著. —2 版. —北京：中国人民大学出版社，2015.5
新编 21 世纪政治学系列教材. 国际政治系列
ISBN 978-7-300-21276-0

Ⅰ.①外… Ⅱ.①金… Ⅲ.①外交礼节-高等学校-教材 Ⅳ.①G802.2

中国版本图书馆 CIP 数据核字（2015）第 103756 号

新编 21 世纪政治学系列教材·国际政治系列
外事礼仪概论（第二版）
金正昆　著
Waishi Liyi Gailun

出版发行	中国人民大学出版社		
社　　址	北京中关村大街 31 号	邮政编码	100080
电　　话	010－62511242（总编室）		010－62511770（质管部）
	010－82501766（邮购部）		010－62514148（门市部）
	010－62515195（发行公司）		010－62515275（盗版举报）
网　　址	http://www.crup.com.cn		
	http://www.ttrnet.com(人大教研网)		
经　　销	新华书店		
印　　刷	北京七色印务有限公司	版　　次	2007 年 7 月第 1 版
规　　格	185 mm×260 mm　16 开本		2015 年 6 月第 2 版
印　　张	14.5	印　　次	2015 年 6 月第 1 次印刷
字　　数	335 000	定　　价	32.00 元

教学支持说明

（教学课件）

中国人民大学出版社政治与公共管理出版分社秉承“出教材学术精品，育人文社科英才”的出版宗旨，多年来，出版了大批高质量的公共管理、教育学、政治学、政治理论公共课教材和学术著作。

我们为本教材制作了相应的PPT教学课件，任何一位采用本书作为授课教材的教师均可免费获得该课件。为了确保该课件仅为授课教师获得，烦请您填写如下材料，并将相关信息通过E-mail发送给我们，我们将在收到相关信息后通过E-mail给您发送该课件。欢迎您加入我们的QQ群（全国政管教师交流群，群号为236159213），或登录我分社官方网站（www. crup. com. cn/gggl），注册成为VIP会员，以获得更好的服务。

我们的联系方式：

地址：（100872）北京市中关村大街甲59号文化大厦1202室

中国人民大学出版社政治与公共管理出版分社

电话：（010）82502724　62514775（传真）

E-mail：ggglcbfs@vip. 163. com

QQ群：236159213

兹证明____________大学/学院____________院/系____________专业____________学年第____________学期开设的________________课程，采用中国人民大学出版社出版的____________________________________（书名、作者）作为本课程教材。授课教师为____________，授课班级共_______个、学生_______人。授课教师需要与本书配套的教学课件。

联 系 人：____________________________

通信地址：____________________________

邮　　编：____________________________

电　　话：____________________________

E-mail：____________________________

系/院主任：____________（签字）

（系/院办公室章）

_______年_____月_____日